ISBN 978-0-243-56670-9
PIBN 10769131

This book is a reproduction of an important historical work. Forgotten Books uses state-of-the-art technology to digitally reconstruct the work, preserving the original format whilst repairing imperfections present in the aged copy. In rare cases, an imperfection in the original, such as a blemish or missing page, may be replicated in our edition. We do, however, repair the vast majority of imperfections successfully; any imperfections that remain are intentionally left to preserve the state of such historical works.

JOSE MANUEL MARROQUIN

PRESBITERO

DON

OSE MANUEL MARROQUIN

INTIMO

Imprimatur.

✠ BERNARDUS
Archiepiscopus bogotensis.

XIX Sep. MCMXV.

ADVERTENCIA PRELIMINAR

ESTE libro nada tiene que ver con las borrascas que en torno del señor Marroquín se agitaron o se agitan. No es un ataque ni una defensa; no es un libro de combate. Es un homenaje de amor filial que queremos poner en manos de los amigos del señor Marroquín, quienes recorrerán estas páginas con cariño.

Creemos cumplir con un deber al publicarlo, porque no es posible que se olvide a quien tuvo el culto de los muertos y guardó religiosamente la memoria de sus antepasados. Ni sería justo que los hijos olvidásemos al padre amante; Bogotá a uno de sus más ilustres ciudadanos de estos últimos tiempos, y Colombia a quien le dio lustre y fama con sus trabajos literarios.

Don José Manuel Marroquín llenó con sus obras sesenta años de la historia de Bogotá. Durante ese tiempo no hubo empresa que pudiera prescindir de su nombre; enriqueció el caudal de la literatura patria con los productos de su variado ingenio, que nunca estuvo ocioso, desde sus juveniles ensayos en 1840 hasta sus luminosos y correctísimos escritos políticos del fin de su vida.

Fue obrero infatigable de la instrucción pública y apóstol decidido de la caridad en sus múltiples formas. Creemos que a justo título, al honrar su memoria, se ha presentado como digna de imitación su meritoria vida, y estas consideraciones nos han puesto la pluma en la mano.

Pero hay que advertir que este libro no es escrito sino *hecho* por nosotros. Ni siquiera podemos atribuirnos el mérito de arquitectos de la obra; el plan estaba formado, los materiales listos, y nuestro trabajo, bien dulce por cierto, se ha reducido a ordenar esos elementos dispersos, colocándolos en el lugar correspondiente.

La más importante y la principal de las fuentes a que hemos acudido para formarlo, la constituyen los *Apuntes autobiográficos* que escribió don José Manuel en 1881, para su familia y para sus amigos, sin preocuparse poco ni mucho de la forma, por lo cual puede aplicarse a ellos lo que a propósito de las *Especies sueltas sobre Ricardo Carrasquilla* ha dicho su ilustre hijo, el actual Director de la Academia Colombiana: «Este escrito de Marroquín va al correr de la pluma, sin retoques, sin segunda lectura.... En la forma externa está redactado sin preocupación ni esmero, con desaliño y repeticiones de vocablos y giros. Pero alli se siente el hablista castellano».

Hemos aprovechado igualmente los datos biográficos que dejó de sus antepasados, señaladamente la *Vida y carácter de don Juan Antonio Marroquín* y sus *Recuerdos de Matilde Osorio;* la *Historia de «Yerbabuena»*, que escribió porque «a todos nos es repugnante la idea de que perezca lo que amamos»; y por último, algunos artículos literarios, en donde hemos hallado reminiscencias de su niñez y de su juventud.

No menos preciosos son los datos tomados de las biografías de don José Manuel Marroquín, principalmente de las que escribieron don José María Samper y don Rafael Pombo, y de otras más recientes. En este punto nuestra labor ha sido hacer hablar a muchos muertos y a algunos vivos.

Habiéndose ocupado preferentemente don José Manuel en trabajos literarios, nos ha parecido indispensable consagrar algunos capítulos a dar idea de ellos y de la manera como han sido juzgados.

Al llegar a la época en que se agitaron los últimos años de la vida del señor Marroquín, no hacemos otra cosa que citar algunos de sus escritos, que pueden dar a conocer la manera como apreció los actos de su Gobierno, aquellos sobre todo que han sido piedra de escándalo y motivo de poco cristianas interpretaciones; y así como a través de las nieblas y del humo del combate se alcanzan a divisar horizontes plácidos y serenos, así nos parece que al través de esas líneas escritas en el fragor de la lucha en que sin quererlo se vio envuelto, alcanzaremos a ver el alma plácida y serena de don José Manuel, que pudo errar, pero que siguió siempre, en la solución de los más arduos y complicados problemas que se le ofrecieron en su vida pública, los dictados de la conciencia; que no delinquió jamás; que no apostató de sí mismo; que pudo esperar la muerte tranquilo, confiado en que Dios confirmaría el fallo de su conciencia.

Cuando el tiempo cierre muchas heridas que el amor propio ha abierto; cuando la Historia liquide responsabilidades y haga su balance; cuando a la tempestad de las pasiones haya sucedido la calma del razonamiento, podrán apreciarse los actos del Gobierno del señor Marroquín: antes no. Todo concepto emitido por los que en esos actos tomaron parte, es sospechoso de parcialidad en un sentido o en otro. Sólo la posteridad podrá juzgarle justa y desapasionadamente.

Por esta razón nosotros, al llegar a ese punto, nos abstenemos en absoluto de todo juicio personal, y ofrecemos al lector únicamente algunos documentos que la Historia podrá recoger y que servirán, junto con otros que quedan por ahora inéditos, para juzgar al señor Marroquín y su Gobierno, y asentar sobre ellos la verdad.

Entretanto, lo que ofrecemos a nuestros lectores son más bien rasgos del hombre privado, no del hombre público, y por esta razón sólo se tocan como incidentalmente los actos del mandatario para no dejar incompletos estos apuntes biográficos.

Ponemos, pues, este libro en manos de los amigos del señor Marroquín, advirtiendo que si en él se echa de menos mucho de lo que hubiera podido agregarse sobre su vida, su carácter, sus ejemplares virtudes, esto se debe a que sólo nos hemos propuesto recoger datos escritos, sin hacer por nuestra parte otra cosa que seleccionar algunos de los más importantes y presentarlos de manera que formen un conjunto ordenado.

CAPITULO I

Genealogías.

LAREDO. — DATOS GENEALÓGICOS.
DON LORENZO MARROQUÍN DE LA
SIERRA.—20 DE JULIO DE 1810.—EMI-
GRACIÓN DE 1819.—DOÑA TERESA
MORENO E ÍSABELLA.—SU CARÁC-
TER.—DON JOSÉ MARÍA MARROQUÍN
Y MORENO.—DOÑA TRINIDAD RI-
CAURTE Y NARIÑO.

ES Laredo una villa de la Provincia de Santander en España, y puerto sobre la bahía de Santoña, donde desembarcó Carlos V en 1556 cuando vino de Flandes después de su abdicación. Está situada en una eminencia circuída de peñascos, y fue fundada por los Godos y mandada poblar de nuevo por el Rey Don Alfonso IX de Castilla por los años de 1174.

«¡Cuántas y cuán brillantes son, dice un ilustre autor, las memorias que acuden en tropel y confusas a la mente, al nombre de Laredo! de aquella población gentil y risueña que obtuvo por derecho propio muy alta y significativa representación en la historia de la Provincia, como una de las principales villas del Cantábrico y de la costa apellidada de Castilla, y que supo conservar durante largos días el carácter independiente y libre que distinguió a los montañeses» [1].

Al trasponer la colina a cuyos pies está edificada la Villa de Laredo, divisase un valle no muy grande, y en él la Villa de Liendo, célebre también por haber sido cuna de ilustres familias montañesas.

[1]. Rodrigo Amador de los Ríos. Barcelona. 1891.

Consérvase aún allí, en medio del Valle, una heredad
y en ella las ruinas de la antigua casa de los Marroquines.

Al tender la vista por aquellas comarcas y al recorrer
silenciosamente aquellos sitios, no pudimos menos de recordar el canto que consagró don Ca-
simiro del Collado a *Liendo, o el valle paterno:* [1]

«Del tiempo vencedor y la distancia
Que entre dos mundos pone el mar de Atlante,
A ti me acerco, valle de mi infancia,
De temor y esperanza palpitante.
. . . .
Álzase en arco de maciza piedra
Sobre el camino, al pie de la colina,
Mi hogar antiguo.... Junto al huerto aún medra
Con nobles cicatrices, vieja encina,
Que cual reina domina
Sobre el mustio follaje del contorno;
Y allá, como en brocal de peña dura,
Marca y desborda cristalina fuente
Que al arroyo vecino se apresura,
No sé si melancólica o riente.
¡Salve! ¡sacra mansión de mis mayores!
Arrasados en lágrimas mis ojos
Contemplan tus ruinosos miradores
Y ante el ansiado umbral caigo de hinojos.
. . . .
Cuánta lúgubre historia ¡oh patria! exclamo:
¡Qué necio quien se aleja y sacrifica

1. Poesias. 1884.

En extranjero altar a la fortuna!
¡Cuán sabio quien su túmulo fabrica
Al pie del árbol que acombró su cuna!»

«A mediados del siglo XIII el primer Marroquín, jefe de la casa y familia, se estableció en la comarca, y sus descendientes habitaron ya la una, ya la otra de las dos Villas mencionadas o ambas a un mismo tiempo.

Fueron los Marroquines en ellas personas de mucha cuenta y, lo que vale más, cristianos ejemplares.

Así resulta de la Información de Legitimidad, Cristiandad y Nobleza que tenemos a la vista y en que se lee entre otras cosas lo siguiente:

"Y todos los que van expresados (los antepasados), nobles notorios hijos-dalgo de sangre por sí y sus antecesores de Casas y Solares conocidos, y como tales habidos y reputados; buenos cristianos temerosos de Dios, antiguos y no de los nuevamente convertidos a nuestra fe católica, sin mácula de sangre infecta de moros, judíos ni penitenciados por el Santo Tribunal de la Inquisición, en cuya posesión, buena fama y opinión estuvieron; y habiendo merecido los oficios honoríficos y distinguidos de nobleza en ambos pueblos, y tenido asiento, voz y voto en los Ayuntamientos y Consejos Generales secretos y públicos, etc." [1]

---

1. Luis María Mora. Biografía de D. J. M. Marroquín. *El Centro*, 1897.

Don Lorenzo Eugenio Manuel Marroquín y Sierra nació en la Villa de Laredo el 13 de noviembre de 1759. Aunque nació en Laredo, la familia de Marroquín es originaria del Valle de Liendo.

Su familia se componía de su madre doña Manuela de la Sierra, y de su hermano don Juan, quien vino a Santafé y regresó luégo a España, donde dejó descendencia.

Don Lorenzo, después de haber desempeñado los cargos honoríficos de Procurador y Síndico de Laredo, de que hablan las ejecutorias, se trasladó a Madrid y algún tiempo después partió para Indias.

Don Agustín de la Sierra, primo de doña Manuela, residía en el Valle Dupar. Llamó a su sobrino don Lorenzo Marroquín, para que viniera a trabajar a su lado. Don Lorenzo, cediendo a este llamamiento y pidiendo al Rey la competente licencia, partió para Cádiz, y en octubre de 1785 llegó a Cartagena. En marzo de 1786 estaba en el Valle Dupar. Allí trató su tío don Agustín de la Sierra de casarlo con su hija doña María Ventura, cosa que fue muy del gusto de doña Manuela y de los demás parientes y amigos de España, pero que no se llevó a cabo.

El tío don Agustín se portó bizarramente con don Lorenzo y lo habilitó para que se viniera a Santafé trayendo mercancías, en donde se estableció definitivamente.

El 3 de agosto de 1792 pidió don Lorenzo al Alcalde ordinario de Santafé la licencia para casarse que, por la distancia de Santafé a Laredo, no podía pedir a su madre. El día 8 del mismo mes contrajo matrimonio con doña Teresa Moreno e Isabella, hija del célebre fiscal don Francisco Antonio Moreno y Escandón.

Don Lorenzo fue nombrado Alcalde Ordinario para el año de 1798 y desempeñó el destino con su genial actividad. El 17 de septiembre de 1804 fue nombrado Regidor interino del Cabildo de Santafé, cargo que se le confió de nuevo en diciembre de 1809.

El 20 de julio de 1810 sonó mucho el nombre de don Lorenzo, pues el haberse divulgado la especie de que don José Llorente habia hablado contra los criollos con motivo de haber ido don Lorenzo a pedirle prestadas algunas cosas para el recibimiento de Villavicencio, dio origen a la reyerta entre dicho Llorente y don Antonio Morales, de donde resultó el tumulto que fue principio de la revolución. Luégo, cuando el pueblo se agolpó a la puerta de la casa de Llorente, don Lorenzo entró a ella con el Alcalde Pey y con don Camilo Torres. Antes de esto, y cuando Llorente fue estropeado por el pueblo, había sido llevado a la casa de los Morenos, que era en la que vivia don Lorenzo.

En cierto memorial dirigido al Gobierno en 1817, don Lorenzo mismo da noticia de la suerte que le cupo cuando se efectuó la revolución. "El cuarto día de la revolución, dice, fui arrastrado, hollado y preso por el pueblo.... El Gobierno insurgente y Bolivar me sacaron más de siete mil pesos en dinero y más de doce mil en ganado, en caballos y en el saqueo de la casa de mi hacienda de *Yerbabuena*, en la que ni un clavo me dejaron las tropas de Bolívar y Serviez.... Tuve que emigrar hasta Jamaica en enero de 1815, y esta emigración me costó más de tres mil pesos."

Don Lorenzo volvió a su casa de la emigración que menciona, hacia el 12 de junio de 1816. En 1817 tornó a ocupar puesto en el Cabildo de Santafé, y como Regidor estuvo encargado de las fiestas que se celebraron para festejar el matrimonio del Rey Fernando VII con doña Isabel de Braganza, y el de la primera hermana de ésta con el Infante don Carlos.

Apenas llegó a Santafé la noticia de haber sido derrotados los españoles en Boyacá, don Lorenzo resolvió emigrar con sus hijos don José Maria, don Andrés y don Francisco.

Victorino Rodríguez [1] me refería que él se habia venido por la noche de *Yerbabuena* con todos los caballos de silla, obedeciendo a una orden que había recibido de Santafé. Mi padre, don José María, hizo constar en cierto apunte que su emigración habia durado *desde el 9 de agosto de 1819* hasta el 21 de abril de 1821. Hay, pues, que admitir que el 8 de agosto se tuvo aquí noticia de la derrota y que ese mismo día se envió la orden a *Yerbabuena*. El señor Groot refiere, en efecto, que el día 8 a las diez de la noche llegó a Santafé Martínez Aparicio trayendo la noticia. Siendo esto así, don Lorenzo tuvo

---

1. Antiguo mayordomo de *Yerbabuena*.

sin duda por alguna feliz casualidad modo de despachar después de las diez de la noche al que llevó la orden.

Partieron, pues, los emigrantes el 9 de agosto, dirigiéndose a Honda; pero no habían andado mucho cuando recordaron que en su casa había una arma de fuego de las llamadas *retacos*, y temieron que si los patriotas cuando entrasen la descubrían, podría seguirse de ello para la familia un aumento de peligros. Volviéronse por tanto don José María y don Andrés a ocultar el tal retaco; don Lorenzo y don Francisco siguieron poco a poco, pero alcanzaron a pasar de Cuatro Esquinas. Cuando los otros llegaron allí, ya Calzada había puesto destacamento, con orden de no dejar pasar más emigrados para el lado de Facatativá, movido por el temor de que un número muy grande de emigrados hiciese dificultosa la huída por el Magdalena. Don José María y don Andrés tuvieron que tomar la vía del sur y llegaron hasta Pasto; ellos llevaban el dinero, los caballos de remuda y a Victorino. Así fue que don Lorenzo y don Francisco siguieron su camino faltos de todo recurso.

Nada más sé de este tristísimo viaje sino que don Lorenzo llegó a Mompós y que murió allí el 24 de octubre de 1819. No sé en casa de quién se habría alojado; pero su frecuente y cariñosa correspondencia con el Marqués y la Marquesa de Torrehoyos, y con el señor Enjo y su mujer doña Aleja de la Torre, me hace conjeturar que moriría en casa de una de estas dos familias. Su hijo don Francisco murió un año después en Cartagena» [1].

———

«Don Miguel Moreno de Mata, nacido el 30 de septiembre de 1696 en Alcolea, Diócesis del Obispado de Sigüenza, de donde también eran originarios sus padres, vino a este Nuevo Reino y obtuvo en un principio el empleo de Superintendente del Chocó; mas luégo fijó su residencia en Mariquita, y el día 5 de noviembre de 1732 contrajo matrimonio con doña Manuela Díaz de Escandón, cuyos antepasados eran oriundos del Obispado de Oviedo.

Su hijo, don Francisco Antonio Moreno y Escandón, nacido en Mariquita el 25 de octubre de 1736, mostró desde niño singular inteligencia y laboriosidad. Se dedicó a las letras, y recibido de abogado, no tardó en abrirse brillante carrera en el foro, llegando a obtener los más altos destinos a que un criollo podia aspirar, cuales son los de Abogado Fiscal de la Real Audiencia de Santafé; Visitador de las Provincias de su Distrito; Fiscal del crimen y Oidor de la Audiencia de Lima, y Regente de la de Chile, que sucesivamente le confirió la Corte.

La fundación de la Biblioteca Nacional y la del Hospicio de Santafé se debieron al espíritu filantrópico del señor Moreno.

El día 10 de junio de 1759 contrajo don Francisco Antonio Moreno y Escandón matrimonio con doña

———

1. *Biografía de don Lorenzo Marroquín de la Sierra*, por J. M. Marroquín.

Maria Teresa de Isabella y Aguado, dama española, natural de la Villa de Morón, en jurisdicción de Sigüenza. Dioles la bendición nupcial el doctor José Antonio Isabella, hermano de la novia, que fue después Cura y Canónigo de la Catedral de Santafé y Obispo electo de Comayagua» [1].

Nació de este enlace doña Teresa Moreno e Isabella, la cual vino a ser esposa de don Lorenzo Marroquín de la Sierra.

Muy cariñosos recuerdos consagra don José Manuel a su abuela paterna.

«Doña Teresa, dice, sacó de su madre, doña Teresa Isabella, el porte y modales distinguidos y cierto horror inconsciente a todo lo vulgar, y esto sin haber conocido nunca el lujo, ni la vida elegante, ni las reuniones mundanas, ni los espectáculos profanos. En lo grande y en lo pequeño se ajustaba, por hábito adquirido desde la infancia, a las máximas de la moral más austera. Jamás habría contemporizado (como las madres más timoratas de nuestros dias tienen que contemporizar) con lecturas de novelas, con el baile, con el teatro, con la moda, ni con ninguna cosa de aquellas en que hay algún peligro de traspasar los límites de lo honesto.

Tánta rigidez no se oponía a que sus afectos fuesen los más profundos y sólidos. Presentósele ocasión de dar prueba de su amor al mayor de sus hi-

---

[1]. ignacio Gutiérrez Ponce. *Vida de don Ignacio Gutiérrez Vergara.*

jos, y no titubeó en hacer por él un sacrificio que pocas madres habrán hecho.... Había don José María perdido toda su fortuna y se hallaba abrumado de deudas. Doña Teresa, a pesar de que esto sucedía cuando era para ella al parecer inevitable el peligro de verse reducida a la indigencia, pagó aquellas deudas.

Eran cosa para ella la más extraña las manifestaciones exteriores de cariño, y sin embargo, mediante la verdad y seriedad de sus afectos, fue hija, hermana, esposa y madre como todos querríamos que fuesen las nuestras. Aunque connaturalizada, como ninguno con el ejercicio de la vida cristiana; aunque rígida en todo y singularmente en cuanto al respeto debido a las cosas y a las personas santas; aunque para ella nada era más serio que las prácticas menudas de la devoción; aunque nunca, a lo menos en su vejez, se mostraba festiva, no tenía aire ni modales de beata.

Su condición era blanda y delicados sus sentimientos, hasta tal punto que a mí no me toleraba que en mis juegos hiciese ruido como de azotes.

Fue doña Teresa probada por muchas otras amarguísimas tribulaciones. Su marido emigró en 1815 para escaparse de las vejaciones que le atraía su calidad de español; regresó a su casa en 1816; pero en 1819 emigró de nuevo y esta vez con tres de sus hijos. Doña Teresa se quedó desamparada y sin quien le ayudase a hacer frente al odio y a la persecución de los patriotas, algunos de los cuales se complacieron en mortificarla y ultrajarla. Tuvo además que pasar por la humillación de presentársele a Santander para recabar que la hacienda de *Yerbabuena* no fuese secuestrada.

Nació el 5 de junio de 1772 y murió en los primeros días de mayo de 1848.

El mayor de los hijos de don Lorenzo Marroquín de la Sierra y de doña Teresa Moreno e Isabella, fue don José María Marroquín y Moreno.

Nació don José María en Santafé, en la casa que sus padres ocupaban en la primera calle real[1], el día 8 de septiembre de 1793, a las cuatro de la mañana. Fue bautizado en la Catedral el día 9 a la oración, por don Juan Antonio García, y confirmado el 20 de marzo de 1795 por el Ilustrísimo señor Martínez Compañón, Arzobispo de Bogotá, siendo padrino suyo el doctor García que lo había bautizado.

Hizo estudios en San Bartolomé; pero no siguió cultivando las letras, bien que no dejaba de tomar parte en los entretenimientos a que se entregaban don Andrés su hermano y varios amigos, escribiendo versos por pasatiempo y sin aspirar a lucir con ellos.

En 1816 fue don José María Alcalde *en depósito* y Regidor del Cabildo. Fue comisionado por el Alcalde Ordinario don José Antonio Leiva para atender al suministro diario de carnes |para el ejército, y posteriormente lo fue por el Cabildo. El 23 de di-

---

1. Marcada hoy con el número 414 de la carrera 7.

ciembre de dicho año hizo renuncia de la comisión, fundándola en que estaba desempeñando la Alcaldía y muy recargado de causas y negocios. A su solicitud contestó Sámano: "Por lo mismo de estar satisfecho el Gobierno del celo y actividad con que don José María Marroquín ha desempeñado su comisión, no ha lugar por ahora."

En julio de 1818 estaba de Juez comisionado de abastos, y tengo a la vista los recibos de raciones, expedidos en *junio de 1819.*

El 9 de agosto de dicho año emigró, y con su hermano don Andrés padeció penalidades inauditas en el viaje y en Pasto, de donde regresó a su casa en abril de 1821.

Ocupóse al principio en manejar la hacienda de *Yerbabuena*, y otros intereses de la familia, pero luégo entró en negocios comerciales, que fueron para él origen de angustias y desastres.

Estos sucesos produjeron en don José María una melancolía que, según se creyó, fue al cabo causa de su muerte.

Apeló al recurso de·hacer un viaje a Popayán llevando un negocio que no le hizo mejorar de situación, ni distrajo su atribulado espíritu.

Las cartas que escribió durante esta ausencia están impregnadas de la melancolía que lo devoraba. Sobrevivió poco a su vuelta, que se ofectuó en 1829. Su muerte tuvo lugar el 25 de diciembre de dicho año.

Don José María fue víctima de su genio bondadoso en exceso, que no le permitía desconfiar de
nadie. Era para los negocios sumamente activo, como lo prueba su resolución de emprender un viaje
a Popayán cuando se hallaba oprimido por las pe-
sadumbres que le ocasionaron sus pérdidas y la muerte de su esposa; pero carecía de aquel amor al dinero que obliga a proceder en todo con cautela.

Don José María Marroquín y Moreno se casó el
16 de marzo de 1823, siendo padrinos don Antonio
Nariño y doña Antonia Moreno. De su matrimonio
nacimos Inés, que murió en muy tierna edad, y yo [1].
Mi nacimiento tuvo lugar el 6 de Agosto de 1827» [2].

Si por linea paterna llevó don José Manuel dos apellidos ilustres, no lo son menos los de su madre,
inmortalizados por dos héroes de nuestra magna guerra.

Don Bernardino Ricaurte y Rigueiros, tío en segundo
grado del héroe de San Mateo, contrajo matrimonio con doña Dolores Nariño, hermana del Precursor.

---

1. «En la Santa Yglesia Catedral, a 7 de Agosto de 1827, yo el Cura
Rector, decano de dicha Yglesia, bauticé solemnemente a un niño de un día,
y lo nombré José Manuel Cayetano, hijo legítimo y de legítimo matrimonio
del señor José Maria Marroquín y la señora Trinidad Ricaurte, mis feligre-
ses. Abuelos paternos los señores Lorenzo Marroquín y Teresa Moreno.
Maternos: los señores Bernardino Ricaurte y Dolores Nariño. Fueron sus
padrinos los señores Juan Antonio Marroquín y Maria Josefa Marroquín,
quienes quedaron impuestos de sus obligaciones.—Lo que certifico.—DOC-
TOR JOSÉ ANTONIO AMAYA. (Hay una rúbrica)». (Archivo de la Catedral).

2. Biografia de don José María Marroquín y Moreno. por J. M. Marroquin.

De este matrimonio nacieron el Comandante don José María Ricaurte, que hizo las primeras campañas libertadoras y murió en la de 1816 sobre el Magdalena; Jacobo, cuya descendencia emparentó con otra familia de patriotas ilustres, los Ortegas; y dos hijas: doña Trinidad y doña Antonia Ricaurte y Nariño.

'«Desde su niñez vieron ellas en su hogar las persecuciones de que su familia fue víctima por su amor a la libertad y a la causa de la independencia.

A sus recuerdos más remotos debieron mezclarse los de la consternación y angustias en su casa, no solamente por los sufrimientos y penalidades de don Antonio Nariño, que fue siempre para ellas como segundo padre, sino por aquella larga e intempestiva prisión de don José Antonio Ricaurte, tío carnal suyo, defensor de Nariño y protomártir de la libertad americana.

Sufrieron ellas también las consecuencias de las persecuciones a su tío Nariño, puesto que el cuantioso patrimonio de su madre quedó perdido en la confiscación de los bienes del Precursor. Así aparece de una petición firmada por doña Dolores Nariño a las autoridades de la República para que se le devuelvan sus bienes. Solicitud que consta en la obra *El Precursor*.

A la muerte de don Bernardino Ricaurte, ambas familias, la de don Antonio Nariño y la de su hermana doña Dolores, formaron una sola casa, y por

eso las dos huérfanas crecieron bajo el cariño paternal del General Nariño, compartiendo las vicisitudes
de su fortuna, las vivas alegrías, las desgracias in-
decibles de su vida, tan íntimamente enlazada con la
vida de la República.

Formadas en aquella atmósfera guerrera, en aquel
ambiente de libertad, acompañaron al General en sus
entusiasmos y aun en sus peligros. Es fama que las
hijas de Nariño, entre las cuales se diputaban las
dos sobrinas, lo acompañaban el 9 de enero, aquel
famoso 9 de enero en que Bogotá fue teatro de una
ruda batalla; y aun se cuenta que aquellas blancas
manos femeninas pusieron fuego a los cañones.

En la época del terror santafereño de 1816, en que
las muestras del menor afecto a la revolución liber-
tadora se castigaban con rigor inexorable, la casa y
la familia del General Nariño, en donde se conspi-
ró antes que en ninguna otra, cuna del apostolado
y activo centro de la revolución, fue señalada lógi-
gicamente a la persecución y a la venganza de los
pacificadores. ¡Cómo no! Era la casa de Antonio Nariño y de José Antonio Ricaurte.

Por eso, y como revolucionarias y defensoras de
la independencia y entusiastas por la libertad, fueron
desterradas las hijas y las sobrinas del General Nariño, y sufrieron por la santa causa penalidades, humillaciones y vejámenes.

La carta dirigida por el ilustre patricio General
Wenceslao Ibáñez, nieto del Precursor Nariño, al señor Lorenzo Marroquín, es la mejor prueba y el tí-

tulo más honorífico de las penalidades de Antonia
y Trinidad Ricaurte y de la deuda de gratitud que
la Nación tiene contraída para con ellas:

"Chapinero, mayo 18 de 1914.

Señor don Lorenzo Marroquín.—En la ciudad.

Mi estimado Lorenzo:

Tengo el gusto de contestar su apreciable carta,
fecha 15 del presente, recibida ayer, enviándole los
datos que usted desea, referentes a las familias Nariño y Ricaurte, en la época del terror.

Durante la dominación de don Pablo Morillo en
esta ciudad, como éste no pudiera perdonar a las
familias Ricaurte y Nariño su adhesión a la causa
de la Independencia ni los servicios prestados a la
Patria por muchos de sus miembros, ordenó el con-
finamiento en Anolaima de las señoras Dolores Nariño de Ricaurte y Benita Nariño y Ortega, y de las
señoritas Trinidad y Antonia Ricaurte, Mercedes e
Isabel Nariño; las cuatro fueron llevadas a pie bajo
partida de registro, con orden a las autoridades de
aquel lugar para que fueran tratadas con todo rigor.
Mi madre, que fue una de las confinadas, me refería la vida dura a que fueron sometidas, el mal trato que tuvieron que soportar de los agentes del feroz pacificador.

Siento no poder comunicarle, por haberlos olvidado, algunos detalles relacionados con este asunto,

pero espero que la ligera relación que antecede le será suficiente para el objeto que usted se propone.

Quedo de usted siempre con toda consideración, Afectísimo pariente y amigo,

WENCESLAO ÍBÁÑEZ."

Pero el terror y la dominación española pasaron, y vinieron días de gloria y regocijo, y entonces también tocó a las sobrinas de Nariño su parte de triunfo, su parte de alegría; en el día más grande de Bogotá, aquel en que entró el Libertador triunfante después de la batalla de Boyacá, acompañada por otras señoritas puso Trinidad Ricaurte la corona del triunfo sobre las sienes del Libertador.

Casó doña Antonia con el doctor Alejandro Osorio, compañero de Nariño en la campaña del sur, organizador de la República desde 1819, como Ministro de Gobierno y Guerra de Bolívar, así como de la mayoría de los Presidentes de la Gran Colombia y de la Nueva Granada, y como miembro casi permanente, ya de los Congresos y de las Convenciones, ya de la Corte Suprema de Justicia.

Fundaron don Alejandro y doña Antonia aquella numerosa familia, imagen y ornato de las familias bogotanas, en que el talento y la bondad inagotable, la alegría y la caridad acendrada viven unidas y enlazadas, en la unión más íntima y estrecha.

Y doña Trinidad, de cuya hermosura y gentileza da alguna idea su retrato, casó con don José Maria Marroquín y Moreno » [1].

---

[1] Centenario del sacrificio de Ricaurte. Edición oficial. 1914.

«Del enlace entre la rama realista y apergamina-
da de los Marroquines y Morenos con la republicana de los Ricaurtes y Nariños, tenia que salir un
fruto de sazón, equilibrado, floración de una estirpe, tan respetuoso de la tradición como amante de
las sanas ideas democráticas, que fue don José Manuel Marroquín» [1].

1. Luis Serrano Blanco. *Biografía de don José Manuel Marroquín.*

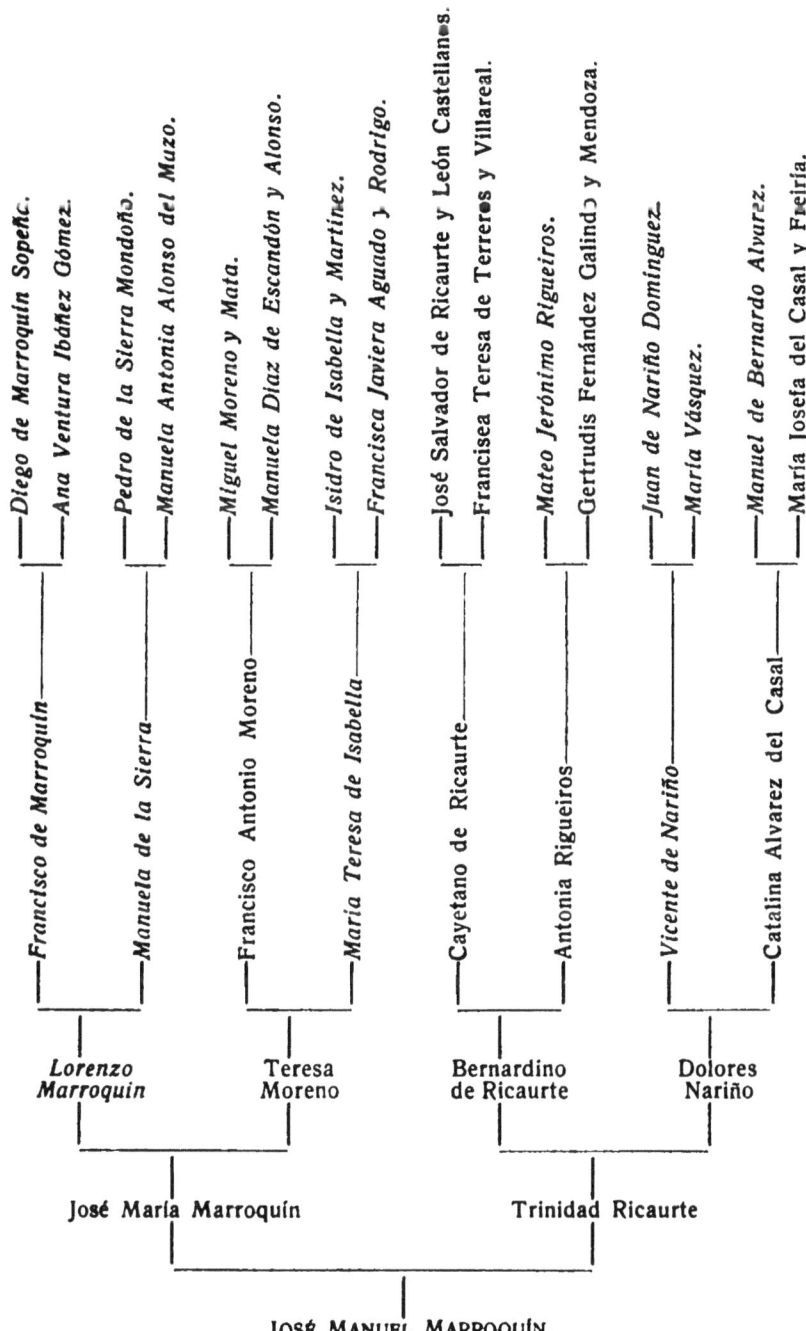

Diego de Marroquín Sopeña.
Ana Ventura Ibáñez Gómez.
Pedro de la Sierra Mondoño.
Manuela Antonia Alonso del Muzo.
Miguel Moreno y Mata.
Manuela Díaz de Escandón y Alonso.
Isidro de Isabella y Martínez.
Francisca Javiera Aguado y Rodrigo.
José Salvador de Ricaurte y León Castellanos.
Francisca Teresa de Terreres y Villareal.
Mateo Jerónimo Rigueiros.
Gertrudis Fernández Galindo y Mendoza.
Juan de Nariño Domínguez.
María Vásquez.
Manuel de Bernardo Alvarez.
María Josefa del Casal y Freiría.

Francisco de Marroquín
Manuela de la Sierra
Francisco Antonio Moreno
María Teresa de Isabella
Cayetano de Ricaurte
Antonia Rigueiros
Vicente de Nariño
Catalina Alvarez del Casal

Lorenzo Marroquín
Teresa Moreno
Bernardino de Ricaurte
Dolores Nariño

José María Marroquín
Trinidad Ricaurte

JOSÉ MANUEL MARROQUÍN.

(*Van* en **bastardilla** *los* nombres *de los nacidos* en España)

CAPITULO II

Bocetos biográficos.

MEDIO DOMÉSTICO EN QUE SE EDU-
CÓ DON JOSÉ MANUEL.—DOÑA AN-
TONIA MORENO E ÍSABELLA.—DOÑA
CONCEPCIÓN MARROQUÍN DE GRA-
JALES.—DOÑA MARÍA JOSEFA MA-
RROQUÍN Y MORENO.—DON JUAN
ANTONIO MARROQUÍN.—SU COLA-
BORACIÓN EN EL GOBIERNO.—SU
CARÁCTER.

PARA formarnos cabal idea de lo que debió ser la infancia de don José Manuel tenemos que imaginar lo que sería una casa en Santafé hacia 1830, habitada sólo por ancianos, sin más atractivos para él que el amor de su abuela y de sus tíos, cariñosos en extremo, pero de vida austera y agobiados ya por la edad y por las penas.

Dice don Rafael Pombo:

«No habrá habido, entre laicos, niñez más triste y conventual que la de José Manuel Marroquín. Hijo único, circunstancia que por sí sola consideraba Lord Byron de negra estrella, al año de nacido perdió su madre, muerta de noche, en sana salud, por un accidente horrible e inexplicable. Dos años después perdió su joven padre, y quedó el niño en una espaciosa casa solariega, sin más compañía que la de su abuela paterna, un tío y dos tías que se desvivían adorando a Dios y a su único sobrino. Su yugo debió de ser muy blando, pues el niño no resultó hereje, sino antes teólogo ortodoxo, ni perdió su amor a la vieja casa; por el contrario, cobró grande afición a la lectura de algunos centenares de buenos libros en pergamino, más viejos que sus tíos, y que constituían parte importante del ajuar doméstico.

De aquí el miope, y el literato a la antigua, que no tuvo necesidad de estudiar su lengua, y desde la primera vez que escribió soltó el andar del castellano castizo, enterizo y espontáneo. De aquí también la primorosa dedicatoria vetusta que dirigió Marroquín a sus dignos cofrades Vergara y Carrasquilla en la edición que hicieron de sus poesías en 1858, juguete que puede servir de pérfido paladeo para enamorarnos de la literatura a que corresponde. De aquí, en fin, el gusto de José Manuel por los retruécanos, único vicio (si la sal no lo hace virtud) que le conocemos.

Y de aquella trágica orfandad, y de aquellos casarones sin muchachos, y de aquellos viejos deudos que vivirían rezando y haciendo lamentosos recuerdos, resultó la edición definitiva del espíritu de José Manuel, tocado de viejo, si no de muerto, melancólico de puertas adentro, barrido de toda fe y de toda ilusión en las cosas de este mundo, prodigiosamente incapaz de pasión, a usanza de espíritu puro; y al mismo tiempo disfrazado perpetuamente de sonrisa y de chistes como un elegante ataúd cubierto de flores.

Los noveladores científicos de la ley del atavismo, y los que construyen la incógnita *hombre*, física, moral e intelectualmente, planteando la ecuación del medio total en que él nace y se desarrolla, unos y otros se darían buen chasco describiéndonos a José Manuel Marroquín por cuantos datos les suministrasen su árbol genealógico y nuestra historia y geografía. Es el completo antipoda de ese resultante matemático.

Biznieto del Fiscal Moreno y Escandón, aquel ilustre filántropo, pero temerario innovador; sobrino nieto de Nariño, nuestro primer prócer y dictador revolucionario, y de su entusiasta voceador Ricaurte, que paró en héroe de San Mateo; y de los primos hermanos de éste, de apellidos Ricaurte, Baraya, París y Serna, todos gente de guerra y de ardor desmedido, José Manuel es hombre de paz, incontrastable en su credo político, pero nunca beligerante; nadie más tolerante que él para las opiniones ajenas, y dudamos que haya un conservador más simpático y respetable para sus compatriotas liberales. Brotó de aquella cepa como la suavísima vaselina del incendiario petróleo; como el témpano de hielo de la cápsula de hierro roja a fuego. Moro y Moreno de apellido, y de familia antigua, por otras raíces, de esta colonia andaluza americana, es de tipo más bien alemán o godo, alto, delgado, esbelto, blanco y de pelo y ojos castaños, cabeza de gracioso y sesudo perfil, miope y con los respectivos anteojos, de hombros bajos, pecho angosto y aliento nada robusto. Difiriendo aquí del concepto de José María Samper en el boceto que de él hizo, lo encontramos de apostura agraciada y elegante, con los descuentos que trae la vida literaria; pulcro, pero despreocupado de la silueta que haga ante el espectador.

Su voz siempre baja, su risa medida y nunca estrepitosa, su paso mudo, su frase siempre considerada y fría, sus conceptos jamás dogmáticos ni ofensivos, todo revela en él al perfecto y mejor criado caballero, todo lo acusa de exótico en las tierras del bochinche, del estrépito, de las pasiones violentas y las proposiciones absolutas, y todo casa a maravilla con su sér interior, o procede rectamente de ahí y de los antecedentes que lo formaron desde la cuna. Y aqui vienen los verdaderos datos de la ecuación a que aludimos al principio: el medio doméstico que preponderó sobre todos los demás » [1].

«Mi venida al mundo, dice don José Manuel, fue acompañada o seguida de la suma desgracia y de la suma fortuna. Mi madre murió de una manera trágica cuando yo tenía poco más de un año. Mi padre, arruinado y abrumado de pesares, murió cuando yo no había cumplido tres. Pero jamás tuve motivo para sentir la orfandad, porque mis tíos paternos y mi abuela paterna hicieron para mí las veces de padres. Siendo esta familia de principios los más severos y de conducta ajustadísima, y al mismo tiempo de una bondad inagotable, el sistema de mi educación doméstica fue el más rígido y el más propio para hacer de mí un niño mimado. Yo tenía diez y nueve años y aún no se me había dejado tocar un real, ni manejar el negocio más insignificante; pero de nada había carecido, ni capricho alguno mío había dejado de satisfacerse. Ningún adolescente ha temblado como yo al hacer calaveradas y al come-

---

1. *Biografia de don José Manuel Marroquín*, por don Rafael Pombo.

ter desobediencias; pero ninguno ha tenido tánta seguridad como yo de que, hiciera lo que hiciera, podía contar con la indulgencia y el olvido después
de cada reprensión» [1].

Ya hemos visto en el capitulo que precede lo que fue
para don José Manuel su abuela paterna, doña
Teresa Moreno.

«Es muy justo, añade, que mi tía doña Antonia
Moreno e Isabella ocupe también lugar en estos recuerdos que dejo para mis descendientes, así como
en la casa de los Marroquines ocupó uno muy distinguido, por su virtud, por el cariño que nos profesó y por la generosidad con que dispuso de sus
intereses en favor de la familia. Cuando yo abrí los
ojos, era ya de edad bastante avanzada y de delicada salud, tanto que a menudo se hallaba reducida
a la cama.

Había padecido grandes enfermedades de nervios
que le había curado don Sebastián López haciéndo-
le tomar por nueve días caldo de pollo y baños de
agua templada; añadía que en los primeros días se
sobreaguaba, y que a medida que fue mejorándose,
fue sumergiéndose.

Doña Antonia fue quien me enseñó a leer, y me
daba las lecciones y me hacía leer el Año Cristiano
mientras mi abuela y mis tías hacían calceta que era
la labor favorita y casi constante en que se ocupa-

---

1. *Apuntes autobiográficos.*

ban. Por la noche, después de que se había rezado el rosario, si no entraba visita, me quedaba yo solo con mi tía Antonia. Yo me entretenía en cortar figuritas de papel, o en ver las láminas de algún libro, y entretanto me conversaba ella de cosas espirituales casi siempre, citando a cada paso a San Francisco de Sales, cuyas obras leía sin cesar, y frecuentemente me refería pasajes de la Historia Sagrada.

Doña Antonia era tenida por muy instruída, y creo que con razón. Era pequeña, delgada, de facciones finas y de pómulos rosados. Nació el 8 de junio de 1761 y murió el 4 de marzo de 1842» [1].

Si doña Teresa y doña Antonia Moreno murieron cuando don José Manuel no había salido aún de la adolescencia, no sucedió lo mismo con sus tíos paternos doña Concepción, doña María Josefa y don Juan Antonio Marroquín, que formaron también parte de su hogar y con quienes vivió muchos años.

«Doña Concepción nació en Santafé el 6 de diciembre de 1802. Hacia 1832 se casó con don Santiago Grajales, uno de los modelos que antiguamente se hallaban con más frecuencia que ahora, de honradez, de puntualidad y de exactitud, no sólo en cuanto al cumplimiento de sus obligaciones como comerciante, sino en cuanto al de todas las demás. Era por su religiosidad muy adecuado para formar parte de la familia de los Marroquines. Cuando el señor

---

1. *Apuntes autobiográficos.*

Arzobispo Mosquera dispuso que la iglesia de San Carlos fuera la parroquial de la Catedral, don Santiago fue uno de los vecinos que más contribuyeron con dinero y con servicios personales para que en dicho templo se hicieran las numerosas reparaciones que había menester y para que se paramentase convenientemente. Don Santiago fue Alcalde *en depósito* en 1833.

Tuvieron una hija, Gertrudis, que no vivió sino quince meses; y mucho después, en 1842, un hijo que fue Ramón Grajales. Vivieron en la casa de la primera calle real contigua a la que ocupaba la familia, manteniendo abierta una comunicación entre las dos casas. Don Santiago murió en 1842.

Doña Concepción Marroquín fue en su juventud muy hermosa mujer. No la vi vestida con algo de lujo, sino la noche de su matrimonio. Según la moda de entonces llevaba peinetón alto y ancho de carey y dos grandes bucles sobre las sienes; el traje blanco de gasa o de otra tela semejante, con mangas muy cortas y de forma esférica, merced a los *ahuecadores*, que eran dos globos de tela muy engomada; cinturón de galón dorado, o de una cinta ancha con labores de oro.

Contrastaba de un modo muy curioso en doña Concepción una sencillez que a veces rayaba en simplicidad con un conocimiento del mundo y de los hombres que sólo dejaba conocer en una que otra *salida*, aparentemente candorosa. No tenía la misma reserva o circunspección que su madre y su hermana doña María Josefa, y así gustaba de estar impuesta en la crónica y de dar noticias.

Todo lo que en la *Vida y carácter de don Juan Antonio Marroquín* he dicho sobre su falta de afectación y sobre aquella benevolencia que rayaba en debilidad y que no le permitía contrariar a nadie, puede aplicarse amplísimamente a sus hermanas.

Doña Concepción se distinguió por su cariño a los suyos. Ninguna madre ha querido a su hijo como ella quiso a Ramón; pero puedo afirmar que a mí no me quiso menos.

Doña Concepción murió en *Yerbabuena* en la casa del Rincón el 27 de enero de 1879».

«Doña María Josefa Marroquín y Moreno nació en Santafé el 27 de noviembre de 1806. Por lo que era cuando yo abrí los ojos infiero que nunca fue bonita, bien que en su fisonomía, que era agradable, se reflejaban las perfecciones de su alma. Fue insigne bordadora. Todavía conserva el Jesús Nazareno de San Agustín un vestido que ella le bordó sobre terciopelo morado hacía el año 1841. Otra obra en que puso esmero, a causa de haberle sido encargada por doña Agustina Moure de Cordobez, su amiga muy querida, fue un uniforme para el General José María Obando.

Esta amistad con la familia de Cordobeces era cosa singular por el contraste que se notaba entre los Marroquines, tan ajenos al gran tono, a las reuniones y espectáculos, a las modas y a todo lo de este gé-

nero, y las Cordobeces, que sin ser gente mundana
y disipada, cultivaban relaciones con las familias en-
copetadas, y hacían sentir en su casa un ambiente
de elegancia moderna. Pero tal contraste no se oponía a que la amistad entre las dos familias fuese
muy cordial, ni a que el trato entre ellas fuera fre-
cuentísimo y franco.

Mi tía Josefita (nadie la llamaba Josefa) se distinguió por la renuncia absoluta que parecía haber
hecho de sí misma. Jamás dijo yo quiero ni yo no
quiero; jamás reputó como suya ninguna cosa; ni
hizo algo que no fuera o para cumplir con alguna
obligación, o para complacer o servir a alguna persona. Nunca se quejó de nada ni de nadie, ni a nadie
contradijo, ni nunca disputó.

Le era al parecer indiferente todo lo que había de
servir para su persona, ya fuese de lo necesario, ya
de lo cómodo o agradable. Por ejemplo: tratándose
de los caballos que había de montar, todos le parecían excelentes, y de tales le oí calificar a algunos detestables. Si tenía que velar a la cabecera de
un enfermo o que sujetarse a otra penalidad de esta
clase, no hablaba ni en tono de chanza de lo que
padecía con ella ni del trabajo que le costaba. Todo
le parecía natural y todo lo recibía con igualdad de
ánimo.

Fue modelo perfecto de aquellas virtudes que no
brillan, pero que por lo mismo son de más mérito,
como la obediencia, la modestia, la mansedumbre, la
humildad y la pureza. Con todo esto, no hacía os-

tentación de misticismo, y los menos místicos se hallaban delante de ella tan desembarazados como podrian hallarse delante de las gentes de su clase. Comulgaba muy a menudo y creo que en toda su vida dejó pasar muy pocos días sin meditar y sin rezar sus devociones.

Su sumisión absoluta a su madre se la transfirió, después de la muerte de ésta, a su hermano don Juan Antonio, de suerte que nunca tuvo voluntad propia. Puedo afirmar que jamás quebrantó el octavo mandamiento ni con mentira leve, ni con la más ligera murmuración o burla; y si alguna vez se mostró disgustada por algo, fue por oir hablar contra el prójimo. Ella y su hermana doña Concepción se sometieron sin necesidad ni interés de ninguna clase a la ímproba tarea de asistir a los alumnos y superiores del colegio que tuve en *Yerbabuena*. Ni aun se procuraron la ayuda de una ama de gobierno.

Para estas dos hermanas nunca hubo más diversión o desahogo que las comedias caseras a que fueron aficionadas, y el paseo a caballo y a pie cuando estaban en el campo. Nunca vieron baile, y estoy casi cierto de que al teatro no fueron sino una vez, y eso a ver equitación. Mi tía Josefita murió el año de 1874, el 7 de julio, en la casa de *Yerbabuena*. Su cadáver fue traído a Bogotá. En 1883 trasladé sus restos a la iglesia de la Candelaria, que había sido su iglesia favorita» [1].

1. Respecto de don Andrés María Marroquín y Moreno, puede verse la biografía que escribió don José Manuel en *La Caridad*.

Quien hizo las veces de verdadero padre para don José Manuel y formó su carácter fue su tío don Juan Antonio Marroquín.

«Me es intolerable la idea, dice don José Manuel, de que llegue día en que nadie honre su memoria, ni recuerde su nombre. Mi corazón guarda con esmero los afectos que él me inspiró, y quiero que haya quien después de mis días conserve siquiera una mínima parte de ellos».

Y movido por esta consideración escribió la *Vida y carácter de don Juan Antonio Marroquin* y la dio a la estampa, aunque no para el público sino para un reducido número de parientes y amigos.

Nació don Juan Antonio el 14 de diciembre de 1811, en la casa de la hacienda de *Yerbabuena*.

«Cuando en 1819 emigró su padre don Lorenzo, quedó de edad de ocho años a cargo de su madre, doña Teresa Moreno, matrona de una austeridad de principios y de costumbres de que sólo en épocas antiguas se han hallado ejemplos, quien determinó educarlo sin que saliese de su casa. El no haber pisado escuela ni colegio influyó decisivamente en la formación de su carácter, y fue parte para que adquiriera un conjunto de cualidades que en muy pocos hombres habrá podido observarse.

Educado don Juan Antonio en el seno de una familia que nuestra relajada sociedad calificaría de puritana, conservó toda su vida el candor y la ingenuidad que constituyen el hechizo de la niñez y se habituó a respetar todo lo respetable, y al mismo tiempo se distinguió por su conocimiento del mundo y por una discreción y una prudente cautela infinitamente más envidiables que la malignidad, el disimulo, las arterías y la desconfianza sistemática de aquellos que, siendo talvez unos simples, parecen tener por única profesión no dejarse engañar.

En donde más cumplidamente podía formarse idea del carácter de don Juan Antonio, de la apacibilidad de su condición, de la amenidad de su trato, de su templanza en todas las cosas, de su benevolencia y de la felicidad de que gozó merced a esas envidiables prendas, era en su casa de campo, en la que vivió con su familia unas veces por temporadas y otras por años dilatados.

Ni en su persona, ni en su traje, ni en su habitación usó jamás cosa que de cómoda y decente pasara a ser lujosa. Faltaba en él todo lo que puede producir inclinación al lujo: vanidad, pretensiones, deseo de ostentar riqueza, y aquella frivolidad que nos hace mirar con interés las exterioridades.

Grandes pruebas de desprendimiento dio cuando se vio despojar en las revoluciones de valores crecidísimos, sin quejarse, sin alterarse y creo que sin sentir pena ninguna. Este mismo desprendimiento hizo que prefiriera trabajar gratuitamente en asuntos ajenos y en los públicos, y en su tarea favorita de traducir obras útiles, a aplicar a labores lucrativas la inteligencia y la actividad que empleaba en aquéllas.

Antes que el desempeño de funciones públicas de importancia le diese ocasión de poner de manifiesto lo claro y práctico de su talento, le brindó con ella la circunstancia de haber venido a quedar, desde 1833, ocupando el lugar de cabeza de su familia. En ese año falleció su hermano don Andrés, y sus otros hermanos habían muerto en época anterior. Los asuntos de la familia habían ido quedando abandonados o mal dirigidos desde muchos años antes. Después de la emigración de don Lorenzo, sus propiedades fueron embargadas, y los ganados, en que consistía por entonces toda su riqueza mueble, expropiados. Oprimióse además a la familia con donativos o contribuciones, y la hacienda de don Lorenzo se halló en secuestro y a punto de ser adjudicada por el General Santander a un militar patriota. Esta catástrofe se evitó porque don José Leiva, respetable negociante y sobrino político de la esposa de don Lorenzo, persuadió a ésta a que se presentase al General Santander, acompañada del mismo don José, para recabar de él que respetara los derechos de sus hijos, colombianos de nacimiento y no complicados en manera alguna en la resistencia de los realistas contra la Independencia. Consiguió aquella señora ser atendida por Santander y conservar las propiedades que más tarde habían de seguir proporcionando la subsistencia a su familia.

Don Juan Antonio tomó sobre sí el empeño de sanear la desquiciada fortuna de la familia, impelido únicamente por su amor a los suyos, ajeno a todo pensamiento de codicia, sin haber hecho estudios de jurisprudencia ni tenido ocasión de adquirir nociones concernientes a varios de los negocios a que tuvo que aplicarse. En estas ímprobas labores trabajó por cosa de veinte años, ocupándose al mismo tiempo en el manejo de la hacienda de la familia, y desempeñando a veces destinos que le fueron ofrecidos y que aceptó, ya porque se creía obligado a contribuir con su trabajo a que la familia saliera de sus ahogos, ya porque la conciencia le hacia estimar siempre como un deber el prestar sus servicios al público. Y hacia todas estas cosas sin mostrarse nunca atafagado, sin hacer alarde de actividad y sin quejarse de que los quehaceres lo abrumaban. Veíasele siempre sereno y de buen humor; y yo, que como todos los muchachos, anhelaba cuando lo era por *ser grande*, no creía poder aspirar para cuando lo fuese a mayor regalo que al de llevar una vida como la que él llevaba, que a mis ojos tenia apariencias de un descanso perpetuo. ¡Cosa inexplicable, aunque no rara! Esa calma y esa ecuanimidad de que don Juan Antonio daba muestras cuando tenía que habérselas con serios contratiempos y con dificultades reales, sólo se echaban menos en él (aunque únicamente en sus últimos años) cuando tenía que entender en ciertas menudencias domésticas, tales como las disposiciones para un corto viaje de la familia. En semejantes ocasiones andaba afanado y descontento; abultaba las dificultades, y aun se le figuraban tales las que no lo eran, o las que no era de su cargo vencer.

El primer empleo que desempeñó, don Juan Antonio fue el de escribiente en la Secretaría de Hacienda. Conservo el título, que está firmado por Bolívar en Guayaquil, en 1829. En 1832 fue Oficial segundo de la Tesorería general de Hacienda, destino que renunció en 1833. En 1838 fue comisionado para preparar los documentos de que debía servirse el Ministro granadino en la *Comisión* compuesta de los Plenipotenciarios encargados de liquidar y dividir los créditos colombianos.

Del Secretario de Hacienda señor Aranzazu y del Ministro señor Cuervo recibió aplauso y expresivas acciones de gracias por el modo como desempeñó su encargo. En 1841 fue Tesorero de Guerra de la 4.ª División, empleo que renunció, pero de que el Gobierno no quiso exonerarlo sino después que lo hubo servido bastante tiempo. En 1842 fue Oficial mayor, Jefe de la 1.ª Sección de la Secretaría de Hacienda, hasta que debiendo entrar a la Cámara de Representantes, hizo dimisión del empleo. Cuando en 1842 tomó don Ignacio Gutiérrez Vergara por compañero a don Juan Antonio para que le ayudase en sus labores de la Secretaría de Hacienda, escribióle desde Quito el doctor Rufino Cuervo: "Usted va a trabajar con muy buen suceso en la Secretaría de Hacienda, mayormente contando con el poderoso auxilio del excelente don Juan Antonio Marroquín, quien para todos estos negocios es un hipomoclio como el que Arquimedes pedía al cielo para mover el universo. Con este joven en la arena, y con algunos pícaros e ineptos fuéra de ella, todo se puede hacer, todo se puede crear en la Nueva Granada." [1]

De 1845 a 1846 desempeñó la Subsecretaría de Hacienda, no sin haberse resistido a admitir tal destino. En 1846 fue Intendente de Hacienda del Departamento del Centro.

Don Juan Antonio ocupó asiento como Diputado suplente en la Cámara de Representantes en los años de 1836 y 1838; y como principal en 1840, así en las sesiones ordinarias como en las extraordinarias de aquel año; en 1841, 1842, 1843, 1844, 1845, 1846 y 1858, año en que firmó como Presidente de la Cámara la Constitución que lleva esa fecha. En 1859 y 1860 perteneció a la misma Asamblea y fue Presidente de ella. En 1861 era también Diputado, pero el Congreso no llegó a reunirse, gracias a la revolución.

Hago memoria de que muchas veces fue miembro de la Cámara de Provincia de Bogotá, pero no tengo constancia de ello sino con referencia a los años de 1841, en que presidió esa Corporación; de 1844 y de 1845. En 1855 fue miembro de la Asamblea Constituyente de Cundinamarca, y lo mismo en 1857. Tuvo también asiento, no recuerdo en qué año, en la Cámara Provincial de Zipaquirá. Prestó asimismo sus servicios en el Cabildo o Municipalidad de Bogotá en 1859 y en varios de los años subsiguien-

---

1. *Vida de don Ignacio Gutiérrez Vergara*, por don Ignacio Gutiérrez Ponce. Londres, 1900.

tes. En 1849 estaba de Presidente de dicha Corporación, y como tal, tuvo el encargo de arengarle al General José Hilario López cuando tomó posesión de la Presidencia de la República.

Sirvió, además, al público en muchos otros cargos o comisiones.

Don Juan Antonio Marroquín bajó a la sepultura sin llevar a ella los resplandores de lo que llamamos gloria. Bien hubiera podido llevarlos si los incentivos de la ambición lo hubiesen movido a emplear sus talentos en procurarse distinciones y lauros; pero en ese caso la tumba no habría sido para él, como lo ha sido, lugar de apacible descanso y morada de inalterable paz. Acaso las pasiones que su elevación hubiera lastimado moverían hoy al rededor de su sepulcro calumniosos rumores. Es probable que su fama no aventajaría a la de muchos otros de los que han brillado en esferas eminentes; mientras que el buen nombre que le granjearon sus modestas aunque raras virtudes, es objeto de afectuosa veneración para todos los buenos, y aun para todos los que lo trataron, privilegio estimabilísimo concedido a muy pocos, y tal que, si más allá de la sepultura se hace caso de la fama póstuma, se lo envidiarían muchos de los que la han dejado más brillante y estruendosa» [1].

---

1. *Vida y carácter de don Juan Antonio Marroquín.* 1883.

«Mucho de lo que hay en mí viene de que estudié a los hombres en un hombre que no se parecía a los demás: en mi tío Juan Antonio, a quien vi regirse en todo lo grande y lo pequeño por los más rígidos principios cristianos; que en cualquier asunto formaba su juicio, ante todo, según sus principios; que sacrificó mil veces sumas de dinero sólo para evitar peligros remotos de que su conciencia fuera a quedar gravada; que estaba del todo exento de la frivolidad de que adolecemos todos los colombianos, siendo, a pesar de ello, ameno, festivo y afable en el trato; que nunca dijo ni hizo cosa alguna movido por ambición, por codicia, por vanidad ni por odio, ni por ninguna de las pasiones de que suelen dejarse dominar hasta los hombres que el mundo reputa mejores; que poseyó todas estas prendas y se condujo siempre como quien las posee sin advertir que las tiene, y, por consiguiente, sin dar en cara con ellas a quienes les faltan. Mi tío Juan Antonio me parecía tan como deben ser los hombres, que no pude cuando empecé a vivir dejar de figurarme que así eran todos» [1].

———

Nos hemos detenido en estos datos biográficos de las personas que formaron el hogar de don José Manuel por parecernos indispensables para conocer ese medio doméstico en que pasó su infancia y juventud. Y no hemos tenido reparo, ni lo

———

1. *Apuntes autobiográficos.*

tendremos en el curso de este escrito, en hablar de menudencias trivialísimas que en obra de otra clase pudieran mirarse como impertinentes y como ridículas, porque

«lo que nos hace conocer a un personaje descrito en la historia, en una biografía o en una obra de imaginación, son ciertas particularidades menudas: de aqui el ahinco con que leemos y con que inquirimos los detalles y las interioridades de la vida privada de cualquier hombre distinguido, cuando el papel que desempeña en la historia hace que lo miremos con interés o con admiración» [1].

Por otra parte, aquel roce íntimo que tuvo don José Manuel en su niñez y en su adolescencia con personas serias y graves, ya se trate de las que formaban su casa, ya de las que la frecuentaban, influyó sin duda poderosamente en la formación de su carácter.

En un delicioso capitulo de la *Historia de Yerbabuena*, nos dice:

«Nunca se me ha borrado la grata impresión de las conversaciones y de los paseos con los capellanes que, ora por largas temporadas, ora por uno o dos días, teníamos en *Yerbabuena*. Esto me bastaría para saber que lo que excita con vehemencia los sentimientos, lo que arrebata la fantasía, lo que produce raptos de deleite, lo que halaga los sentidos

---

1. *Vida y carácter de don Juan Antonio Marroquín.*

con atractivos artificiales, no es lo que engendra el
verdadero placer, ni mucho menos el bienestar habitual. Las emociones plácidas, que duran, que no
embotan, que no van seguidas de penosa reacción
ni de hastío, son las únicas en realidad apetecibles;
una serie no interrumpida de emociones tales com-
pondría la mayor suma de felicidad a que puede as-
pirarse en la tierra. ¿Qué atractivo podría en apariencia tener para mí el trato con los capellanes y
con otras personas de edad que solían permanecer
en *Yerbabuena* y a quienes casi no oía conversar
con mi tío don Juan Antonio sino acerca de cosas
eclesiásticas, de antigüedades y de lo que podia parecer más opuesto al gusto de un muchacho?

Sin embargo, ninguno de los pasatiempos que me
entretuvieron en mis primeros años, me ha dejado
recuerdos tan sabrosos como los de aquellas conversaciones.

Más todavía que la presencia de los capellanes,
daba para mí embeleso a la residencia en *Yerbabuena*, la de mi tío don José María Saiz y la de don
José Antonio Roel.

Mi tío don José María me habia inspirado sentimientos que me atrevo a llamar filiales. Hasta le tenía aquel miedo con que se mira a un padre un poco
severo. El verlo en casa era para mí cosa de tánto
gusto, que habiéndome venido un 4 de noviembre a
la madrugada para concurrir a mis clases en el Seminario, y habiendo sabido al llegar que por ser los
dias del Rector habia asueto, me volví al punto para

Yerbabuena, con resolución de regresar a Bogota esa
misma tarde [1]: todo esto únicamente porque había dejado alli a mi tío don José María.

Don José Antonio Roel frisaba ya en los sesenta
la primera vez que lo vi en *Yerbabuena.* El hechizo del trato de don José Antonio no estaba precisamente en su conversación, bien que no dejaba de ser
entretenida. Como me inspiraba tan vivo interés todo
lo concerniente al campo, reputaba yo como de los
hombres más completos a don José Antonio, quien
desde su traje y sus arreos, hasta sus proezas como
toreador, reunía todo lo que en mi sentir podía ser
objeto de envidia; eso sí, de una envidia respetuosa y platónica, pues yo no abrigaba esperanza de
poder imitarlo».

Pero no todo podía ser rigor. También tuvo don José
Manuel en su niñez y juventud amigos de su edad
de quienes hacía la más cariñosa memoria.

«De todos los huéspedes de *Yerbabuena,* dice, aquel
cuya imagen ha quedado más profundamente gra-
bada, no comoquiera en mi memoria, sino en mi
corazón, es Félix Saiz. Era primo mío, pero nosotros
nos sentíamos hermanos. Siendo él del temperamento más ardiente, de inagotable facundia, vivo, des-
pierto, apasionado y extremado en todas las cosas,
ejercía sobre mí un ascendiente poderoso. Cuando
estábamos en *Yerbabuena* nos agitaba un mismo so-

---

1. Esa distancia se recorría entonces a caballo, en tres o cuatro horas.

bresalto en las ocasiones en que temíamos que no nos pusieran los caballos a que teníamos echado el ojo, y en nuestro interior luchaban al par el deseo de mostrarnos atrevidos jinetes y vaqueros, con la cobardía que debíamos a nuestra educación, un poco delicada. En esas horas apacibilísimas pasadas en su compañía, sin romantizar y sin salirnos de nuestra esfera, nos comunicábamos sin reserva todos nuestros sentimientos y cuanto nuestras almas de niños o de adolescentes iban descubriendo en sí mismas y en el mundo» [1].

———

Así se formó "la edición definitiva del espiritu de don José Manuel, barrido, según la gráfica expresión de don Rafael Pombo, de toda fe y de toda ilusión en las cosas de este mundo; y al mismo tiempo disfrazado perpetuamente de sonrisas, como un ataúd cubierto de flores."

———

1. *Historia de Yerbabuena.*

CAPITULO III

Estudios.

DON MATEO ESQUIAQUI.—REMINIS-
CENCIAS DE LA VIDA ESTUDIANTIL DE
AQUELLA ÉPOCA.—LA ESCUELA AN-
TIGUA Y LA MODERNA.—EL SEMINA-
RIO.—SAN BARTOLOMÉ.—AMISTAD
CON DON VICENTE HERRERA.—«LA
REVOLUCIÓN».

DIEZ años de edad contaba don José Manuel cuando fue a hacer sus primeros estudios, el año de 1838, en la casa de educación de don Mateo Esquiaqui, y en ella permaneció hasta el de 1840.

«Era este señor, dice, en los tiempos en que yo le conoci, un anciano venerable. Distinguíase entre los hombres de su época por una ilustración nada común; sabia cosas que no solían enseñarse a los jóvenes en el tiempo en que él lo fue, como la lengua inglesa; tocaba el violín como maestro, y podía ser presentado como modelo de todas las virtudes, y señaladamente de la modestia.

Era don Mateo (talvez en demasía) benigno e indulgente para con sus alumnos, por lo cual no salí yo muy aventajado en las materias que cursé en aquella casa de educación. Sin embargo, si don Mateo no dejó en las cabezas de sus discípulos un gran caudal de conocimientos, dejó en sus corazones agradecimiento y cariño. Ojalá de todos los que han sido maestros pudiera decirse otro tanto.

En la clase de latinidad y en la de gramática castellana no era yo de los menos aventajados, merced a la tal cual disposición que recibí de la naturaleza para el ramo de idiomas.

Mis manos, vírgenes de férula, y mis piernas de cepo, en tanto que no tuve que habérmelas sino con los señores Nebrija y Urcullu [1], vinieron a padecer lastimosamente desde que trabé conocimiento con el Padre Mora. No hablo, como pudiera creerse, de algún religioso que me hubiera tratado mal, sino del autor del texto de que se usaba en la clase de aritmética. Ensayado mi talento matemático, resultó que yo parecía nacido solamente para hacerles contrapeso a Newton y a otros diez matemáticos de su mismo calibre. En resolución, yo no aprendi aritmética en el colegio, y si por arte de birlibirloque gané el año, perdí el tiempo que gasté en ganarlo.

Era alli catedrático de cachifa, no de latín, don Pascual Sánchez (q. e. p. d.), como también don Mateo. Don Pascual nos hacía tomar las lecciones por tomadores, nos hacía explicaciones a gritos, llevando el compás con la férula y dando con ella terribles golpes sobre la mesa: nos echaba traducción de las fábulas de Fedro, y nosotros la dábamos "soplándonos por el comento." En lo mejor estaba yo de mis estudios de cachifa, cuando tuve una quimera con un patán que le alzaba los fuelles a don Pascual; el patán me levantó un falso testimonio, don Pascual me mandó pasar al rincón, y yo, siguiendo el ejemplo del novicio o devoto del convento de San Agustín, que

> *Estando para*
> *Y habiendo de,*
> *Se alzó las faldas*
> *Y echó a correr,*

1. Autores de textos de enseñanza.

me arregacé el capote, y, dejando el sombrero, el Nebrija, el Fedro, el Arte explicado y el Masústegui, parti a correr para casa. Don Pascual ordenó a un patán, que se llamaba César Vásquez, que me siguiera y me atrapara; yo sentí que me iba alcanzando, y, viéndome perdido, me eché al suelo, poniéndomele atravesado en cuatro pies. El patán cayó, yo salté por encima de él, y seguí para casa, no sin imaginar que toda la ciudad tenía fijos en mí los ojos y perdía el tino por explicarse cómo venía yo sin sombrero. Mis quejas fueron atendidas en casa; fui sacado de la tercera casa de educación y destinado a la pintura. Esto no necesita comentarios; pero si los necesitare, yo podría mostrar una Dolorosa (quizá mi obra maestra), que es el mejor comentario. Año y medio permaneci cultivando el arte sin que ni Simón Cárdenas, ni Figueroa, ni don Victorino García, ni don Pacho Ibarra, que fueron los maestros que tuve, hubieran caído en la cuenta de que yo, gracias a mi miopía y a otras mil dotes peores aún que esa, parecía haber nacido también de propósito para hacerles contrapeso a todos los pintores, desde Timantes, Parrasio, Zeuzis y Apeles hasta el Coronel Gabriel Tatis» [1].

Más detalles de la vida estudiantil de aquella época encontramos en un artículo de don Ricardo Carrasquilla y en una carta del señor Marroquín, que vieron la luz pública en *El Mosaico*. Ambas pie-

---

1. Exhumaciones de una Gaveta. *Revista Literaria*. Bogotá, 1890.

zas son ante todo pantalla y estratagema de que
se valieron aquellos dos festivos y eruditos escritores para filosofar sobre asuntos de educación, pero a vuelta de ello, nos dejaron allí recuerdos de su infancia.

Don Ricardo describe así el uniforme estudiantil de
aquellos tiempos:

«Consistía éste en unos botines que nunca cono-
cieron la bola, y cuyas orejas desatadas siempre parecían las alas de un murciélago; unos calzones de
manta llenos de remiendos y que dejaban asomar
por lo menos una rodilla; una chaqueta que después
de haber pertenecido a mi padre y a mi hermano
mayor, había pasado a mi poder en terceras nupcias,
y que según la tradición fue de paño verde; un sombrero de paja con funda colorada, y por fin una chá-
cara que contenía el Nebrija, las Selectas, el Fleury,
el catecismo del Padre Astete, un gis, un carbón y
una navaja rota. Completaba mi vestido un capote
de calamaco colorado con forro de bayeta verde».

En su escrito compara don Ricardo una escuela dirigida por un don Fructuoso en la tercera década
del siglo XIX con un moderno establecimiento de
educación que dirige don Temístocles y en el
cual se educa un su sobrino llamado Aristides.

Y complementando aquel escrito, dice don José Manuel:

«He visto los dos cuadros que en el número 32
de este periódico (El Mosaico) has expuesto a la pú-

blica curiosidad y que representan, el primero, al estudiante de *nuestros tiempos*, y el segundo, al estudiante de estos tiempos que ya no son *nuestros;* porque, si bien es cierto que todavía no hay canas ni en tu cabeza ni en la mía, el tiempo ha dado en andar tan aprisa, y las cosas han dado en cambiar y en tender a la *perfectibilidad* con tánta presteza, que todos los que hemos nacido antes del año treinta, somos mirados ya cuando más como monumentos de gloria de la Gran Colombia y nos estamos quedando atrás y haciéndonos rancios, como frutas que se pudren antes de llegar a su sazón. Mas, comoquiera que yo no haya llegado todavía a una edad muy provecta, no dejo de participar algún tanto de la manía propia de las personas maduras, las cuales dan en todo caso la preferencia a las cosas de su tiempo y reniegan de todo lo actual y reciente; y aun por eso será por lo que me ha embelesado mucho más el primero de tus cuadros que el segundo; pues aquél me trae a la memoria mis primeros años, años pasados como tú y contigo en la escuela de don Fructuoso, años que recuerdo con indecible placer y años por los que tú mismo suspiras talvez a pesar tuyo.

Al hacer la descripción de nuestra vida estudiantil se te quedaron trasconejadas varias especies, que yo hubiera querido que tocases, y de las cuales te apuntaré algunas, aconsejándote al mismo tiempo trabajes otros cuadros para complementar el primero, a fin de que puedas aprovecharte de mis indicaciones.

¿No recuerdas que los jueves y los sábados por la tarde se interrumpían nuestras tareas, el primero de aquellos dias por el asueto, asueto de que gozábamos echando cometas en San Diego u ocupándonos en otros ejercicios, según la época del año? Y a propósito de cometas, ¿no te acuerdas de la causa a que atribuíamos el que algunas de ellas *cabecearan* y se vinieran al suelo a poco de haber empezado a *encumbrarse?* Nosotros decíamos que les faltaba *peso en el rabo*, y hoy podemos decir otro tanto de alguno de nuestros hombres públicos.

La tarde del sábado se destinaba en la escuela al registro de rosarios y de uñas. Colocábasenos en fila; don Fructuoso iba pasando revista, y al presentarse delante de cada uno de nosotros, era preciso desabrocharse la camisa y exhibir el rosario, incurriendo en la pena de cuatro ferulazos el que se hallaba desprovisto de él. Solía suceder que algún alumno menos piadoso o menos precavido no lo llevase al cuello, y entonces, con una velocidad telegráfica, se pasaba la voz y se pedía el suyo a alguno de los ya registrados, y éste se lo quitaba en un abrir y cerrar de ojos, y en otro cerrar y abrir pasaba el rosario de mano en mano hasta las del desavisado escolar que lo había menester, eludiéndose así el castigo y haciéndose infructuoso el celo de don Fructuoso. Siento que cuando visitaste el Areópago que dirige tu amigo don Temístocles no hubieras averiguado si allá está todavía en vigor el registro de rosarios; aunque sospecho que ha de haber caído en desuso, por haberse hecho no há mucho tiempo el descubrimiento de que en materia de religión el mejor sistema que puede seguir quien está encargado de la educación de un niño es dejar que se guíe por sus propias convicciones, y no imponer por la fuerza creencia alguna, sistema enteramente acorde con los principios dominantes y que debiera extenderse a todos los ramos de la educación; pues es fuerte cosa que a un niño que prefiere hacer sus cuentas con rayas hechas en la pared, se le obligue por medio de la fuerza brutal a aprender la adición, la sustracción y la regla de tres, y a valerse de todos los medios que, según la opinión privada de los matemáticos, son propios para descubrir las relaciones de los números; ni puede llevarse en paciencia el que a un angelito que gusta de sonarse con los dedos, o que halla placer en *hornear*, como decíamos en la escuela, se le fuerce a pensar con la cabeza de Carreño [1], quien al fin y al cabo no es más que un hombre.

Volviendo al registro sabatino, ¿cómo tú que te afanaste tánto por escoger los colores más negros entre cuantos tenías en tu paleta para pintar la figura de don Fructuoso y hacerla odiosa, te olvidaste del castigo que se nos imponía cuando nuestras uñas eran declaradas largas en primer grado? Un sábado, ay de mí, fueron las mías pesadas en la balanza de la justicia del maestro y fueron halladas,

---

1. Autor de un conocido texto de *Urbanidad*.

no faltas, sino sobradamente crecidas, y don Fructuoso cogió mis dedos entre su mano, haciendo de ellos· como un hacecillo y procurando que todas las demasías quedaran a un mismo nivel, y descargó sobre el conjunto un furibundo palmetazo, que hizo desaparecer lastimosamente el superávit de cada uña quebrándolas todas y dejándolas a flor de dedo.

Y aquí viene como de molde el preguntarte por qué no te detuviste más al hablar de la férula, objeto sobre que pudiera escribirse una historia, principalmente ahora que se escribe la historia de las cosas al parecer menos *historiables*. Tú deberías escribirla: escríbela en prosa o en verso, como mejor te parezca; pero no se te olvide dar razón de la creencia en que estábamos de que untándose uno las palmas con no sé qué cosa y poniendo luégo a lo largo de ellas un cabello, la férula se rompía si llegaba a caer sobre la mano así prevenida; ni dejes de hacer mención del *unto de ajos machacados*, bálsamo precioso a que atribuíamos la virtud de hacer insensibles las manos a los palmetazos, y no sólo las manos sino también todas aquellas partes del cuerpo que mirábamos como más vulnerables; no vayas a echar en olvido tampoco la profunda antipatía que nos inspiraban los alzafuelles y el poco discernimiente con que colocábamos en la clase de tales a los muchachos que, por juiciosos y aplicados, o por pusilánimes y cortos de genio, se ganaban la voluntad del maestro: yerro común a todos los hijos de Adán, que ven siempre en la cordura y en las virtudes de los demás, una censura de su propia conducta. Cuando hables de este último punto, no dejes de hacer observar de paso que de la aversión con que en nuestro tiempo se miraba a los alzafuelles, a los soplones y a los meticulosos, nacía esa especie de desenfado truhanesco que era la cualidad distintiva del mozalbete campechano o *cuadrado*, como en esa época empezó a decirse. Has de consagrar también uno de los párrafos de tu futuro artículo adicional a perpetuar la memoria de aquellos ruines pedacillos de papel que llamábamos premios o *parcos*, que venían a ser unos testimonios de buena conducta o de aplicación, que solían preservar a quien tenía la fortuna de poseerlos, de cierto número de azotes o de ferulazos, y que eran no pocas veces para nosotros objetos de un tráfico simoniaco. Por último, no vaya a quedársete en el tintero la explicación de lo que se llamaba *casarse al tumbo* y *al que se me dé y no se me pida*, contratos consensuales que consistían en concertar dos estudiantes que todo objeto que se hallase en manos del uno y que el otro hiciese caer con un golpe o manotón, o que pidiese valiéndose de la fórmula *que se me dé y no se me pida*, viniese a ser del dominio de éste; ni es de desatenderse la circunstancia de que el Nebrija era el único mueble que gozaba de privilegio, pues no podía ser ganado al *tumbo* ni al *que se me dé*.

Por más que digas y por más correctivos que hayas querido poner en los versos con que terminas tu artículo, la lectura de éste no puede menos de hacer formar una idea más ventajosa de los planteles del día, que de las escuelas de antaño. Yo no me meteré a decidir en favor de las unas o de los otros; pero sí diré que tengo para mí, aunque simple y pecador, que todos los chicuelos que se parezcan a Aristiditos, tu sobrino, han de ser un poco empalagosos a los diez y ocho años, y de todo punto insoportables a los veinticinco. También te aseguro que si yo volviese a la niñez, con la experiencia que hoy tengo, y si se dejase a mi arbitrio la elección de escuela, preferiría la de don Fructuoso y me sometería gustoso a las consecuencias, no obstante los azotes, la férula, la larga uña de don Fructuoso y la corta equidad de los tomadores. Considero como una fortuna el haber nacido en la época en que nací, porque, si bien es cierto que los actuales métodos de enseñanza hacen grandes ventajas a los que se observaban hace veinte años, no es menos cierto que en lo general la educación que daban entonces los padres y los preceptores era infinitamente más adecuada a nuestro estado social y más a propósito para dar bienestar a cada hijo de vecino. Jamás nos vistieron los *tailleurs* que florecían durante nuestra adolescencia, ni nos calzó el maestro Espejo, y nosotros mirábamos con admiración a los elegantes a quienes se tomaban medidas en los talleres de los primeros y en la *fábrica de calzado* del segundo. A gran dicha teníamos el que, al aproximarse la Semana Santa o el Corpus, nos las tomase algún maestro jubilado, con tiras de papel en que los piquetes hechos con las tijeras sustituían a los números. Yo no sé si tú te estrenarías alguna vez un vestido completo: yo de mí sé decir que jamás tuve esa satisfacción; pues si alguna vez llegué a ponerme levita y pantalones nuevos, los botines y el sombrero hacían con esas piezas flamantes el peor juego que se puede imaginar. En orden a buenos bocados bien puede asegurarse que ni llegamos a figurarnos que los hubiera mejores y más delicados que los de cuajada y panela de leche; y por lo que hace a vinos, si llegamos a catar alguno, fue el *de consagrar*, que probamos escurriendo las vinajeras después de ayudar a misa. ¡Tener nosotros caballo y reloj! Sí, bonicos éramos nosotros y nuestros mayores para meternos en esos dibujos. ¿Galanteos? ¡quita allá! donoso papel habríamos hecho requiriendo de amores a alguna doncella, con nuestros capotes raídos, con nuestros botines aterciopelados, con nuestras chaquetas crecederas y con aquellos sombreros entre los cuales y nuestra frente tenía que mediar el pañuelo, a fin de que no se nos entrase hasta los ojos.

De esto resultaba que no gozando nosotros de aquellas cosas que en nuestra edad mirábamos como más apetecibles, sino lo preciso para proporcionarnos satisfacciones moderadas, siempre nos quedaba algo que desear, y nuestros deseos se limitaban a objetos de fácil consecución, que íbamos alcanzando poco a poco y a medida que avanzábamos en edad. Siempre quedaba campo abierto a nuestras esperanzas, y ¿qué más podíamos apetecer para vivir contentos que esperanzas y juventud? Resultaba también del método que para educarnos se observaba, que se nos hacía ser muchachos hasta que, por la edad y por el desenvolvimiento de nuestras facultades, éramos hombres; siguiéndose de aquí que podíamos emplear en educarnos todo el tiempo que conforme a las miras de la naturaleza debe emplearse en eso, oir con docilidad los consejos y las instrucciones de los más maduros, sin que nuestro amor propio se diera por ofendido, y aprovecharnos de la experiencia de los demás; resultaba, por último, que las atenciones serias y las inquietudes propias de quien deja de ser muchacho y pasa a ser hombre, no llegaban para nosotros sino después de que habíamos gozado de la vida con dulce indiferencia por veinticinco o más años.

Bellamente describe Lamartine las impresiones que recibió cuando al volver a la casa de su padre, después de haberse estado educando lejos de ella, tuvo por primera vez caballo, reloj y escopeta. Los mozalbetes de nuestros días y de nuestra tierra no gozarán, a buen seguro, de impresiones semejantes. A los quince años han roto ya vestidos cortados por el más afamado sastre y botines fabricados por algún zapatero de campanillas; se han achispado más de una vez con vino del Rhin y han *patoneado* un elegante corcel en las calles de Bogotá. Estos desventurados gastan lo mejor de su juventud en hacer cosas que presuponen una educación que no han tenido tiempo de recibir. Sus corazones se van tras la gloria literaria, o tras la gloria política, o tras el brillo de un crecido caudal, objetos inasequibles para ellos y superiores a sus facultades, como los nuestros se iban tras la gloria de pegarle a un *patán* o tras el empañado brillo de una peseta; así no es de extrañarse que los mancebitos modernos se llenen de fastidio y se *sequen* en la flor de su edad, ni deberemos maravillarnos si de aquí a veinte años no hay hombres que puedan compararse con los que fueron educados a la antigua.

Tú habrás observado, u oído decir por lo menos, que las plantas que se desenvuelven y crecen precozmente suelen quedarse endebles, producir flores descoloridas, inodoras y como enfermizas y, lo que es peor, no producir más que flores. ¿No te parece que esas plantas son una imagen de la juventud de nuestros días? ¿Y no te parece que estos mocitos barbiponientes graduados de hombres, que *dan el tono* en las tertulias, han contribuído en gran manera a echar a perder el trato y las costumbres santafereñas y a desterrar de las reuniones la crianza y los buenos modales? ¿Y qué diremos del desenfado y la marcialidad con que los tales deciden sobre la política del país y forjan y desbaratan en su cabeza leyes y constituciones, que no parece sino que cada uno de ellos es un Licurgo en miniatura o un Wáshington mirado por microscopio? Pero ¿qué mucho, si es un artículo de nuestra fe política que a los mchachos granadinos les viene el juicio antes que las barbas, o más bien, que para ser legislador y magistrado no se necesita juicio?

En conclusión, es preciso que te resuelvas a completar tu bellísimo trabajo, aprovechándote, si lo tienes a bien, de mis indicaciones y haciendo resaltar más los inconvenientes que presenta el moderno sistema de educación».

————

Ya hemos visto cómo terminó de manera trágica el señor Marroquín sus estudios elementales en la escuela, y cómo pasó luégo algún tiempo recibiendo en la casa lecciones de pintura. También las recibió entonces de latín, de suerte, dice don José Manuel,

«que cuando entré al Seminario en 1840, ya tenía algunas nociones de esta lengua y traducía también un poco el francés, con lo que me vi rodeado de cierta auréola de que por amor propio traté de no despojarme; si bien eso no me sirvió de estímulo para ser lo que se llama un estudiante aplicado. No lo fui en toda mi carrera sino en la clase de filosofía, porque les tomé gusto a las controversias; y en la clase de Hermosilla, porque ya yo me tenía por literato, y no podía dar mala nota de mi persona en retórica y arte poética. No sé más que lo que todos saben que sé; no tengo conocimientos de reserva.

Permaneci en el Seminario hasta el año de 1845, haciendo los cursos de literatura y filosofía. Gocé de cierto ascendiente entre mis compañeros que me tenían por talentoso y festivo. Poseía yo en ese tiempo cierta vivacidad a que debí el ser considerado como caudillo de los estudiantes que formaban mi círculo, para todas las vagabunderías estudiantiles.

Cuando en 1846 pasé a San Bartolomé a estudiar jurisprudencia, seguí ejerciendo ascendiente, pero casi sólo sobre mis antiguos camaradas que pasaron conmigo a dicho colegio.

Era entonces su Rector el doctor José Ignacio de Márquez. Habiendo preguntado éste el primer día de clase de Derecho Romano si había algún alumno que pudiera leer y traducir la Instituta, mis condiscípulos me denunciaron como latinista, salí bien de la prueba y me gané la voluntad del doctor Márquez, lo que abrió fácil camino para que él se ganara la mía» [1].

Párrafo especial merece la amistad que por aquella época lo ligó a Vicente Herrera. Dejemos la pluma a don José Manuel para que nos describa aquel idilio.

«En 1847 contraje con Vicente Herrera la más íntima de mis amistades y hubo entonces en mí una especie de crisis: a mi truhanería de *cachifo* [2] y a la afición que aún conservaba por el campo (que me ha dominado mucho), siguieron las aspiraciones propias de un mozo de diez y nueve años.

Mi amistad con Herrera era de aquellas que sólo pueden abrigar corazones juveniles, generosos y ardientes; amistades que satisfacen una necesidad de

1. *Apuntes autobiográficos.*
2. *Cachifo* significaba estudiante de latín.

la juventud, tan natural y tan imperiosa como la del
amor. Nos dimos trazas para vivir juntos, y juntos
vivimos en realidad por largas temporadas. Nos dio
por ser elegantes y de buen tono, cosa demasiado
cara para estudiantes. Esto nos hacía vivir siempre
con estrecheces; pero no sucedió una sola vez que
el uno dejara de partir con el otro las cuitas así
como los exiguos recursos que podía procurarse.

El público que había reparado en nuestra singular unión, contribuyó a estrecharla más, encarecien-
do la semejanza física que había entre los dos. Nuestra imaginación se complacía en hallar en esta semejanza una señal de que habíamos sido hechos el
uno para el otro y venido al mundo con un mismo
destino.

Yo bendigo una y mil veces los días afortunados
de mi unión con Herrera. Es cierto que vivimos en
poesía, que no nos ocupamos sino en devaneos que
habrían hecho ridículos a hombres maduros, pero,
¿cuánto no nos favorecieron en materia de costumbres aquella elevación de aspiraciones y aquella poesía aplicada a nuestra propia vida, por más que el
objeto que nos proponíamos fuera quimérico y por
más que nos apartásemos del sendero que las gentes prácticas siguen para procurarse adelantamientos?

La pureza de nuestra vida fue en esa época ejemplar. De aquella libertad de que la juventud an-
hela siempre hacer uso, Herrera y yo no hicimos sino
el necesario para mantenernos en el mundo de ilusiones que nos habíamos fabricado. Entregándonos

a cualquiera de los vicios, habríamos creído profanar una imagen adorada que cada uno de nosotros llevaba en el pecho, y descender desde nuestras alturas a un abismo de vulgaridad ı.

El amor, la poesia y la ambición daban asunto a nuestras conversaciones. Para mí habia rayado, tiempo hacia, la felicidad que se ha hundido en una sepultura, sobre la cual aún no han tenido tiempo de brotar las primeras flores. Herrera también estaba enamorado. Hacíamos versos, versos ultrarrománticos, en que nos esforzábamos violentamente por explicar algo que sentíamos y que a nuestro juicio sentiamos sólo nosotros. Nos teníamos por los primeros poetas del mundo, no ciertamente atribuyéndonos más talento, pero sí mayores potencias de sentimiento que los poetas más grandes. Penetrados de que el lenguaje humano era insuficiente para expresar lo que hervía y centelleaba dentro de nosotros, dimos en mirar el arte y la forma como cosas secundarias y de poca monta.

Nuestra ambición no se limitaba a los fines comunes que se proponen las comunes ambiciones. Aspirábamos a algo tan alto y tan desconocido, que nosotros mismos no alcanzábamos a verlo ni mucho menos a poderlo definir. El haber puesto los ojos en los empleos más honoríficos y elevados de cuantos solían apetecer nuestros paisanos, nos habria pa-

---

ı. Todos nuestros desórdenes se reducían, dice el señor Marroquín en otra parte, a tomar café en la Rosa Blanca y pasteles de hojaldre con agua de moras en el establecimiento de Andrés Thiand.

recido ridículo. Con todo, para llegar *allá*, a ese allá tan vago y tan sin nombre, era forzoso comenzar por algo de lo que hacían los demás, so pena de no alcanzar ni aun a las moderadas alturas a que los demás alcanzaban. Recuerdo que sobre esto departimos una noche entera. El resultado de esta conferencia fue la resolución de fundar un periódico que debería llamarse *La Revolución*. Herrera era liberal y yo era, como lo soy, conservador. Herrera sostenía, entre otras cosas, que la autoridad era innecesaria, y que no estaba lejos el día en que los pueblos habían de prescindir de leyes y de gobiernos. Yo tenía, gracias a Dios, convicciones tan profundas, que era uno de los dos o tres estudiantes de la Universidad que se atrevían a defender a los jesuítas. Pero esta diferencia de opiniones era nada para nosotros: nos cerníamos en la encumbrada región de nuestros sueños, y veíamos muy abajo todas las opiniones y todas las mezquindades que agitaban a nuestros compatriotas.

La Revolución salió a luz y tuvo fin trágico. Herrera escribía como liberal; yo hacía oposición, aunque la más suave y moderada, al Gobierno del General López, que acababa de inaugurarse. Siete números salieron que nos produjeron once pesos sencillos y que nos costaron como trescientos. La empresa quebró, y el impresor exigía con rigor implacable la suma fabulosa que se le adeudaba, y no se habría allanado a imprimir el número octavo aunque se lo hubieran predicado frailes descalzos.

Esta deuda, unida con otras ocasionadas por nuestra vida elegante, me puso en apuros tales que tuve que presentarme en quiebra, pero no a mis acreedores, sino a mi tío Juan Antonio, quien lo pagó todo. La campaña política de Herrera quedó abierta. Él la continuó con la bizarría, la intrepidez y el desenfado que formaban su carácter. Todos saben cómo, dejándose arrebatar como siempre por los arranques fervorosos de su alma, sacrificó su vida por la causa que defendía. En cuanto a mí, la parte que tuve en la redacción del malhadado periódico, fue el principio y el fin de mi carrera política. Aquellos impetus de ambición eran en mí cosa forzada y debida sólo al irresistible ascendiente que Herrera ejerció sobre mí, mediante la superioridad de su carácter. Apenas me separé de mi amigo (cosa que sucedió poco después de la catástrofe de *La Revolución*), recobró para siempre su imperio mi innata repugnancia a la política; y por una reacción natural hube de descender de la nebulosa esfera en que sin alas propias me había mantenido, al terreno de la más vulgar y positiva realidad».

Nopoco debió de influir en que volviera a ese terreno la circunstancia de haber llegado al término de sus estudios universitarios y la apremiante necesidad de preparar su grado.

«En 1849, dice el señor Marroquín, sufrí uno de los exámenes para el grado de doctor. Salí bien de él. Recuerdo que la primera pregunta que me hizo el doctor Estanislao Vergara dio ocasión a una polémica seguida entre él y Pepe Samper, terciando también Ezequiel Rojas.

Pero los demás actos del grado no llegaron a verificarse merced al cólera morbo, enfermedad que amenazó a Bogotá y puso en fuga a sus habitantes. La familia partió para *Yerbabuena*, y el tiempo que esto me hizo perder puso término a toda idea de grado» [1].

---

1. *Apuntes autobiográficos.* 1884.

CAPITULO IV

Juventud literaria.

PRIMERA FORMACIÓN.—ENSAYOS LI-
TERARIOS.—JUICIO DEL SEÑOR MA-
RROQUÍN SOBRE SÍ MISMO COMO
ESCRITOR, ORADOR Y POLEMISTA.
BANQUETE SINGULAR.—UNA DES-
PEDIDA.

CON esos pocos rasgos que nos dejó el señor Marroquín de su niñez y de su juventud, y que hemos citado en el curso del capítulo precedente, nos pintó lo que fue su entrada en el mundo; el *medio doméstico* que preponderó en él; lo que vio en el primer cuarto de su vida. Con ingenua sencillez nos refiere sus ambiciones y devaneos, no diferentes de los de la mayor parte de los jóvenes, sólo que muchos se quedan en mitad del camino, sin salir nunca de su pretensión ni de su ignorancia.

Completa ese cuadro de lo que fue la juventud de don José Manuel y su formación literaria, la carta que escribió a don José Caicedo Rojas en 1875. Un defecto no más hallamos en ese escrito, y es que prueba lo contrario de lo que intenta probar.

‹A mí me vino, dice, muy temprano la afición a leer; pero como no leía sino por pasatiempo, buscaba entre los libros que había en casa los más entretenidos. Así di con el *Quijote*, la *Conquista de Méjico* de Solís, *La vida de Cicerón*, traducida por Azara, la *Biblioteca Selecta de literatura española*, las obras de don Leandro de Moratín y las de don Tomás de Iriarte.

Acababa de leer esa serie de libros y la volvia a empezar como si no hubiera más libros en el mundo. En esto quedaron encerrados todos mis estudios sobre la literatura española.

El modesto y, puedo decir, inconsciente amor a las letras, había sido como ingénito en mis mayores. En casa no se hablaba de ciencias ni de literatura, y los libros que allí había, eran los más propios para la enseñanza de una literatura sana aunque no erudita.

En el Seminario, en donde mis estudios no eran los mejores para un literato en cierne, no me faltó modo de empezar a ejercitarme en el arte de escribir. Mi vocación ha sido, desde entonces hasta hoy, la de parodiar, la de sacar partido de la literatura para jugar con ella misma, la de producir cosas grotescamente monstruosas, como, según he oído decir, lo hacía mi cuasi-comprofesor Goya. Mi primer ensayo fue una Geografía del pais de los pachistas, parodia de la de Letronne. Los *pachistas* eran ciertos estudiantes del Seminario que recibían un ligero baño de Teología moral estudiando la del Padre Francisco Lárraga, para poderse ordenar a los dos años de haber salido de su tierra. Eran en el Seminario lo que los beocios en Grecia, lo que los parias en la India: blanco forzoso de todas las zumbas, de todos los chistes, de todos los dicharachos que se proferían. Aquella Geografia, que iba acompañada de su juego de mapas, no contenía nombre de continente, isla, mar, lago, río, golfo, reino, ciudad, montaña, puerto, cabo o promontorio, que no aludiera al nombre de algún pachista o a alguna de las circunstancias que motejábamos en ellos.

Siguió a la Geografía un prográma del arte de cocina, parodia de los que, en cumplimiento del plan de estudios, se compusieron entonces para nuestro uso. Sirvióme particularmente de pauta el de Física, que tenía la singularidad de estar todo en forma de preguntas, de suerte que contenía muchas como estas: ¿Meteoros acuosos? ¿Lluvia? ¿Granizo? En seguida vino una epístola de San Pablo a los filósofos, es decir, a mí y a mis compañeros, en que nos exhortaba a estar vigilantes contra los pachistas y en que nos proponía muchas otras reglas de conducta.

Los seminaristas grandes formaron una república, en la que había periódicos. Mi comezón de escribir se había aumentado porque (sea dicho sin vanidad, y también sin modestia) mis primeros ensayos me habian valido triunfos brillantes. Yo fundé periódico y lo puse en circulación sin dejar conocer que era mío. El primer número hizo fiasco. Entonces concebi y llevé a cabo el designio de escribir otro que impugnara al primero y que fuera en todo diametralmente opuesto a él. La cosa tuvo efecto maravilloso. Yo gozaba doblemente con los aplausos que recibía el que tenia buena aceptación y con las fáciles victorias que alcanzaba sobre un enemigo que no tenía más fuerzas que las que yo mismo quería darle. No pasaré en silencio que para uno de los números de mis periódicos escribí un artículo de costumbres en que pretendi pintar los bailes, sin haber asistido en mi vida a ninguno. Desde entonces perdí el derecho de burlarme de cierto amigo mío un poco bobalicón, que le decía a su padre: "Lléveme a maroma, porque yo no he visto maroma sino pintada, y eso porque la pinté yo."

Desde antes de esto estaba yo íntimamente ligado a Luis Lizarralde, joven inteligente y aprovechado, de grandes disposiciones para la poesía, que había hecho ya muchos versos [1]. Esto, y el saber yo que mi tío don Andrés Marroquín, a quien había alcanzado a conocer y a quien había querido mucho, los había hecho, me hacían mirar como cosa natural e imprescindible el ser poeta. Mi primera composición fue un romancito que se titula *Gil González*, cuyo argumento es un cuento harto sucio. Luégo, en un cumpleaños mío, me metí a hacer un romance endecasílabo elegiaco y llorón, que resultó de un mérito muy semejante al de mi Dolorosa. No sé si porque lo conocí inmediatamente, o porque mi ingenio me inclinaba a otra cosa, dejé ese sendero, volví al usado, y compuse la *Canción del Pirata*, en que no hay otro mérito que el del arrojo para escribir porquerías, pero que tuvo la honra de ser reproducido en numerosas copias.

En una cosa me he parecido al verbo, según como lo considera cierto gramático, y a José Eusebio Caro,

---

1. Hasta el fin de sus días conservó el señor Marroquín un vivo y afectuoso recuerdo del señor Lizarralde, cuya larga correspondencia hemos hallado en su archivo, y a quien volveremos a encontrar como colaborador de don José Manuel en el Colegio de *Yerbabuena*.

según como lo considera Miguel Antonio: en que
he tenido tres modos o maneras. Mi primer modo
fue el que queda indicado.

Siendo yo estudiante de la Universidad, me ligué
estrechamente a Vicente Herrera, Mariano Manrique
y Pedro Alcántara Camacho, mozos aficionados por
todo extremo a la poesía, y todos cuatro nos dimos
a leer y a recitar versos de don Salvador Bermúdez
de Castro, de Zorrilla y de Abigaíl Lozano; y del
poco estudiar y del mucho leer se nos vino a me-
ter en la cabeza que éramos poetas, y no de los me-
dianos, sin más motivo ni fundamento para ello que
el sentir aquellas impresiones sin nombre, aquellos
deseos vagos y sin objeto que siente todo el que no
baja de los diez y ocho ni pasa de los treinta; con
lo que hubimos de ponernos a escribir melancólicas
y lúgubres octavas italianas (y también estrofas de
otros géneros) en que llorábamos desengaños, ilusiones muertas y otras desgracias que así sean todas
las que Dios me envíe; componíamos asímismo le-
yendas de monjas robadas, de duendes y aparecidos;
y tratábamos de ajustar nuestra vida puntualmente
a las reglas del romanticismo. Cuando leí *El Romanticismo y los románticos* del *Curioso parlante,* no
me cayeron en gracia ni me cogieron de nuevo los
títulos de las composiciones ni la historia del sobrino, porque mis compañeros y yo habiamos ido más
adelante.

Hay que confesar que en esa época recibí pocos
aplausos y que no hubo más que un alma de Dios

que publicara versos míos, creyendo publicar cosa buena. Pero maldito el caso que yo hacía de la indiferencia general, cuando no podía dejar de atribuírla, según las reglas de la estrecha orden que profesaba, a que el mundo no me comprendía. En esa época hice tantas Dolorosas como composiciones; por dos letras no fui autor de *Doloras* antes que Campoamor.

Este mi segundo modo vino a terminar con motivo de haber yo hecho unos ejercicios espirituales. Merced a la claridad de percepción y la rectitud de juicio que da la meditación, eché de ver que aunque en rigor el romanticismo y las octavas italianas no fueran pecado, eran cosas inseparables de una situación poco conforme con la vida cristiana. El mismo día en que salí de los ejercicios ardieron todos los trabajos de la segunda manera, en amor y compaña con los papeles en que habia apuntado los pecados para mi confesión general.

Como a esa sazón se hubiera anunciado comunión de regla en San Bartolomé, solicité del doctor Márquez que me entregara los alumnos que quisieran seguirme para prepararlos en el Dividivi a recibir los Sacramentos. El doctor Márquez vino en ello y me dio cincuenta o sesenta, a quienes hice confesar y comulgar fervorosamente.

Esto pasaba en 1849. De ahí hasta 1851 hubo un interregno, una época de transición, un paréntesis, que no perteneció a ninguna de las tres maneras. No escribí sino lo poco que publiqué en el famoso periódico llamado *La Revolución* que fundamos Vicente Herrera y yo, él demagogo de catorce suelas, y yo jesuíta de 1.200 milésimos; entre otras cosas, un artículo de costumbres titulado *La muerte en casa*, primer preludio del tercer modo.

En 1851 fundé mi colegio y me di a una vida seria y laboriosa. Si mis estudios anteriores hubieran sido de substancia, entonces los habría hecho sólidos y quizá profundos; pero, como había perdido lastimosamente el tiempo en que debía haber hecho los elementales, tuve que consagrar a éstos el tiempo que me quedaba. En los once años de mis titulados estudios no se había presentado ocasión de estudiar gramática castellana. El de 51 empecé a estudiarla enseñándola.

Entre 1851 y 1858 no escribí en verso sino *La Perrilla, Júpiter y una sabandija*, una carta a Pascual Cándido Rincón, y otras bagatelas de cuantía mucho menor, composiciones que pertenecían ya a la tercera manera. Muestras de ésta en prosa no hubo sino más tarde» [1].

———

«Mi incapacidad como orador, dice don José Manuel en otra parte, raya en lo increible. Fundé en mis mocedades dos sociedades literarias de las que todos hemos fundado. Una en compañia de Santos Acosta; otra no recuerdo con quiénes. En una de ellas había obligación de improvisar sobre puntos

———

1. Carta a don José Caicedo Rojas.

sacados a la suerte, y cuantas veces me tocó esto,
me puse en pie, pujé y declaré que para mi la cosa
era imposible. Haciendo clases de religión vine a hacerme capaz de hablar de seguida sobre un mismo
punto; luégo hice conferencias religiosas en un colegio, y cuando fundamos con José María Vergara,
Ricardo Carrasquilla, el señor Manuel María Mallarino y otros la *Sociedad de estudios religiosos*, pude
hacer conferencias (teniendo, eso sí, a la vista un
apuntamiento), delante de concurso muy respetable.

Soy pésimo razonador y peor polemista. Jamás se
me ha ocurrido una buena respuesta o un buen argumento a tiempo. En asunto contencioso, si no me
produzco por escrito o si no tengo asesor, mi derrota es segura.

Carezco absolutamente de facilidad para escribir
y aun para redactar. Los trabajos míos que han salido menos malos han sido sobre asunto que me ha
estado haciendo cosquillas por mucho tiempo. Titu-
beo siempre sobre el modo de empezar; y si hago
apuntamientos para un escrito, el ordenarlos y en-
cadenarlos es ya para mí arduo problema.

Puedo escribir en francés con poca más dificultad que en castellano; conozco la lengua para enseñarla así como la mía, y no puedo entenderle a
un francés una sola frase, ni expresarme en esa lengua hablando.

A los cuarenta y nueve años me puse a aprender a traducir inglés, y lo consegui en pocos meses
sin auxilio de maestro. Mis conocimientos en esto

son, eso sí, muy limitados; lo mismo que los que poseo en el italiano, que aprendí también ya hombre y sin maestro»[1].

———

Nada mejor podemos hacer para terminar este capítulo consagrado a la juventud del señor Marroquin, que relatar aqui un episodio cronológicamente muy posterior, pero que se refiere a aquellos tiempos.

El 7 de septiembre de 1888 invitó don José Manuel a cinco de sus condiscípulos a un banquete, advirtiéndoles que había mandado preparar comida de dieta para seis valetudinarios.

Aquella reunión tenía sus antecedentes.

Hacia cuarenta años que se habían reunido en casa del señor Marroquín cinco jóvenes ligados por el afecto especial y sincero de compañeros de colegio, y próximos a separarse, por haber terminado sus estudios. Convinieron, y al efecto firmaron un compromiso, en que a los diez años, en 1859, volverían a reunirse al pie de la estatua del Libertador o en la casa de Marroquín, para refrescar los recuerdos del tiempo estudiantil. Estos eran, por orden de edades, el distinguido jurisconsulto doctor don Ramón Rozo; el Secretario de la Corte Suprema, doctor don Ramón Guerra Azuola; el Rector del Colegio Mayor de Nuestra Señora del Rosario, don José Manuel Marroquín; el doctor don Manuel Caicedo Jurado, abogado distinguido, ex-Senador y Repre-

---

1. *Apuntes autobiográficos.*

sentante al Congreso; y los cumplidos caballeros don Ramón Montejo y doctor don Aníbal Bermúdez.

No sabemos si aquella cita se cumplió; pero sí que en la tarde del 7 de septiembre de 1888 se sentaron a la mesa y durante cinco horas estuvieron departiendo sobre los sucesos de su juventud y recordando con cariño y con respeto los nombres de algunos de sus maestros: Estanislao Vergara, Francisco J. Zaldúa, Isidro Arroyo, José Ignacio de Márquez, Rufino Cuervo, etc.

Al tiempo de los postres uno de los convidados, don Ramón Guerra Azuola, habló así:

«Señores: Marroquín no era de los más aprovedos del colegio. El fue siempre el jefe de las sublevaciones; el promovedor de los paseos a las horas de clase; el inventor de las cabañuelas mensuales, que infaliblemente pintaban por vagamundería y había que cumplirlas; el que mantenía vivo el odio de las otras clases contra la nuestra....

Aun cuando somos tan pocos, hay entre nosotros representantes del Cuerpo Legislativo, de la Magistratura, del Foro, de la Industria y del Comercio. Marroquín no ha sido nada de esto; y sin embargo, él es el único que ha sabido merecer una fama inmortal; el único de entre nosotros cuyo nombre se pronuncia con respeto y admiración y cariño dondequiera que se habla la lengua de Cervantes; el único, en fin, que ha hecho ver aquí en Colombia que el talento sirve de algo.

Brindo, señores, por el autor de *La Perrilla* y de la *Ortografía* castellana» [1].

Veinte años más tarde, cuando murió el señor Marroquin, don Manuel Caicedo Jurado le consagró este sentido recuerdo:

«Manuel:

Me precediste pocas horas en el camino de la eternidad. Está trillado por ti: yo le seguiré. Recuérda en la mansión de los justos que nuestra amistad se inició a los ocho años de edad, en los bancos de la primera casa de educación, dirigida por el benévolo señor Mateo Esquiaqui; que luégo siguió creciendo y fortificándose en el Seminario y en la Universidad Central, y que jamás, en ochenta y un años, llegó a disminuir ni a resfriarse. Pídele allá al Supremo Hacedor y Dispensador de todo bien que me conceda en su infinita misericordia lo que a ti en el rigor de su justicia. Hasta luégo».

1. *La Nación* y *El Telegrama*. Septiembre de 1888

CAPITULO V

Labor pedagógica.

EL COLEGIO DE «YERBABUENA». SUS
ALUMNOS.—CONCEPTOS DEL SEÑOR
MARROQUÍN SOBRE LA EDUCACIÓN
Y LA INSTRUCCIÓN.—UN HONROSO
TESTIMONIO.—EPISODIO DE LA GUE-
RRA DE 1854.—PRISIÓN DE DON JOSÉ
MANUEL EN FACATATIVÁ.

« **E**N 1851, dice don José Manuel en sus *Apuntes autobiográficos*, concibió mi tío Juan Antonio el proyecto de que estableciera yo un colegio de varones en *Yerbabuena* para darme ocupación. No dejó esto de contrariarme, porque el proyecto que yo tenía era el de irme a los Llanos a negociar en ganado. No obstante, me allané a tomar el otro partido y aun lo abracé con entusiasmo esperando con juvenil confianza poder hacer como institutor más que ninguno. Esta empresa tuvo para mí y para muchos de los alumnos excelentes resultados.

Yo me formé hábitos de orden y de trabajo; aprendí todo lo que sé; y a fuerza de verme respetado y estimado, me acostumbré a respetarme. Establecí el sistema de rigurosa y continua vigilancia, no usado antes en el país sino por los jesuítas. Presté tánta atención a los juegos y entretenimientos de los alumnos como a sus estudios; di a la educación religiosa toda la atención debida. Allí inventé y puse en práctica muchos de los arbitrios para estimular y para hacerles agradable el estudio a los muchachos que ahora he visto pasar por importaciones alemanas.

De la facilidad que había para los paseos a caballo, se sacó partido para dar premios; y de las que ofrecía la hacienda, para procurarles a los colegiales verdaderas recreaciones y ejercicios corporales fuertes y acomodados a las costumbres de la tierra.

Me acompañaron en la dirección del colegio, desde el día de su instalación, mi siempre llorado amigo el esclarecido y joven sacerdote don Luis Lizarralde, y don José de la Cruz Restrepo, de quien hago igualmente tierna y sentida memoria y que era un portento de inteligencia. Llamado Lizarralde por el Ilustrísimo señor Mosquera, para que, según su expresión, *le acompañase no al Tabor sino al Calvario*, fue a morir en el mar de las Antillas. Reemplazóle en el colegio el presbítero doctor don Ignacio Buenaventura, y ya avanzado el año, entraron como prefectos don Mario Valenzuela [1] y don Crisóstomo Osorio» [2].

---

1. Hoy distinguidísimo miembro de la Compañía de Jesús

2. Fueron también prefectos o catedráticos del colegio en los años siguientes los presbíteros don Carlos Bermúdez, después Obispo de Popayán; don Pedro J. Mas; don Paulino Olivos, don Vicente Olivos, y los señores: don Francisco Mogollón, don Mariano de Jesús Medina, don Antonio Cuervo, don Rafael García, don Luis Borda, don Germán Malo y don Pascual Cándido Rincón.

Como alumnos permanecieron en el colegio, por más ó menos tiempo, los señores: Eugenio y Benito Escallón, Ramón Grajales, Carlos Latorre, Luis Nieto, Félix y Manuel Pardo Roche, Bernardino y Pedro Alvarez, Luis y Juan José Borda, Ricardo y Santiago Cheyne, Pantaleón y José Gregorio Gutiérrez Ponce, Javier Junguito (después Obispo de Panamá), Nicolás Osorio, Santiago Ospina, Manuel Saiz, Ignacio y Urbano Sandino, Camilo Valenzuela, Pablo Ortega, Juan Manuel Herrera, José María Ponce, José Manuel y Ricardo Umaña, Angel María Gómez Saiz, Tomás Olano, Aparicio Rebolledo, Ramón y Francisco Pontón, Francisco Sandino, Domingo Ospina Camacho, Luis María Pardo, Ricardo y Eustacio Latorre, Eduardo, Wenceslao y Fran-

Allí, en aquellos campos, hermosos como ningunos, con todas las comodidades apetecibles, en amplio local en donde abundan la luz, el aire y el agua que prescribe la moderna higiene, y compartiendo con ellos la vida de familia, educó el señor Marroquín, cuando apenas contaba veintitrés años, un no escaso número de jóvenes que fueron o son hoy útiles y esclarecidos ciudadanos.

El alto y nobilísimo concepto en que tuvo el señor Marroquín la tarea de educar a la juventud, fundado en los más sabios y sanos principios pedagógicos y morales, vamos a verlo en la Oración de Estudios que pronunció en una colación de grados en el Colegio del Espíritu Santo, el 16 de noviembre de 1881.

«Señores:

. . . .

La educación es el asunto más serio, importante y grave de cuantos pueden ocupar a los hombres pensadores; y (contrayéndome a nuestra tierra) añadiré que es aquel cuya solución entraña la de todas las cuestiones sociales. En la educación se encierra todo el porvenir.

---

cisco Urdaneta, Rafael y Ramón Umaña Rivas, Ramón Borda, Martín y José Joaquin Guerra, José María Alvarez, Teodoro Coronado, Carlos Tanco, José María Vargas Heredia, Ignacio y Miguel Nieto, Mauricio Tamayo, Dionisio Piedrahita, Higinio Cubillos, Elías Osorio, Pedro Durán, Manuel José Ortíz, Manuel Cantillo, Luis y Esteban Quijano, dos Espinosas hijos de don Isidro, Pompeyo García Valenzuela, Maximino Borda, Eusebio Caro, Miguel Antonio Caro (que no permaneció sino poquísimos meses del año 53), Felipe Silva, Francisco Tanco, Tomás Pardo Olarte, Federico Gómez, Manuel Urbina, Aurelio y Antonio Viana y José Luis Pieschacón.

¿Y de que ella haya de poderse considerar como ramo de conocimientos, habremos de inferir que los concernientes a ella pueden ordenarse y exponerse en un tratado como los principios de cualquiera de las ciencias? ¡Oh! ¡Que Dios preserve al mundo de los vanos sistemas conforme a los cuales se suele pretender reducir la educación a disertaciones y a preceptos! Desde el punto en que tales sistemas dominasen, la educación sería materia de eternas controversias, como lo son los objetos que estudian la economía política o la metafísica. Las opiniones humanas la harían de su dominio. Padres e institutores andarían perplejos acerca del método de educación que deberían emplear, y convertirían a la juventud en materia para hacer experimentos, esto es, en lo que el médico y el naturalista convierten los cadáveres humanos y los cuerpos de ciertos animales.

Y, lo que seria peor, no poseerían la ciencia de la educación sino los doctos; y los rústicos y los ignorantes nada podrian intentar para educar a sus hijos.

¡Cosa singular! La misma sagrada importancia del arte de educar hace que él pueda estar al alcance de todas las capacidades; y esto, porque saber educar es saber vivir. El que sabe distinguir el bien del mal y sabe y quiere procurar el primero y evitar el segundo en sí mismo, sabe y quiere evitar éste y procurar aquél en sus hijos.

Si pues hubiese un sistema susceptible de ser conocido por todos, hasta por los más rudos, que persiguiese al mal dondequiera hasta en sus raíces más tenues y más profundas, si merced a la aplicación de ese sistema se erigiese en lo interior de cada sér humano una autoridad invisible y siempre activa que amenazara, que dirigiera, que estimulara y que delante de los ojos de los niños, de los adolescentes, de los adultos, pusiera castigos que apartasen de toda infracción de las leyes morales, hasta en la soledad de un aposento cerrado, hasta en el seguro que las tinieblas ofrecen a la tentación; más claro, si ese sistema formara, robusteciera, ilustrara y rigiera la conciencia, y esto sin necesidad de estudios literarios o científicos dilatados y costosos.. . si un sistema tal existiese, el problema de la educación estaria resuelto.

Pero—me diréis vosotros, todos los que me estáis oyendo—ese sistema existe. Existe y se llama.... No lo nombréis. Ni su nombre ni los fundamentos en que descansa están de moda.

Sí. Ese sistema existe. Combatido, anatematizado y hecho objeto de escarnio en casi todo el mundo, él es quien conserva aún el equilibrio social. Lo que queda de sano en los que de él reniegan, a él lo deben.

Lo que en las masas, ya medio corrompidas, queda aún de los principios y de las máximas que él había hecho arraigar en los ánimos, es lo que asegura la vida de sus adversarios contra alevosos puñales; su hacienda, contra la codicia; y las más caras prendas que guardan en sus hogares, contra la audacia o el libertinaje.

Este que yo no quiero apellidar aquí sino sistema, puede no ser ciencia; pero el indagar si él es
perfecto en sus aplicaciones a la educación o si habrá otro que con manifiestas ventajas pueda susti-
tuírsele, es punto perteneciente a las ciencias morales, y rigurosamente científico. Ninguno es más digno
de atentos estudios; pero tales estudios deben hacerse como deben hacerse hoy los de cualquier linaje. ¡Fuéra teorías, fuéra especulaciones fundadas
en hipótesis! Sólo la observación y la experiencia
merecen servir de guía a los espíritus que seriamente y de buena fe buscan la verdad. Obsérvense, ana-
license, compárense y júzguense los hechos; luégo,
cuando se hayan cotejado los resultados de todos
los sistemas de educación imaginables, declárese cuál
es entre ellos el único capaz de hacer que el hombre, desde sus primeros pasos en la senda de la
vida, tome por sí mismo empeño en su propio per-
feccionamiento, mediante la acción de móviles internos e independientes de toda sanción humana; cuál
es el que arma la voluntad del individuo a fin de
que ella sola combata victoriosamente contra las pasiones, enemigos que el niño inexperto, débil y falto
de conocimiento de sí mismo y del mundo que le
rodea, siente levantarse esforzados y poderosos dentro de su propio sér, sin que en cada una de las batallas interiores que tiene que librar para salvar su
dignidad de hombre y para no comprometer su porvenir, haya quien pueda ayudarle, siquiera con oportunos consejos; declárese cuál es el sistema de edu-

cación que no obliga a quien lo emplea a recomendar a los niños que, antes de obrar, hagan para evitar lo que puede serles perjudicial, razonamientos sobre bases y sobre asuntos que ellos no comprenden. Declárese cuál es este sistema, y cuando se haya hecho tal declaración, se habrá resuelto científicamente la más elevada de las cuestiones científicas.

———

Nace un niño a alegrar con su presencia el hogar en que era esperado. Su venida trae a la casa el gozo y la esperanza, porque en él se ve al que ha de continuar dando lustre a un nombre ya esclarecido; o al que ha de ilustrar un nombre hasta entonces obscuro; al que, primero que ninguno en su linaje, ha de ser objeto de los favores de la fortuna, o ha de conservar un caudal en que están vinculadas halagüeñas esperanzas.

Pasan días, y aquel niño viene a ser la bendición, y la sonrisa y el encanto del hogar. Sobre él pone a descansar su corazón el padre, cuando lo trae de fuéra lacerado por los desengaños o fatigado por las contradicciones cuya no interrumpida serie se llama vida; sobre él lo pone a descansar como pone a descansar el cuerpo quebrantado sobre un lecho mullido.

Ese niño, hermoso, cuando menos a los ojos de sus padres, es para ellos mismos el niño en quien por fin se realiza todo lo que se ha referido de niños precoces; ese niño lleva el atractivo inefable de la inocencia, jirón que ha quedado en la tierra de la mistica vestidura que cubrió a nuestros primeros padres en el paraíso.

Ese niño es un nuevo Adán, recién salido de las manos de Dios, que podrá comer o no comer del fruto vedado; que está destinado a gozar, si no lo prueba, de todas las preeminencias, de todas las prerrogativas compatibles con su naturaleza; o condenado, si lo prueba, a quedar despojado de ellas.

Pero hay una diferencia entre el Adán primitivo y este nuevo Adán: aquél fue por sí solo árbitro de su destino, y el destino de éste se halla en manos ajenas. Nada tema, sin embargo, el pequeño Adán, ni tema por él la sociedad de quien puede venir a ser o azote u ornamento: esas manos son las que nuncan se cansan de acariciarle, y por lo tanto la elección no puede estar en *n*ingunas mejores.

¡Oh sociedad del siglo XIX, oh sociedad de todos los siglos, vén y dá testimonio del acierto con que los padres hacen la elección de que depende la suerte de sus hijos!

Sí: el destino de la preciosa y querida criatura que ha venido a ser el gozo de un hogar con su candor y con sus gracias está en manos de sus padres. De una determinación de ellos, talvez de una palabra suya, pende el que esa vida que empieza sea una bendición o una maldición.

La historia contempla asombrada a Guillermo Tell disparando con pulso firme la flecha que ha de atravesar la manzana colocada sobre la cabeza de su hijo. ¿Y no será más admirable el valor de los padres que, teniendo también en sus manos la vida o la muerte, la felicidad o la desdicha, la honra o la ignominia de aquellos seres que deben considerar como la continuación de su propio sér, miran la educación como cosa de nonada?

Han pasado algunos años desde el nacimiento de aquel niño. La sociedad fija los ojos complacida en un joven que parece llevar *una mente sana en un cuerpo sano;* que por el modo como ocupa el lugar, ya humilde o ya eminente, en que la Providencia lo ha colocado, hace creer que, si él faltase, ninguno podria reemplazarlo; y que, finalmente, es la gloria y la alegria de su padre. Este joven es aquel niño; las esperanzas que su *n*acimiento hizo concebir están realizadas. Los autores de sus días pueden morir en paz, bendiciéndolo y ceñidos con la corona que ganaron educándolo bien.

Han pasado algunos años desde el nacimiento de aquel niño. La sociedad se desvía con despego y con lástima de un mozo de tez cetrina y sudosa, de ojos hundidos, de aspecto macilento, que, dondequiera que esté, está demás; que es el *enojo de su padre y la tristeza de su madre:* este mozo es aquel mismo niño; es aquella criatura cuya tez aterciopelada reclamaba besos de los labios de todos, y que e*n* los suyos llevaba la celestial sonrisa de la inocencia. Ese mismo es, y es ya el verdugo encargado de cas-

tigar a los que, dándole la vida, no supieron darle
sino una carga y una maldición.

¡Oh! si ese padre y esa madre hubieran sabido que
los hábitos son el hombre, y que empiezan a formarse desde que el niño ve la primera luz! ¡Si hubieran
tenido presente que en el hueco que deja de ocupar
un hábito bueno, se forma fatalmente otro pernicioso!

Pero, ¡oh sagrado amor paterno, oh amor heroico, incomparable, casi divino que te albergas en los
corazones de las madres, en cuántos yerros caes
cuando degeneras en pasion!

Desde que ese amor queda reducido a un afecto
terreno y natural, se hace incapaz de todo sacrificio:
ya el padre, y más aún la madre, carecen de fuerzas para hacer el de ahogar en su cuna las pasiones que nacen en el niño y que nacen al mismo tiempo que él. Lo único que les dicta ese afecto es una
condescendencia sin limites, caricias sin medida, elogios capaces de fomentar el orgullo en la humildad
misma, acuciosidad infatigable en satisfacer los anto-
jos y los caprichos de aquel que, según la expresión
de un escritor, es un precioso y querido juguete.

Con asombro y extrañeza oirán algunos, y sobre
todo algunas madres, hablar de las pasiones de los
niños. "¡Cómo! exclamarán, pasiones en esas tier-
nas, débiles y pequeñas criaturas!"

"¡Cómo! responderé yo, veneno mortal en las ví-
boras! en esos animalillos de tan elegante forma, de
tan luciente color, tan pequeños y tan fáciles de aplas-
tar!"

Míranse en los niños las manifestaciones del egoísmo, de la sensualidad, de la envidia, de la cólera y del espíritu de venganza como graciosas parodias de las que se observan y de las que tánto repugnan en los adultos. Que los que así las miran se recreen contemplándolas, y que las paguen con caricias; pero que entiendan que los alegres retozos del león pequeñuelo suelen matar.

La virtud es fuerza, es combate, es contradicción; y lo es en el adulto que la ejercita y en el infante que debe empezar a aprenderla; y no puede dejar de serlo en quien ha de enseñarla practicándola, y ha de practicarla enseñándola.

Peregrina ilusión es la de los padres de familia que dejan que sus hijos crezcan y se desarrollen enfregados a sus inclinaciones naturales hasta el día en que les parezca que ha de principiar la educación, esperando poder en ese día transformarlos en otros seres distintos. Ellos mismos harian mofa del padre o de la madre que llamase al niño y le dijese: "Has cumplido siete, o nueve, o diez años. Hasta ahora se te ha criado como se cría a los animales costosos: estudiando tus instintos para no contrariarlos y procurándote higiene y buena alimentación. Hasta ayer se toleraron tu voluntariedad y tus impertinencias, y aun muchas de éstas se celebraron como donosas precocidades. Pero desde hoy eres sér racional; hoy empieza tu educación. Desde este punto serás obediente y sumiso; desde ahora reprimirás aquellos ímpetus de cólera y aquellos deseos de venganza a que has solido entregarte cuando no has conseguido sin esfuerzo lo que apetecías, o cuando alguno te ha contradicho. Desde este instante serás respetuoso y afable hasta con las personas que te inspiren repugnancia. En una palabra, desde hoy se quebrantará tu voluntad contra los obstáculos, y serás paciente; se quebrantará delante del deber, y amarás el deber." ¡No! no se destruirán en el curso de unas horas ni los hábitos del niño, ni el que los padres mismos han contraído de no contrariarlo a él por no contrariarse a sí mismos.

¿O se quiere lanzar a los hijos ya adolescentes o adultos a un mundo erizado de tentaciones, desprovistos de toda energía moral para luchar contra ellas, de esa energía que en ninguna edad se adquiere sino con la costumbre de vencerse a sí mismo? ¿Se les quiere arrojar a un mundo en que probablemente no hallarán sino espinas, desengaños, dolores.... quizá persecuciones, quizá la indigencia, preparados para el rudo combate de la vida con la molicie, que enerva; con el regalo, que centuplica la amargura de las privaciones en quien se ha habituado a mirarlo como condición esencial de su existencia?

———

La constitución de la sociedad moderna, o sea la moderna civilización, no permite que los padres por sí mismos se ocupen en la educación de sus hijos. Ellos tienen que trasferir a extraños su augusto ministerio, y a extraños tienen que delegar la autoridad que el Padre universal les ha delegado a ellos. Tal es el origen de los establecimientos de enseñanza o educación. En cada uno de éstos, de los miembros de muchas familias, se forma una sola, que viene a quedar bajo el amparo, bajo la autoridad y bajo la dirección de uno que toma sobre sí la tremenda responsabilidad y los deberes sagrados de los que han dado el sér a aquellos de quienes se obliga a ser padre. "De quien se obliga a ser padre" he dicho. *A ser padre y madre* debo decir, porque las funciones maternas en la obra de la educacion son permanentes, y no por salir de su casa deja el adolescente de necesitar que en favor suyo se desempeñen.

¡Feliz la sociedad en que sólo se atreviesen a echar sobre sus hombros tan ponderosa carga los que tuvieran fuerzas para llevarla; sólo los que comprendiesen cuán elevado, cuán santo, cuán divino es el sacerdocio a que se consagran cuando dicen a los padres de familia: "¡Descansad en mí: yo respondo de la conducta y de la suerte de vuestros hijos a Dios y a la patria!"

Muy a menudo se presenta a los padres y a las madres la ocasión de elegir para sus hijos entre lo que puede ser origen de su ruina o principio de su felicidad; mas en ninguna como en aquella en que han de escoger institutores para sus hijos, han menester luces, cordura, felices inspiraciones.

¡Que todos los que hayan de hacer tal elección amen a sus hijos con amor razonable, y se sobrepongan a opiniones, a preocupaciones, a simpatías capaces de extraviar su juicio! Que entiendan que un institutor que no echa mano de los recursos con que brinda la Religión para formar y para iluminar la conciencia de los educandos, podrá mantener en su plantel un orden aparente y relativo sólo a los actos exteriores; pero no podrá, por buenos que sean sus deseos, evitar los contagios morales que se extienden dondequiera que se reúnen muchas personas de pocos años. No hay que engañarse: cada escolar recibe más influencias de sus colegas que de sus preceptores; y únicamente donde para aquellos hay freno moral, puede no peligrar el porvenir del niño.

Tan ardua y enojosa es la tarea de educar, que sólo el sentimiento del deber, el amor al bien y la caridad cristiana pueden inspirar y dar fuerzas para hacer los incesantes sacrificios que su buen desempeño exige. Sólo el que proceda impulsado por aquellos nobles sentimientos renunciará al descanso y al desahogo para dedicarse a ejercer la rigurosa vigilancia sin la cual un colegio viene a convertirse en una casa de huéspedes en que se hacen clases. Sólo esos sentimientos pueden hacer al institutor bastante paciente y solícito para intervenir, como debe, en los entretenimientos y en todas las cosas que han de ocupar la imaginación de los jóvenes, aún más que en sus estudios. Y así debe ser, por más paradójico que parezca, porque en la formación de la conciencia, del carácter y de los modales tienen esas cosas tanta influencia por lo menos como la enseñanza.

Muy mal desempeñará el papel de padre temporal quien se haga institutor solamente por buscar lucro, y sin hallarse penetrado de que ese oficio es un sacerdocio augusto y de que él apareja la más grave responsabilidad. El reunirá en torno suyo niños o jóvenes que irán a educarse mutuamente, esto es, a enseñarse unos a otros los malos hábitos que hayan adquirido o que vayan contrayendo y a enseñarse unos a otros todas las demás malas cosas que puedan. No me detendré a hablar de los más repugnantes vicios de que esa reunión sin disciplina será semillero; y me contentaré con decir que allí perderán en breve los niños la sencillez candorosa y la amable ingenuidad que de la infancia les haya quedado; que aprenderán a mostrar más malicia de la que cabe en su edad; que se harán truhanes y zumbones; y convertirán en objeto de burla todo lo serio; que tendrán por de mal gusto todo lo que no sea o frívolo, o indecente, o maligno.

———

Está ya hecha la elección de institutor, y ha sido bien hecha; pero a los padres les incumbe todavía cooperar a que ella produzca todos los buenos resultados que son apetecibles. La educación es una obra de autoridad y de respeto, ha dicho el escritor contemporáneo que más crédito merece entre cuantos han discurrido sobre educación. Y siendo ésta una obra de autoridad, no puede darla sino aquel que de un modo efectivo se halle investido de toda la que Dios ha puesto en manos de los padres; y es menester, por tanto, que éstos trasfieran a los institutores toda la suya. Grande y muy bien fundada confianza han de tener en ellos; si no la tienen plena, no deben cometer la insensatez·de hacerlos depositarios de lo más sagrado y más precioso que hay para ellos. Desde que confían el niño al institutor, sólo deben hacer uso de su autoridad para mantener y para robustecer cada día más la que han trasferido a éste. De otra manera, se podrá decir de ellos que a un tiempo mismo quieren y no quieren la educación de sus hijos. ¡Qué bien entienden esta doctrina los padres y las madres que, en presencia de los suyos, someten a examen o a discusión, o vituperan o condenan la conducta o las prácticas seguidas por aquellos a quienes tienen encargada su educación! Y lo singular es que estos mismos padres y madres no corrigen, ni amonestan, ni instruyen a los hijos sobre sus deberes, a titulo de que en el colegio hay quien los instruya, los amoneste y los corrija. ¿Qué ascendiente podrán ejercer ni qué autoridad darán a sus amonestaciones y consejos los que el educando ha oído juzgar en su casa como se juzga al menestral que no gana bien su salario?

. . . .

Amores hay más crueles que la enemistad más declarada, y entre ellos se cuenta el que hace a los padres constituirse defensores de sus hijos contra la autoridad de los institutores. No puedo calificar de otro modo a los padres que escuchan aquellas quejas, para las que siempre habrá motivo mientras haya quien las escuche, y a los que defiriendo al parecer de los niños, renuncian a los derechos que dan la paternidad y la experiencia y consienten en que ellos vayan cambiando de colegios, en busca de uno en que no se les contradiga ni se les sujete a enfadosas tareas. Harto se ha hablado ya sobre los efectos de estos cambios, pero sobre ellos nada habla tan clara y elocuentemente como el resultado que han tenido en aquella parte de nuestra juventud que se ha educado haciéndolos o que, para hablar con propiedad, no se ha educado porque los ha hecho.

. . . .

————

Parece que el vivo interés que muchos padres de familia muestran por la instrucción de sus hijos, con menoscabo del que deberian tomar por su educación, ha de entrañar un noble anhelo de que adquieran numerosos, extensos y profundos conocimientos. Pero si indiscretamente nos ponemos a escuchar las instrucciones que algunos de ellos dan a los institutores, se nos hará patente que aquel laudable anhelo no es general.

"Yo quiero, oiremos decir, que mi hijo se eduque para comerciante o para campesino. Que estudie lo que pueda hacerlo apto para ejercer su profesión, y nada más: cualquiera otra cosa le sería inútil."

¡Ah, qué hermosas virtudes son la modestia, la templanza y la humildad, qué hermosas y qué difíciles de practicar cuando han de ejercitarse refrenando o limitando las aspiraciones propias, la propia ambición! Pero, ¡qué fácil es que la mezquindad y la ruin parsimonia se disfracen con las apariencias de esas virtudes, para amortiguar el noble impulso que a los hombres bien nacidos les hace apetecer para sus hijos el mayor lustre, las ventajas mayores que sea dado procurarles!

En nuestra tierra no se pagan con oro las doctas vigilias ni las labores literarias: no disputaré sobre eso con los de la educación agrícola o mercantil; pero no concederé que en caso alguno el hombre haya de considerarse como una máquina de producir; ni mucho menos que sólo se haya de preparar a la juventud para la vida, como se prepara a un criado para largo viaje a que se le envía, proveyéndole de lo necesario para que en el camino no perezca de necesidad.

Que admitan todos las máximas de los que se contentan con la educación agrícola o mercantil, y no tardaremos en ser bárbaros. La ciencia, extendida y aplicada, mantiene en las naciones la industria y la hace florecer y adelantar. Pero para que pueda extenderse y aplicarse necesita existir. La ciencia es luz, y como toda luz, no irradia sino desde sus focos. Suprimid en un país las profundas investigaciones, las especulaciones en que se abstrae el filósofo, las doctas lucubraciones del sabio y del erudito,

y a poco irán faltando a los menestrales y a los artesanos las sencillas pero indispensables nociones
científicas que poseen y que los dirigen en el ejercicio de sus profesiones.

Si en un pais llegara a no haber más conocimientos que los necesarios para que puedan ejercerse las
profesiones y cultivarse las artes que inmediatamente producen las riquezas, esos mismos conocimientos se perderían, desaparecería la cultura, irían mer-
mando las necesidades que fomentan y multiplican
la industria, y vendrían por fin generaciones que no
pidiesen al trabajo sino carne de animales montara-
ces y frutas silvestres.

————

. . . .

El deseo de nuestro propio engrandecimiento nace
y se desenvuelve con nosotros. La soberbia, el orgullo y la vanidad son abuso, son extravío, son degeneración de aquel noble sentimiento, pero prue-
ban que existe y que es natural; luego el hombre
que no se exalta y se perfecciona, jamás podrá volver con satisfacción los ojos sobre sí mismo. En
efecto, necesitamos estimarnos a nosotros mismos,
necesitamos ver en nosotros siquiera algo de lo que
admiramos y apreciamos en otros. El amor propio
siempre nos impulsa a tenernos en más que otros;
por eso es tan amarga la envidia, por eso es tan
cruel la humillación del que se ve forzado a confe-

sar, siquiera sea en su interior, que vale menos que los demás.

Blasfemia y desatino sería decir que la humildad cristiana puede aconsejár ese despego al saber. No es humildad empequeñecerse adrede y a sabiendas. El más humilde es el que más dones rinde ante el acatamiento divino.

Mas, si estamos obligados a hacer de manera que podamos estimarnos a nosotros mismos, no lo estamos menos a evitar que los nuestros tengan que avergonzarse de nosotros. Las penalidades de la paternidad quedan superabundantemente compensadas cuando el padre puede enorgullecerse oyendo alabar al hijo por su virtud y por su ciencia; ¿pero qué desconsuelo podrá compararse con el del padre o la madre que tiene que avergonzarse de su hijo? ¿Y qué situación más perpleja que la del hijo que quiere respetar a su padre, pero que ve en él un igno-- rante o talvez un objeto de irrisión por su rustiquez? En la sociedad conyugal ¡cuánto no robustece y afianza el afecto recíproco, la estimación nacida del cultivo intelectual de cada uno de los que la forman! Y por el contrario, ¡cuán cerca están del desamor los que no pueden inspirarse estimación!

Pero supongamos la existencia de seres humanos tan estúpidamente abnegados que miren con indiferencia el caso y la estimación que de ellos hagan los que los rodean, y que estén bien hallados con su ignorancia. Fáltales siempre un elemento de bienestar por el cual, si lo conociesen, darian de buen grado los demás que poseyeran. Fáltales el grato recreo que halla dentro de sí quien, rico de ideas y de nociones verdaderas, merced al estudio, las ordena, las compara, las combina y les da forma, proporcionándose en sus ratos de ocio, en sus viajes, en sus insomnios, en sus enfermedades, un entretenimiento no menos deleitable que el que ofrece la lectura. Fáltales la disposición para aprovecharse de las ventajas con que brinda el comercio con aquellos amigos siempre fieles llamados *libros*.

La imaginación es semejante a un niño inquieto y bullicioso que, mientras no esté ocupado en útiles tareas o en alegres juegos, lo estará en dañinas travesuras. Sólo la instrucción puede dar ejercicio provechoso, sano y agradable a esa facultad de nuestro espíritu. El pensamiento humano, semejante a ciertas tierras labrantías que, si no reciben semillas de mano del solícito agricultor, se cubren de áspera y tupida maleza, estará produciendo sólo extravagancias y vaciedades en confuso desconcierto, cada vez que le falte materia para ejercitar con utilidad y con agrado aquella actividad que le es especial.

Gran consuelo y gran motivo de reconocimiento para con la Providencia es observar que los placeres que está en manos de todos los hombres procurarse, los placeres intelectuales y los placeres de la imaginación, son los más puros, los más apacibles, los más duraderos, siendo al mismo tiempo aquellos de que no pueden privarnos ni la injusticia de los hombres ni las vicisitudes de la fortuna. ¡Dichoso el que se los asegura por medio del estudio y del cultivo de las letras, por que le sirvan de suave entretenimiento cuando llegue la vejez, o cuando las dolencias u otras adversidades le condenen a forzada inacción!» [1]

Así entendia el señor Marroquín esa delicada labor de educar a la juventud, a la cual cónsagró la mayor parte de su vida, sin más ambición que la de hacer el bién a la Iglesia y a la Patria.

Y si, como muchos otros, fue víctima durante su larga carrera de Institutor, de ingratitudes y deslealtades, también tuvo la satisfacción de recibir testimonios de agradecimiento como el que reproducimos en seguida:

«León, 8 de agosto de 1874.

Señor don José Manuel Marroquín

Respetado y muy apreciable señor mío:

La que recibí de usted con fecha de abril, ha renovado los más gratos recuerdos de mis primeros años. Dios me favoreció poniéndome bajo la dirección de personas cuyas prendas y hermoso corazón me hablarán por toda mi vida. ¡Cómo relucen en los sentimientos que usted me expresa los de un hom-

---

1. *El* Conservador, Bogotá, noviembre de 1881. Otro artículo muy importante del señor Marroquín, titulado *Los Internados*, puede verse en *El Correo Nacional*, Bogotá, junio de 1991.

bre amaestrado en formar los corazones a la vez que las inteligencias! ¡Quiera concederle el Señor el que vea el fruto de tántos años de fatiga, viendo revivir en todos sus discípulos, y mejor aún en los que llevan su sangre, tánta piedad, tan generosos afectos!

. . . .

De usted afectísimo siervo en Cristo,

JAVIER JUNGUITO, S. J.» [1]

Por espacio de siete años se consagró el señor Marroquín al Colegio de *Yerbabuena*, gozando al mismo tiempo de la soledad y del campo que tánto amaba. Tres años llevaba de aquella vida cuando estalló la revolución encabezada por el Dictador Melo, lo que vino a interrumpir temporalmente las tareas del Colegio.

«El domingo 24 de septiembre de 1854, cayó sobre la casa de *Yerbabuena* una numerosa columna compuesta de un cuerpo de infantería de línea y de una partida de sabaneros de a caballo. Tomó esta tropa, al acercarse a la casa, la actitud y las precauciones de un ejército que va a entrar en la más rigurosa batalla. Desplegóse una parte de las fuerzas por arriba y otra por abajo, de manera que cuando el jefe penetró en el patio, ya estaba la casa cercada por todos lados. El jefe, que era un inglés Kóller, desmontado y con su arma de fuego preparada,

---

1. Después Obispo de Panamá.

se acercó a las personas que en el corredor exterior
lo estábamos aguardando, y preguntó si esa era la
hacienda de *La Manzanilla*. Yo le contesté que no
era, ni había hacienda de ese nombre. Alguno de sus
compañeros le dijo el verdadero nombre de la hacienda, y él entonces nos intimó a todos los presentes que éramos prisioneros. En este punto llegó
don Juan Antonio, que, estando de visita en una hacienda distante, había tenido noticia de que iba tropa para *Yerbabuena*, y se había apresurado a irse
para allá a conjurar el peligro, o a participar de él
si era inevitable. Kóller procedió en seguida a registrar toda la casa, y entretanto los de caballería
se esparcieron por todos los potreros para recoger
el ganado, los caballos, los potros y las yeguas. Iba
a anochecer, y después de titubear mucho, resolvió
Kóller que partiésemos la tropa y nosotros los prisioneros, para que pernoctásemos en las inmediaciones del Puente del Común. Después de haber declarado que llevaría presos a Facatativá, que era el
cuartel general, a todos los varones que habia en la
casa, inclusive un sacerdote (el señor doctor Carlos
Bermúdez, después Obispo de Popayán), un anciano y
los niños del colegio que a la sazón existia, se dejó
persuadir de que, para los fines de Melo, bastaba
que llevase a los dueños de la casa.

A éstos les permitió, no sin dificultad, que hicieran el viaje a caballo, y él mandó que le ensillaran
el que le pareció más hermoso, que era un potro de
índole malísima. Don Juan Antonio le advirtió en-

tonces que, montándolo, corría peligro de sufrir una caída y que por lo menos debía hacerlo probar antes de montarlo él mismo. Hízolo así y el caballo, del mismo modo que los demás potros (varios de los cuales nunca habían probado la silla) que fueron destinados para oficiales y soldados, se mostraron dóciles y mansísimos, como si hubieran conocido que en esa ocasión no les quedaba otro partido que tomar que el de imitar a sus dueños y resignarse a obedecer.

Toda la caravana de tropa, presos y bestias, emprendió marcha para el Puente del Común al ir enfrando la noche. Apenas hubimos tomado el camino, un sujeto a quien llevaban preso desde que llegaron, empezó a esforzarse vivamente por hablar a solas con nosotros. Don Juan Antonio iba atendiéndole a Kóller, que le conversaba, y el preso me habló entonces a mí; pero como no lo hacía con libertad y como quiso no expresarse claramente, por si Kóller alcanzaba a oírlo, dijo sin quererlo algo de que podía inferirse que él sabía que nos iban a fusilar en la casa del Común. Don Juan Antonio, que había notado el interés con que el preso había procurado hablar con nosotros, oyó perfectamente aquellas expresiones. Yo pude pedir explicaciones sobre ellas, pero no así don Juan Antonio, que se veía compelido, por su genial cortesia, a seguirle la conversación a Kóller. Sin embargo, era tan poco aprensivo, que ni llegó a preguntar después qué era lo que nuestro compañero quería decirnos; no obstante que pudo haberlo hecho antes de que llegáramos al Común, cuando Kóller dejó de conversarle y se retiró de nosotros.

En la casa del Común nos quedámos aquella noche; y en la mañana siguiente, antes de que nos pusiésemos en movimiento, vimos desfilar todo el ganado (cosa de seiscientas reses) y todos los caballos, conducidos por la caballería sabanera.

Al pasar por Chia, pueblo a cuya jurisdicción pertenece actualmente *Yerbabuena*, nos rodearon y nos siguieron por largo trecho todas las mujeres de la población, haciendo el duelo más amargo.

Cuando llegamos a Cuatro Esquinas, don Fructuoso Castillo, que mandaba una fuerza estacionada en ese punto, quiso contar el ganado, que había llegado poco antes que nosotros, y se vio que ya no iban más que ochenta reses. Verdad es que la caballería había ido mermándose y desapareciendo por el camino en la misma proporción que los animales.

En Cuatro Esquinas pernoctámos con la tropa, y al día siguiente, a eso del mediodia, nos hallámos en la plaza de Facatativá, sin que hubiera quien diese órdenes a Kóller sobre lo que había de hacer con nosotros, porque el sensible General Melo, para no presenciar el fusilamiento de dos desertores que habian sido ejecutados ese día, había salido de la población. No sé quién dispuso al fin que se nos metiese a la cárcel, a la cual se nos condujo inmediatamente. Recuerdo que cuando nos hubimos desmontado, los rapaces soldados de Melo se arrojaron sobre nuestras sillas y arreos de montar, y que el Padre Venancio, joven religioso candelario que estaba de cura, las arrancó violentamente de entre sus manos y logró ponerlas en seguridad.

Hallámos la cárcel atestada de gente, mucha de la cual era conocida o amiga [1]. En aquel reducido e inmundo recinto reinaba a nuestra llegada sombría consternación, producida por el fusilamiento de los desertores, con quienes los presos habían pasado muchos dias y a quienes habían visto salir una o dos horas antes llorando y sobrecogidos de miedo. Las descargas que habían sonado a pocos pasos de la puerta de la cárcel, habían helado de espanto a los presos.

Dos o tres días antes había fugado el Coronel Corena, y su fuga, irritando por extremo a Melo y a sus satélites, los había impulsado a redoblar las precauciones y a atormentar bárbaramente a los que permanecían en la cárcel.

Siendo ésta estrecha y numerosísimos los que la ocupaban, no quedó sitio despejado para nuestras camas, y la de don Juan Antonio vino a quedar colocada al pie de una de las paredes, en un sitio en que las piedras de los cimientos sobresalían y se extendían por el suelo hacia el centro de la pieza, de suerte que a la suma desigualdad del piso se añadía la circunstancia de un considerabilísimo desni-

---

1. Los presos eran Leonardo Canal, Eusebio Mendoza, Vicente Azcuénaga, Domingo Cordovez, Silvestre Escallón, N. Castañeda, Norberto Viana, N. Materón, N. Cote, N. Valcárcel, etc.

vel. Yo hube de acomodarme debajo de la cama de Silvestre Escallón. Tres o cuatro veces cada noche se hacia ronda y se examinaba el estado de los grillos que llevaban muchos de los presos, y en voz bien alta se daba a la guardia la orden de hacer fuego sobre los presos al menor movimiento que se notara entre ellos y al menor indicio de ataque exterior que llegara a percibirse.

La cárcel no se componía más que de la pieza en que se nos tenía encerrados y de un patiecito muy pequeño, del que hacía mucho tiempo estaban haciendo uso los presos y las numerosas guardias que los custodiaban para aquellos menesteres en que no cabe aseo, y bien puede discurrirse cuánto acrecentaria esta circunstancia las incomodidades de aquel encierro. El único preso privilegiado era don Joaquín Sarmiento, y no por su respetabilidad, sino porque ya estaban muy adelantadas las negociaciones para su rescate. Pero la ventaja de que él gozaba se reducía a vivir solo en la pieza alta, que supongo sería el Cabildo, y que quedaba sobre la común prisión, que con más propiedad podría yo llamar la *prisión-común*. Siniestras noticias que nos llegaban por conducto de oficiales de la guardia, mantenían y avivaban continuamente la alarma y los sobresaltos que torturaban a los presos: ora se decía que los constitucionales habían fusilado prisioneros melistas y que, por tanto, en represalias nosotros seríamos pasados por las armas; ora que lo seríamos por haber subido hasta el sitio llamado *Las Tapias* una fuerza enemiga; ora que Melo estaba recibiendo malas noticias de su ejército del norte.

A mí me partía el corazón ver a don Juan Antonio, hombre no acostumbrado a fatigas ni a más privaciones que las que le imponían su habitual templanza y la severidad de sus principios, tratado a par de los más miserables criminales; a aquel hombre, objeto hasta entonces invariablemente de afectos, de cariñosa solicitud y de universal respeto, oprimido y vejado brutalmente por los soeces esbirros de un soldado en cuyas manos la ciega fortuna había puesto la suerte y los intereses de los buenos.

Nuestro amigo don José Antonio de la Torre, por medio del cual se estaba negociando el rescate de don Joaquín Sarmiento, entabló oficiosamente negociaciones sobre el nuéstro, y después de muchas conferencias con Melo, logró ajustarlo por $ 2.500, pero sin obtener nada en orden al ganado y los caballos de que se habia apoderado la tropa que nos había prendido [1].

No poco trabajo costó, en tan premiosas circunstancias, reunir la suma. Cuando Melo hubo recibido la mayor parte de ella, nos permitió salir de la prisión, quedando con el pueblo por cárcel hasta que se completó la entrega.

Para el regreso nos proporcionó un amigo dos bestiecitas de carboneros, incapaces de tentar la codicia de los melistas.

---

1. Y... admírese el lector, después del restablecimiento del orden no se recobró uno solo de los animales ni se tuvo de ellos la más ligera noticia.

Al expedir la orden de ponernos en plena libertad, Consuegra, Secretario de Melo, nos mandó decir que sentía mucho lo que habia pasado; que él sabía apreciar a los hombres de bien, cualesquiera que fueran sus opiniones (!).

Mediante el rescate pagado, y después de un cautiverio bastante duro, volví a reanudar, desde el 4 de diciembre, las tareas del colegio de *Yerbabuena* [1]».

---

1. *Vida y carácter de don Juan Antonio Marroquín.*

CAPITULO VI

Obras didácticas.

EL TRATADO DE ORTOGRAFÍA CAS-
TELLANA.—JUICIO DE VARIOS AUTO-
RES SOBRE ESTA OBRA.—DON JUAN
EUGENIO HARTZENBUSCH.—DON AN-
DRÉS BELLO.—ATAQUE DE DON JUAN
IGNACIO DE ARMAS, Y DEFENSA.—EL
GOBIERNO DE GUATEMALA Y EL SE-
ÑOR MARROQUÍN.

DE la vida de institutor, laboriosa y fecunda, que por muchos años llevó el señor Marroquín, y que comenzó cuando sólo contaba veintitrés de edad, nos ha quedado un testimonio en sus numerosas obras didácticas. Fueron ellas el fruto de sus observaciones y de su experiencia como catedrático, y de la cualidad que poseía de ver el lado práctico de todas las cosas. Nunca pasó por su imaginación al escribir sus obras la idea de lucro, que nos inunda hoy en textos de dudoso mérito y de ninguna originalidad.

Sello personalísimo imprimió don José Manuel a su labor pedagógica. Sus colegios se regían por reglamentos que él adaptaba a las circunstancias y que se conservan de su puño y letra, pudiendo servir de modelo en su género.

Entre las obras didácticas del señor Marroquín las únicas que han sobrevivido son sus *Lecciones de Urbanidad,* que hoy todavía sirven de texto en las escuelas y colegios; su *Diccionario* y su magno tratado de *Ortología y Ortografía castellanas.*

Las Lecciones de Urbanidad tienen el mérito de haber sido escritas *para nosotros,* y de no ser una importación de costumbres y de usos de otros lugares; y están escritas con tal arte y tino, que su lectura aprovecha al niño de la escuela y al hombre maduro, cualquiera que sea el medio en que viva. Poca dificultad le costaría el escribir esa obra al que se distinguió siempre por su impecable corrección y afabilidad en el trato social. Grandes y merecidos elogios hizo de ella, en el prólogo de una de las ediciones, el Excelentísimo señor don José Antonio Soffia, Ministro de Chile en nuestra patria.

Las Lecciones de Retórica y Poética fueron el resultado de sus observaciones como profesor de estas materias. Según lo confiesa él mismo en el prólogo de dicha obra, ésta no es otra cosa que

«un brevísimo epítome del arte de hablar de Hermosilla.

Me he tomado la libertad, dice, de alterar varias de las doctrinas que contiene, a fin de acomodarme a lo que hoy está admitido por la generalidad de los críticos; la de agregar bastantes preceptos y doctrinas de mi propia cosecha o de otros autores; y la de sustituir varios pasajes citados por Hermosilla con otros más breves o más oportunos».

Las Lecciones de Métrica, que tienen idéntico objeto, no carecen de originalidad. Quiso simplificar ese arte de hacer versos y ofrecer al público un tratado de Métrica que pueda servir de texto.

«He sido el primero, dice, que de la Métrica ha descartado mil teorías inútiles y de dudosa racionalidad en que todos mis predecesores habían envuelto las pocas reglas enseñadas realmente por la observación y la experiencia que insertaban en sus tratados; y en declarar rotundamente *que no son versos* ciertas combinaciones de sílabas que hasta ahora han sido miradas como tales, y que como tales figuran en composiciones de poetas de primera nota».

También escribió el señor Marroquín, a modo de texto de enseñanza para sus colegios, varios opúsculos titulados:

Pruebas de los principales dogmas católicos;
Exposición de la Liturgia;
Extracto de las Apuntaciones críticas.

Sin temor de equivocarnos podemos afirmar que el monumento de la gloria literaria del señor Marroquin es su *Tratado de Ortografía.* Magno lo hemos llamado al principio de este capítulo porque revela una laboriosidad benedictina y por la poderosa influencia que ejerció en la manera de escribir el castellano en América.

En el archivo del señor Marroquín se conservan los primeros apuntes ortográficos de que se valía para enseñar esta materia en el colegio que fundó en *Yerbabuena*, y posteriormente en otros establecimientos de educación. Son largas listas o catálogos de voces tomadas de diccionarios, en donde han quedado las huellas de aquella pacientísima e inteligente labor, para sacar de allí las reglas ortográficas que hoy nos parecen tan sencillas y fáciles de hallar, y poner en verso las voces no comprendidas en dichas reglas. Asi fue formándose y tomando cuerpo lo que más tarde vino a ser un tratado completo de ortografía, sin que en un principio su autor se diera cuenta de ello. Dichos apuntes cayeron alguna vez en manos de don Ricardo Carrasquilla y de don José María Vergara y Vergara, quienes tomaron muy a pechos, con grande eficacia, el que les diera el señor Marroquín la forma que les dio.

Aquella labor improba mereció el aplauso y la aprobación de los hombres de letras. Don Santiago Pérez, comparando el trabajo del señor Marroquin con el que sobre ortología y prosodia publicó don Andrés Bello, dice:

«Reglas fijas que tienen el carácter de leyes matemáticas presiden a la formación y combinación de las pronunciaciones humanas.... Además, Bello trabajaba sobre copiosos materiales y podía remitirse por prueba de sus especulaciones sobre la cuantidad y el acento al lenguaje cantado de los versificadores.

Pero quien ha emprendido la tarea, acometida por mil y no rematada por ninguno antes de él, de buscar la unidad de razón en la inmensa variedad de hechos, de sorprender en las voces esas identidades o semejanzas que, a pesar en ocasiones hasta de la diversidad de origen, las agrupan en familias; quien ha coronado como lo ha hecho el señor Marroquín, la empresa de presentar en orden y armonía lo que es precisamente el resultado de caprichos y de disonancias, es a saber, el uso de los signos alfabéticos, ese tiene que haber acaudalado una copiosa suma de conocimientos filológicos y que haber ejercitado una de esas profundas perseverancias en que quiere Bufon hacer consistir el genio» [1].

No menos encomiástico es el juicio emitido por el doctor Felipe Pérez:

«Nosotros hemos tenido ocasión de apreciar en todo su esfuerzo la lenta labor del señor Marroquín a fin de tratar todas las cuestiones verdaderamente tales de la ortografía castellana, sin dejar en pie una sola duda siquiera, previendo todos los casos y resumiendo en unas pocas páginas todo lo que puede necesitarse en esta clase de conocimientos» [2].

Don Belisario Peña, residente en el Ecuador, se dirigió al señor Marroquin en los siguientes honrosísimos términos:

«Extraño será a usted, sin duda, que una persona a quien no conoce se atreva a dirigirle una carta; pero me ha sido imposible resistir al deseo de manifestar a usted la satisfacción que he experimentado al leer su magnífica obra de ortografía, tarea en extremo laboriosa y útil que da un honor nuevo a nuestra patria, como lo daría a la misma Academia Española.

1. *El Tiempo*, 11 de enero de 1859.
2. *El Comercio*, número 36.

Si la cordial felicitación y los profundos sentimientos de aprecio y reconocimiento de una persona que carece de nombre literario pudieran servir en algún modo de pequeña recompensa a sus preciosos trabajos, sírvase usted aceptar los de su atento servidor q. b. s. m.,

BELISARIO PEÑA».

Don José Caicedo de Rojas, cuyo nombre es una recomendación para la obra que elogia, se expresa con igual entusiasmo en una carta dirigida al señor Marroquín el 7 de febrero de 1859:

«Después de los muy justos elogios y merecidos aplausos que la prensa de la capital ha hecho unánimemente del interesante *Tratado de Ortografía* que usted ha dado a luz, a mí no me toca más que admirar en silencio, y lleno de una pura satisfacción, el trabajo de usted, y complacerme muy sinceramente en un triunfo tan espléndido. El motivo de esta satisfacción es bien obvio: soy muy amigo de mi país y muy amigo de usted.

Nada agregaré, pues, ni pública ni privadamente a lo que ya se ha dicho por todas partes sobre el mérito indisputable de una obra que hace honor a nuestra patria, y que está destinada, sin duda, a obtener una brillante acogida en todos los pueblos donde se habla la hermosa lengua de Castilla.

Conversando con un amigo mío sobre este asunto, le decía: si yo fuera capaz de envidia la tendría del señor Marroquín, al ver el fruto de sus profundos y dilatados estudios en esta importante materia, y al pensar en la reputación continental que su nombre y su trabajo adquirirán sin duda dentro de poco tiempo; pero mucho más que todo, envidiaría su paciencia, esa paciencia heroica con que ha llevado a cabo una obra tan laboriosa y tan prolija».

Da muy justa idea del mérito de la obra de que venimos tratando, la manera como acerca de ella se expresa un periódico literario de aquella época:

«Acaba de publicarse una obra titulada *Tratado completo de Ortografía castellana*, por José Manuel Marroquín. El nombre del autor sería suficiente testimonio del mérito de una obra que sólo el más sólido talento, la constancia más perseverante, el colmo del estudio y la laboriosidad, y el deseo de ser útil a la sociedad, pueden haber llevado a cima.

Jamás se había publicado un tratado completo de ortografía castellana; pues la regla de observar y seguir el uso de los autores clásicos, es un buen consejo, a falta de otro mejor, pero no es regla segura para facilitar el aprendizaje de la ortografía castellana.

Al señor Marroquín la gloria de haber aliviado en la enseñanza de esta materia, una de las más importantes en la instrucción de la juventud, un mil por ciento el trabajo de los institutores y el de los discípulos. A él la gloria de ser el primero que ha escrito un tratado racional y completo de la ortografía castellana; pues ni en España se conoce una obra, no diremos completa, pero ni mediocre siquiera sobre asunto tan esencial. El señor Marroquín ha venido, pues, a resolver el problema de la enseñanza de la ortografía castellana» [1].

Ni es posible dejar de consignar aquí el concepto que formó don José María Vergara y Vergara acerca de la obra que había llevado a cabo su íntimo amigo, a instancias suyas y de don Ricardo Carrasquilla. Esos conceptos están emitidos graciosa y familiarmente, en el prólogo de la cuarta edición del *Tratado* en y carta privada al autor.

«¿Con qué letra se escribe báculo? preguntaban los principiantes hasta hace pocos años, y los sabios contestaban gravemente:

—Ocurra usted al latín.

—¿Y almotacén?

—Estudie el árabe.

—¿Y filosofía?

—Aprenda el griego.

De manera que se necesitaba nada menos que el estudio de tres lenguas muertas o el constante manoseo del Diccionario de la Academia para poder escribir una página sin ningún error. Y como es tan caprichosa y galana la lengua española, los niños de escuela no acertábamos jamás a escribir una ojilla, sin incurrir, por lo menos, en diez y seis crímenes de leso castellano. Teníamos que adivinar al través del

---

1. *Biblioteca de señoritas*, número 39, de enero de 1859.

velo de lágrimas rabiosas de despecho si era *volver* o *bolber*, porque no sabíamos latín; en una esquela a nuestros padres les escribíamos *relos* y *almofres*, lo que nos valía un regaño, todo por no saber el árabe; y angustiados por el miedo de la férula del pedagogo, ignorábamos si lo que nos latía entre el pecho era *corazón* o *corasón;* y a veces, seducidos por la pérfida *c*, creíamos acertar escribiendo *coracón*, palabra que, escrita, hasta a nosotros mismos nos horrorizaba, pues bien se echaba de ver que eso que habíamos escrito era demasiado duro para que fuese el tierno y blando objeto a que aludíamos.

Tal fue nuestra vida de estudiantes; tal es la historia de las mujeres, reducidas, a pesar de ser la más bella mitad del hombre, a poner *qerida, buelbo, uebo, gayina, centimiento* y otras palabras que avergüenzan a sus amigas, enfrían el alma de sus novios e irritan a sus padres. ¿Y todo esto por qué? Porque no saben el árabe, el griego y el latín.

Por estas razones, al saber que el señor Marroquín, hojeando diccionarios y gramáticas durante cuatro años, había llegado a componer un tratado completo de ortografía castellana, libro que tánto se echaba de menos, nos entusiasmamos con la idea y le pedimos con instancia el manuscrito. Vencida su timidez y puestos en posesión de su obra, la examinaron detenidamente quienes podían ser voto en la materia. Imprimióse la primera edición, y la aceptación que recibió del público, redimido del estudio del árabe, y las espontáneas manifestaciones de muchos literatos y profesores, completaron el juicio crítico sobre este cuerpo de doctrina ortográfica, el mejor que hasta ahora se conoce en nuestra lengua».

Omitimos para ser breves otros juicios, tales como los de don Julio Arboleda, don Miguel Antonio Caro, don Ricardo Carrasquilla, don Benjamín Pereira Gamba, don Adriano Páez, etc., pero no podemos menos de citar todavía el de don Juan Eugenio Hartzenbusch y el de don Andrés Bello.

FRAGMENTOS DE UNA CARTA DE DON JOSÉ MARÍA VERGARA Y VERGARA

«Madrid, 27 de octubre de 1870.

Señor don José Manuel Marroquin.—Bogotá.

Mi pensadísimo Manuel:

. . . .

Mi primer cuidado fue ir a buscar a don Juan Eugenio Hartzenbusch, que me recibió muy amablemente. No olvidaré jamás la visita nocturna que le hice el 16 de este mes. Figúrate la escena. El y yo estábamos arrellanados en dos poltronas frente a frente. . . . Le regalé tu tomo de versos; y no teniendo más ejemplar de la Ortografía que el de mi uso, y que me hace mucha falta, tuve el patriotismo de hacer este sacrificio en aras de. . . . no te importa lo demás. Me pidió algo mío *para conocerme,* me dijo, y le llevé la Historia. Me pidió un placito de tres días para leerlos y volví a los cuatro. Hé aquí su juicio, casi en sus mismas palabras:

"Me ha sorprendido encontrar en el señor Marroquin (y dígame usted, don Pepe, ¿este apellido es francés? —No, señor, español por cinco costados, le respondí). Bien, me ha sorprendido un lenguaje tan limpio y tan donoso en un hombre que no conoce a España y no ha lidiado entre nuestros escritores. *La perrilla* es como una reminiscencia de *La Cena de Alcazur*, pero no menos original ni menos bella. Quisiera saber si el adjetivo *perrosa*, que es muy feliz, es un vocablo familiar en su país o un gracejo.

—Es esto último, le dije.

—El prólogo o dedicatoria, continuó, es verdaderamente delicioso, y el librito un tesorito sin más defecto que no tener compañeros.

La Ortografía es un trabajo perfecto: el plan, digno de todo elogio; la variedad de metros y la paciencia de sujetar a ellos todos los vocablos y de hacer versos tan buenos, es un mérito más, que me ha hecho recordar al laborioso don Juan de Duarte en una obra de educación que escribió por el estilo, aunque en diferente materia.

El libro del señor Marroquín será útil en España en una parte considerable de él; y de por demás en las reglas sobre la escritura y pronunciación de las letras que allá se confunden y aqui no confunde nadie. Yo lo presentaré a la Academia, agregó, con un informe muy favorable y muy merecido, y tengo seguridad de que Monlau y Campoamor lo firmarán conmigo."

Tu JOSÉ MARIA».

«Santiago, julio 9 de 1860.

Señor don José Manuel Marroquin.—Bogotá.

Estimado señor mío:

Con la muy apreciable de usted de 20 de enero del año pasado que ha puesto en mis manos hace muy pocos días el señor Escobar, Secretario de la Legación granadina, he recibido su *Tratado de Ortografía castellana,* que, como lo anuncia su título, es un trabajo completo; y en mi humilde opinión muy a propósito para enseñarla y sobre todo para fijarla en la memoria de los alumnos, cosa que en obras de esta especie es un requisito importante y de que los predecesores de usted no me parece haberse cuidado mucho.

. . . .

Una cosa sola me atrevo a indicar que convendría se mejorase en el texto de usted, y es el modo de enunciar ciertas reglas, sin confiar mucho en el buen sentido de sus lectores: me refiero a lo que usted mismo indica en el último párrafo de su página 9.

Quedo muy reconocido a las expresiones con que usted me favorece y que atribuyo más bien a la benevolencia de usted que al mérito de mis opúsculos.

. . . .

Sírvase usted aceptar los sentimientos de verdadera consideración con que soy su afectísimo seguro servidor,

ANDRÉS BELLO».

La labor ortográfica del señor Marroquín ejerció, además, poderosa influencia en la manera de escribir el castellano en América.

«La huella que él dejó en el campo de las letras es honda y luminosa, dice un joven y erudito escritor; sus trabajos didácticos sobre la ortografía castellana, además de ser ardua obra de filólogo, representan la satisfacción de una necesidad que se hacía sentir grandemente en la enseñanza, comoquiera que todavia, en la época en que salió a luz su *Tratado*, era mucha la anarquía que reinaba en la materia. Ya desde la edad de oro de la lengua se había debatido la cuestión de si la ortografía debia ser absolutamente fonética o más bien rigurosamente etimológica. Unos argüían, con lógica incontestable en la apariencia, que la escritura es el signo de la palabra hablada, y que el signo es tanto más perfecto cuanto es más sencillo, fiel y exacto, y que, por tanto, la ortografía adquirirá el grado supremo de pertección cuando se reduzca a ser signo del sonido sin atender a uso ni a origen.

Tal fue la doctrina que sustentó el insigne sabio don Andrés Bello en el *Repertorio Americano* de Londres, hacia 1826, en colaboración con el eminente publicista y orador colombiano don Juan García del Río; pero la autoridad científica de estos dos hombres de letras no fue suficiente, sin embargo, a hacer que su sistema fuera aceptado sino en una mínima parte, y ello en cuanto se conformaba con la organización genuina del lenguaje.

. . . .

El *Tratado de Ortografía castellana* del señor Marroquín fue una obra de gran valía para la ciencia filológica; aquella concienzuda investigación para establecer las reglas generales, deduciéndolas del origen y genio de la lengua, del uso docto de los clásicos y del adelanto natural que comporta la evolución de las ideas, constituye el mejor monumento de su gloria literaria.

Hoy, si bien se reconoce la utilidad de ese trabajo, no se piensa ya en el esfuerzo que representa, y muchos lo consideran como una obrita didáctica, oportuna y necesaria, pero que no ha costado más que la molestia de recoger, aquí y allí, reglas generales y excepciones, ya encontradas por otros autores, pero esparcidas en diversas obras. Y hemos visto que no es así, pues no hace mucho, relativamente, la cuestión fue estudiada por los sabios de las principales lenguas neolatinas y, cuando el señor Marroquín publicó su obra, apenas se hallaba admitida en la materia la orientación definitiva, pero sin haber aparecido aún el texto en que se consignara. Solamente que por ser ya este progreso parte integrante del acervo de bienes alcanzados, imaginamos haber gozado siempre de lo que es en realidad valioso contingente de un mismo individuo» [1].

Si las innovaciones ortográficas propuestas por el ilustre Bello y por el señor García del Río tuvieron

---

1. Juan de Jesús Bernal. *El Nuevo Tiempo*. Bogotá, octubre de 1908.

éxito en América por algún tiempo, principalmente en Venezuela y Chile, en donde las acreditó la merecida fama de sus inventores y propagadores, y aun aqui en Colombia, en donde se generalizaron bastante por los años de 1830 a 1840, también tuvo entre nosotros acérrimos enemigos que las combatieron, y fueron éstos don José María Vergara y Vergara, don Miguel Antonio Caro, don Rufino Cuervo y don José Manuel Marroquin.

Es de citarse aqui un tratado lleno de erudición que publicó don José Manuel en el *Repertorio Colombiano*, el año de 1879, que lleva por titulo *De la neografia en América y particularmente en Colombia*, en el cual combatió enérgicamente los últimos restos de anarquía ortográfica, y que le mereció verse rudamente atacado por don Juan Ignacio de Armas, y victoriosamente defendido por don Miguel Antonio Caro [1].

Hacia esa misma época escribió también el señor Marroquín otros artículos ortográficos o filológicos, tales como *Disertación sobre la Y, Observaciones sobre la acentuación y la tilde, Estudio sobre mirar y ver*, etc. Las obras y escritos del señor Marroquín, quien vino a ser el principal defensor de la unidad ortográfica, se difundieron con rapidez por toda la América Latina y contribuyeron poderosamente a que volviera toda ella a la ortografía española.

---

1. *Diálogo de las letras*, por Juan Ignacio de Armas. *La Opinión Nacional* de Caracas, octubre de 1880. *Contradiálogo de las letras*, por M. A. Caro. Repertorio Colombiano. Noviembre de 1880.

En 1884 recibió el Presidente de la Academia Colombiana de la lengua (que lo era don José Manuel) un despahco del Ministerio de Instrucción Pública de Guatemala, que insertamos íntegramente por parecernos de grande interés para el asunto de que venimos tratando, así como la contestación que, a nombre de la Academia, dio el señor Marroquín.

«Guatemala, mayo 12 de 1884.

Señor Presidente de la Academia de la lengua.—Bogotá.

Muy estimado señor:

A nombre de la Secretaria de Instrucción Pública de Guatemala, y debidamente autorizado por ella, tengo el honor de dirigirme a usted con el motivo siguiente:

Antes del año de 1871, en que empezó a regir los destinos de este país el partido liberal, que hoy le gobierna, se seguían en él, casi en lo absoluto, las teorías gramaticales de la Real Academia Española de la lengua. Después de aquella fecha, la Administración actual, deseosa de dar a la instrucción pública el mayor desarrollo posible, y de encaminarla por el mejor sendero, hizo traer textos y profesores extranjeros que contribuyesen a ese fin. No era dable que, con tal objeto, se echasen en olvido las obras escritas por eminentes americanos, y, entre las que aquí se trajeron, tuvimos el gusto de ver la Gramática de don Andrés Bello, que ya muchos conocían, pero que aún no estaba en manos de la generalidad. Sus teorías se estimaron como buenas: se adoptó como texto uno de sus compendios, y la obra completa adornó desde entonces los estantes de nuestros hombres estudiosos, que se decidieron a practicar sus doctrinas.

Hubo algunos, sin embargo, que permanecieron fieles a sus antiguas opiniones, y continuaron escribiendo de acuerdo con los preceptos de la Academia.

Esto ha dado origen en este país—y es de suponer que lo mismo haya sucedido en otros hispanoamericanos—a una anarquía completa en materias ortográficas, anarquía que redunda en perjuicio de la claridad, de la exactitud y del buen gusto, y que la Secretaría de Instrucción Pública a que me refiero está dispuesta a cortar en lo que sea posible.

Tiene dicha oficina su criterio propio en este asunto; pero deseando el mayor acierto al tomar resoluciones en él, agradecería como un favor especial el que la Academia de que usted es dignísimo Presidente, le hiciese conocer su opinión en un particular de tánta trascendencia.

Quizás esta consulta distraiga de algún modo las elevadas atenciones de tan respetable Corporación; pero hallándose ésta compuesta de los escritores americanos más distinguidos, y situada en los Estados Unidos de Colombia, cuyo americanismo es universalmente conocido, es, y tiene que ser, el natural consultor de los pueblos de América en materias lingüísticas.

Si pues la Academia ha tenido oportunidad de detenerse en el punto que motiva esta consulta, y tiene a bien transmitirnos el resultado de sus estudios, prestará a este pais, y a los demás que se hallen en igual caso, un servicio de gran consideración. Este servicio sería aún mayor si viniera acompañado de algún tratado u opúsculo que la Academia hubiera escrito sobre el particular.

No dudo que usted atienda gustoso a la súplica que tengo la honra de dirigirle; y con tal motivo, a nombre de esta Secretaría de Instrucción Pública y mío, le anticipo las gracias, y me suscribo de usted, con respetuosa consideración, atento, seguro servidor,

JOSÉ M. IZAGUIRRE».

«Bogotá, 10 de agosto de 1884.

Señor don José María Izaguirre.—Guatemala.

Muy estimado señor:

Recibí la apreciable nota de usted, fecha 12 de mayo del corriente año, e impuse de su contenido a la Academia Colombiana en su sesión de 5 de julio. En ella se me dieron instrucciones acerca de los términos en que debía extender la presente contestación.

Ante todo, quiere la Academia se manifieste a usted que la honra que se le ha dispensado por usted mismo y por el señor Secretario de Instrucción Pública de Guatemala es tan grande, que cada académico la declinaría por su parte, si el declinarla así fuera posible sin dejar de aceptarla para la Corporación. A nombre de ésta y de cada uno de sus miembros presento a usted, y por conducto de usted al señor Secretario, por las honrosísimas expresiones con que la favorece, la más cordial acción de gracias.

No sin razón deplora el Gobierno de Guatemala la anarquía que, en materias ortográficas, se ha hecho sentir en ese pais como en los más de la Améca española. La Academia Colombiana reputa esto como mal gravísimo, y tiene la satisfacción de poder afirmar que don Andrés Bello, que en un tiempo creyó conveniente iniciar reformas ortográficas, vino por último a lamentarse de aquella anarquía y a temer que las naciones americanas no pudieran en muchos años librarse de ella.

Por fortuna, los temores del patriarca de las letras americanas no tenían tánto fundamento como parecían tener, y hoy vemos casi del todo reducidas a la apetecida unidad a las naciones de origen español, si se exceptúa la República de Chile.

La Academia juzga esta unidad en todo lo concerniente al lenguaje, como de necesidad absoluta, y abriga la convicción de que tan gran bién no puede alcanzarse sino mediante la sujeción a una sola autoridad.

Habiendo sido ésta ejercida, hace siglo y medio, por la Real Academia Española; siendo este docto Cuerpo competente para ejercerla, y hallándonos habituados cuantos hablamos castellano a acatar sus decisiones, sería poca cordura buscar en otra parte el centro de unidad que hemos menester.

Y si se hubiera de oponer a este dictamen el de que es vergonzoso para América estar sujeta a España en orden al lenguaje, contestaríamos que, desde que la Academia Española, mediante la creación de Academias correspondientes, llamó a los americanos a tomar parte en sus labores y por consiguiente en el ejercicio de su autoridad, aquella objeción, que nunca tuvo substancia ni visos de racionalidad, ha dejado ya totalmente de merecer la atención de las personas serias y sensatas.

Por estas y por muchas otras consideraciones, la Academia Colombiana usa, sostiene y recomienda la ortografía de la Española. A los esfuerzos de varios de sus miembros se debió, hace ya mucho tiempo, que en este pais empezara a cesar la anarquía introducida por los innovadores, de la que ya no van quedando sino insignificantes vestigios.

Esta Academia no ha compuesto tratado alguno sobre ortografía, pero acepta y aprueba en todos los principios y doctrinas el que acerca de esta materia escribió su actual Director, así como los razonamientos y observaciones contenidas en el opúsculo titulado *De la neografía en América y particularmente en Colombia*, compuesto por el mismo autor. Igualmente acepta y aprueba las ideas expuestas por otro académico, don Miguel Antonio Caro, en el discurso *Sobre el uso*, discurso que no versa especialmente sobre el asunto de que aquí se trata, pero que tiene con él íntima conexión.

A lo expuesto en el opúsculo mencionado, hay que agregar la relación de un hecho no referido en él. El Gobierno de esta República adoptó en otro tiempo como ortografia oficial la llamada americana. Aquí se había incurrido en la extravagancia de considerar dicha ortografía como inseparable de los cánones del partido liberal. Este partido subió al poder en 1861, y en él se mantiene, lo que parece hubiera debido ofrecer al mismo sistema ortográfico el apoyo más eficaz. No obstante, el Gobierno ha cedido al empuje de la opinión y al ejemplo de la mayoría de la gente educada, y emplea hace ya algunos años, por resolución expresa del Cuerpo Legislativo, la ortografía pura e íntegra de la Academia Española.

Cuando otros motivos no hubieran impulsado a este Gobierno a volver al antiguo sistema ortográfico, lo habría forzado a ello una comunicación que le dirigió no há muchos años el General don Sergio Camargo, distinguido miembro del partido liberal, hallándose acreditado como Ministro de Colombia en Inglaterra y Francia; comunicación en que hizo presente que el uso de la ortografía llamada americana en notas y documentos oficiales procedentes de nuestras oficinas, era mirado en Europa como prueba de ignorancia.

No puede suceder otra cosa con los escritos de cualquier linaje que lleven la ortografía americana. En Inglaterra, en Francia, en Italia, en Alemania y en los Estados Unidos del Norte, es grande el nú-

mero de los que conocen nuestra lengua, y no pequeño el de las ocasiones que se les presentan de
leer escritos de empleados y de autores hispanoamericanos. Si éstos en su modo de escribir se apartan
de lo único que en esos países puede ser considerado como regla y como modelo, esto es, de la práctica de los españoles europeos, los europeos y nor-
teamericanos no pueden atribuirlo sino a ignorancia
y al atraso de que, por desgracia, les damos por
otra parte bastantes muestras en algunas de estas
Repúblicas. Sería ridículo suponer que por allá tuvieran idea de nuestras disensioncillas literarias o
de los escritos en que se han defendido o tratado de
propagar las innovaciones que han tenido origen en
estos países.

Remito a usted un ejemplar del *Tratado de Ortografía* a que me he referido; uno de *El Repertorio Colombiano* en que se insertó el opúsculo sobre neografía, y otro número de la propia revista en que se
halla el discurso del señor Caro, *Sobre el uso.*

Me sería por extremo agradable que para usted
y para el señor Secretario de Instrucción Pública fuera satisfactoria y útil la contestación que le doy a
nombre de la Academia Colombiana.

Aprovecho esta oportunidad para dar a usted el
más sincero testimonio de mi estimación personal,
y para suscribirme como su muy atento, seguro servidor,

JOSÉ MANUEL MARROQUÍN».

El mejor elogio del *Tratado de Ortografia y Ortologia* del señor Marroquín, lo constituye su longevidad. La primera edición apareció en el año de 1858, y de entonces acá, ha sido texto obligado en toda la América. Se le copia servilmente o se le imita, pero jamás se le ha superado [1].

Otra de sus obras que pertenece a este género es el *Diccionario Ortográfico*. No hay quien no lo conozca, lo que está probando su utilidad y el arte con que fue concebido. Otros lo han imitado servilmente sin superarlo.

Terminemos estas breves observaciones sobre las obras didácticas del señor Marroquín, insertando aqui el juicio que a él mismo le merecieron:

«Las obras para que tengo verdadera disposición y en cuyo trabajo me embeleso son las que exigiendo algo de parte del ingenio, demandan al mismo tiempo labor prolija. Esto sucede a pesar de que me ocupo en ellas con impaciencia y sin dejar de pensar con afán en lo que me falta.

---

1. Tenemos conocimiento de las siguientes obras:

Una edición espúria, publicada en París por la *Casa de Garnier Hermanos*, *corregida y echada a perder* por Miguel de Toro y Gómez, la cual se ha reimpreso muchas veces.

Otra edición hecha en la Habana en 1860. por J. P. Posada.

Otra en Piura, en 1861, por Carlos Jorge Monsalve.

Otra en Cuenca, el año de 1874.

Otra hecha en Bogotá, en 1908, por la Librería Americana de J. V. C.

Un reciente Diccionario de las voces contenidas en los catálogos.

Desde hace muchos años, los señores *Appleton y Compañía*, de Nueva York, han hecho numerosas ediciones de esta obra, con privilegio exclusivo del autor.

A esta disposición debo el haber compuesto la Ortografía, y a lo mucho que me entretuve en componerla se debió que me diera gana de componer el *Diccionario Ortográfico*, la *Ortología* y la *Métrica*.

Si yo hubiera tenido una Ortografía para cada año de mi vida, hubiera sido feliz.

A propósito de estas obras, diré que el juicio que el público ha formado de la *Ortografía*, siendo favorabilísimo, no ha sido exacto. El que tenga unos catálogos de voces puestos en verso ayuda un poco a la memoria de los aprendices, pero es cosa secundaria. El mérito de la obra, si lo tiene, consiste en que antes de ella no había ninguna que ofreciera medios para saber con qué letras se escribe cada palabra, y mi *Tratado* sí brinda esos medios. Además, en lo que no es el uso de las letras, enseña por completo y con orden, claridad y precisión, lo que los tratados antiguos exponían a medias y confusamente». [1]

Y nosotros añadiremos, para terminar, que tuvo razón don juan Eugenio Hartzembusch cuando dijo: La *Ortografía* del señor Marroquín es un trabajo perfecto.

---

[1]. *Apuntes autobiográficos.*

CAPITULO VII

Doña Matilde Osorio.

MATRIMONIO DE DON JOSÉ MANUEL.
EL DOCTOR ALEJANDRO OSORIO Y
URIBE.—SU IMPORTANTE COLABO-
RACIÓN EN LOS GOBIERNOS DE LA
GRAN COLOMBIA Y DE LA NUEVA
GRANADA.—CARÁCTER DEL DOCTOR
OSORIO Y SU FAMILIA.—DOÑA MA-
TILDE OSORIO.—RASGOS PRINCIPA-
LES DE SU CARÁCTER. — PÁGINAS
ÍNTIMAS.—CARTA DE UN MÁRTIR.

EN 1853 realizó don José Manuel el sueño de toda su juventud, contrayendo matrimonio con su prima hermana doña Matilde Osorio [1], hija del doctor Alejandro Osorio y Uribe y de doña Antonia Ricaurte y Nariño, hermana de doña Trinidad, de quienes hemos hablado ya al principio de este libro.

«El doctor Alejandro Osorio y Uribe perteneció a aquel grupo de esclarecidos patricios a quienes tocó constituir la República y darle leyes, y organizar todos los ramos de la administración pública, creándolo todo en medio del caos y sobre los escombros que dejó la guerra de independencia. Al fin de esa época gloriosa empezaron las armas a ceder a la toga, y ésta en pocas se vio tan honrada como en aquel insigne jurisconsulto, orador y repúblico.

Nació en Bogotá el día 26 de febrero de 1790, siendo sus padres don Domingo Osorio y doña Juana

---

1. «Me casó el doctor Domingo Riaño el 11 de enero de 1853 en el oratorio de la casa de mi tío y suegro don Alejandro Osorio, que lleva hoy el número 206 en la calle 13. Era oratorio lo que es ahora la parte delantera del almacén que lleva el número 208». *Apuntes autobiográficos.*

Josefa Uribe. Nació y se crió en tiempos en que aun los hijos de los más pudientes se habituaban desde la niñez a una vida sobria, modesta y un tanto dura, y en que nadie disfrutaba en los primeros años de otros desahogos y regalos que los que podía procurarse por sí mismo. Y como en la casa de sus padres se hubiese vivido siempre en modesta medianía, el doctor Osorio, con mayor razón que muchos de sus coetáneos, estuvo lejos de acostumbrarse a los refinamientos del lujo. Así fue que cuando, gracias a su capacidad y a su constancia, se vio dueño de un buen caudal, no hizo vana ostentación de su riqueza, ni aspiró a sobresalir entre los ricos por el lujo, ni buscó para sí más comodidades que las ordinarias.

En su casa, en su traje, en sus muebles, nada se echaba menos de cuanto exigían el decoro y la necesidad de honrar los empleos a que lo elevó su mérito; pero en ninguna de aquellas cosas se podía notar un ápice de afectación, de presunción o de vanidad.

No siendo sus padres personas acaudaladas, el doctor Osorio tuvo que ingeniarse para hacer los gastos exigidos por sus estudios. Terminados éstos con el título de abogado que obtuvo en 1811, no contó con más capital para empezar a trabajar que su talento, su instrucción y aquella varonil energía que hubo de deber a la manera como se educó, y que fue patrimonio de muchos de los jóvenes de la privilegiada época en que empezó a vivir. Su profesión de abogado, no obstante que en su juventud la ejerció en competencia con varios jurisconsultos eminentes, lo hizo dueño de una fortuna considerable» [1].

«Siempre en la Gran Colombia y en la Nueva Granada ocupó el doctor Alejandro Osorio empleos de gran distinción; y como en esa época se respetaba a los magistrados porque eran ellos hombres dignos de respeto, los empleos que desempeñó hacen su apología [2].

Hay un rasgo en la vida del doctor Osorio que prueba su carácter varonil y amigo de la justicia. En 1861 era miembro de la Corte Suprema, y como tal debía firmar la sentencia pronunciada por ese Tri-

---

1. *Carácter del doctor Alejandro Osorio*, por J. M. Marroquín.

2. Los puestos públicos que ocupó el doctor Osorio fueron los siguientes:

Secretario de la Asamblea de Cundinamarca que en 1811 dictó la Constitución de aquel año.

Miembro y Presidente del Tribunal de seguridad establecido por Nariño.

Auditor de Guerra y compañero de Nariño en la compaña del sur.

Segundo Secretario del Congreso de 1815.

Alcalde Ordinario de Santafé, nombrado el 9 de agosto de 1819 por una Junta de notables.

Ministro de la Corte Superior de Justicia de Cundinamarca en 1826.

Ministro de Guerra y Hacienda del General Santander.

Diputado al Congreso constituyente de Cúcuta.

Secretario de la Universidad Central de la República.

Miembro del Senado en 1826, 1827, 1838, 1841.

Miembro de la Convención de Ocaña, a la cual no quiso concurrir.

Ministro Fiscal de la alta Corte de Justicia.

Ministro de lo Interior en 1830.

Consejero de Estado en 1832.

Ministro de lo Interior y Relaciones Exteriores en la Administración del General Domingo Caicedo.

Ministro Plenipotenciario del Gobierno granadino en 1843.

Ministro de lo interior y Relaciones Exteriores en 1845-1849.

bunal contra el General Tomás Cipriano de Mosquera, quien, siendo Gobernador del Cauca, había en-
cabezado la revolución, dictando un decreto en que
desconocía al Gobierno nacional. El día 18 de julio
del citado año, cuando ya no podía dudarse del triunfo de aquel General, cuando las tropas de éste pi-
saban las calles de la ciudad y las balas silbaban en
todas direcciones, el doctor Osorio marchó para su
despacho con el fin de estar en él a las horas regla-
mentarias, y tuvo el valor de hacer lo que creía su
deber» [1].

«Tal fue como hombre público.

Como jefe de su hogar, bien puede gloriarse de
haber transmitido sus creencias y su espíritu profundamente cristiano a la familia que formó, familia
que tiene carácter y fisonomía inconfundibles, y que
imprime su sello, y transmite sus rasgos y su espíritu dondequiera que penetra. Priman en ella el genio
festivo y franco, la benevolencia y la hidalguía, junto con la inclinación al ejercicio de la caridad. De sus
fastos nada podrá borrar los nombres de Ignacia, María Josefa, Inés, Emilia y Matilde Osorio» [2].

Entre los hijos varones de aquel afortunado matrimonio, todos los cuales dejaron grato y benéfico
recuerdo, están Ignacio, Juan Crisóstomo, Alejandro y Elías; Valentín, quien murió muy joven, y
Nicolás, quien tánto se distinguió por su ciencia.

---

1. *Biografía del doctor Alejandro Osorio*, por Venancio Ortiz. *Colombia Ilustrada*, 1889.

2. *Biografía de José Ignacio Osorio.*

«Para hacerse cargo de las peculiaridades de la educación de Matilde, dice el señor Marroquín, sería preciso tener idea de lo que de muy antiguo era la familia a que pertenecía. La de su abuela doña Dolores Nariño se singularizaba por la amalgama que en ella podía observarse de la antigua austeridad de principios y de costumbres, con el trato franco, la distinción de modales y cierto grado de elegancia y cultura que no habrían podido echarse de menos en una casa, que fuéra de ser la de don Antonio Nariño estaba enlazada por el parentesco o por la amistad con casi todas las que a principios del siglo componían la flor de la sociedad santafereña.

En ella era tradicional la más amable sociabilidad, así como un sistema de educación que consistía en tratar a los niños con afabilidad e indulgencia suma, sin dejar de corregir todo defecto que en ellos se notara ni de apartarlos de todo lo que pudiera ser peligroso o perjudicial.

Este sistema hubo de pasar sin alteración a la casa de doña Antonia Ricaurte, madre de Matilde. Esto fue tanto mas hacedero en la casa de la señora Ricaurte cuanto su marido, don Alejandro Osorio, era por su naturaleza blando y condescendiente, incapaz de contradecir a su esposa e incapaz de emplear para con sus hijos un sistema de educación diferente del acostumbrado en casa de su suegra. La autoridad que el doctor Osorio y su esposa ejercían en la suya era absoluta, pero nunca tuvo que hacerse sentir, ni excluyó jamás una confianza más absoluta todavía» [1].

Grande fue el amor, el cariño y la veneración que inspiró doña Antonia Ricaurte a sus hijos y a cuantos se acercaban a ella. Del que le profesó el doctor Osorio tenemos un testimonio en sus últimas palabras.

«Cuando estaba expirando preguntó al sacerdote que lo auxiliaba si sería ofensivo a Dios el deseo que había tenido de bajar al sepulcro para volar a unirse con la santa mujer que había hecho el encanto de su vida; y como el sacerdote le contestara que ese deseo no constituía pecado, alzando la mano para señalar al cielo, dijo con voz ya casi extinguida: *Encamíneme usted allá.* Y calló para siempre» [2].

«Inútilmente nos esforzaríamos por pintar el atractivo y el hechizo del trato de la familia del doctor Osorio. En su casa reinaba el decoro más perfecto, y todo infundía el respeto que rodea siempre a las familias y personas de distinción; pero el respeto y el decoro reinaban de concierto con la franqueza y la libertad que sólo pueden hallar cabida entre personas que, no habiéndose rozado sino con gente de educación, no admiten siquiera el recelo de verse poco respetadas.

1. *Apuntes autobiográficos.*
2. Venancio Ortiz, l. c.

En aquella casa se seguían los usos modernos, o sea la moda en cuanto a costumbres, en cuanto a muebles y vestidos, pero sólo hasta el punto que era indispensable para no incurrir en extravagancia. Ni las personas aferradas a lo antiguo, ni las de la especie contraria extrañaban allí cosa alguna.

Durante la larga época en que permaneció reunida toda la familia y en que ningún acaecimiento funesto vino a enlutarla, no faltaron en la casa funciones tales como bailes y representaciones. En ellas se cultivaba también la música; pero allí eran desconocidas y se habrían calificado de ridículas las conversaciones que se oyen actualmente entre las gentes del gran mundo y que versan sobre el arte, sobre trajes y modas y sobre usos e incidentes de la vida parisiense que se lleva aquí o en Paris.

Muchas personas hacen memoria de las últimas funciones que hubo en casa del doctor Osorio, memoria infinitamente más grata que la de otras que no han hecho impresión sino por la prodigalidad con que se ha derramado el dinero para hacerlas ostentosas y brillantes» [1].

Fácilmente puede comprenderse el irresistible atractivo que tendría para don José Manuel aquella casa, que era la de los Ricaurtes y Nariños; la de don Alejandro Osorio, Secretario y Ministro de Bolivar, y que «estaba enlazada por el parentesco o por la amistad con casi todas las familias

---

1. *Apuntes autobiográficos.*

que en aquella época componían la flor de la
sociedad santafereña».

A todos estos halagos ha de añadirse el afecto que
desde muy niño sintió por la que más tarde fue
compañera de su vida.

«Sobre mi modo de ser y sobre mi suerte tuvieron grande influjo mis conexiones con la familia
de mi tío político don Alejandro Osorio, que fueron
desde mis primeros años las más íntimas y cariñosas. Mi tía Antonia Ricaurte, mujer del doctor Osorio, era hermana de mi madre. Me quería con la ternura y la lástima de dos madres y había infundido en
toda su familia este mismo afecto hacia mí. Mientras en mi casa todo era austeridad y rigidez, en casa
de mi tío Osorio todo era jovialidad y ameno trato. Allí se bailaba y se vivía más a la moderna, y
no se ahorraba esfuerzo para procurarme desahogo.
Dios sabe cuántas pelucas me costó el visitar aquella casa hasta las nueve de cada noche, y los arti-
ficios de que tuve que valerme siempre que alguna
funioncita en esa casa, que era mi paraíso, traía consigo la necesidad de retirarme más tarde. Mis amores tuvieron todos los encantos que caben en unos
amores, sin que les faltara el atractivo de las dificultades y aun de los celos, pues tenía yo un rival
que pretendía a Matilde, apoyado por una persona
de la familia; y aunque ella no le hacía caso, yo no
quería satisfacerme sino con que le hiciera despre-
cios incompatibles con la buena crianza»1.

---

1. *Apuntes autobiográficos.*

En unas páginas íntimas dejó don José Manuel escritos sus *Recuerdos de Matilde Osorio*, y no pudiendo insertar aquí íntegramente esas hermosas páginas, ni prescindir de ellas, porque dejaríamos de dar a conocer uno de los principales aspectos de su vida, insertaremos solamente uno que otro rasgo de la que compartió con él dolores y alegrías.

————

«Siendo Matilde cuando niña viva en extremo e impetuosa en sus deseos, bastaba una palabra o cuando menos una ligera reconvención de su madre para que cediera y se resignara a renunciar a lo que había pretendido. Entre los incomparables encantos que la adornaban en su adolescencia, se hacían notar ciertas graciosas voluntariedades que daban a conocer a un mismo tiempo su viveza natural y el hábito de sujetarse al deber y a la buena crianza.

Los que conocimos desde temprano esta misma impetuosidad y la felicidad de que disfrutó en su juventud, somos los únicos que podemos apreciar debidamente la virtud de que dio muestras desde que el matrimonio la llamó a desempeñar serios deberes y a luchar con adversidades de todo linaje.

Las vicisitudes de la suerte no le permitieron nunca gozar de desahogo, y en las más de las épocas de su vida de casada se vio en situación que puedo calificar de estrecha comparándola con aquella a que se había acostumbrado en sus primeros años, cuando no podía figurarse ni por un instante que ya ca-

sada había de verse sujeta a privación ninguna. Esto
dio ocasión para que pusiera en ejercicio no sólo la
paciencia cristiana, sino algunas de las más excelentes dotes que la adornaban, como la energía de su voluntad y la actividad más infatigable.

Desde que se casó, y más todavía desde que fue
madre, nada quiso ni a nada aspiró que no tendiera
al bien y a la satisfacción de su esposo y de sus hijos. Para sí misma no buscó ni desahogos, ni diver-
siones, ni mucho menos lujo. Mas no por esto se
piense que hubiese tomado aire de víctima resigna-
da, mostrándose siempre, por el contrario, contenta
con su suerte, y gozó viendo gozar a los suyos.

Desde 1858 empezó a hacer prueba de aquella abnegación mediante la cual, olvidándose del desahogo en que había pasado su juventud, me ayudó de
ahí en adelante a trabajar y a atender a la educación de nuestros hijos.

———

Estaba Matilde en *Yerbabuena*, cuando muy ade-
lantada ya la revolución de 1861 fue el Puente del
Común inopinadamente ocupado por fuerzas de Mosquera, entre las cuales no faltaban cuerpos de los
temidos negros del Cauca. Algunas partidas que se
esparcieron por las tierras de *Yerbabuena* a merodear, se acercaron a la casa de la hacienda, con lo
que Matilde hubo de huir a pie para refugiarse en
una casa de paja situada en uno de los cerros que
dominan la hacienda; pero no tardó en ver llegar allá

una partida de gente armada que, con la insolencia que acostumbraban todas las que componían el ejército de Mosquera, invadió la choza. Matilde tomó un traje de la arrendataria dueña de ella y colocándose en un rincón obscuro, se puso a hacer oficio de cocinera. Esto, y el haberles llegado a los merodeadores aviso de que por otra parte había pasado un grupo de *godos* a caballo, la libró de los ultrajes a que tan expuesta estuvo.

A favor de la obscuridad de la noche fue posible volver a la casa y hacer los preparativos de viaje a Bogotá, el que se emprendió poco después de media noche, por encima de los cerros, siguiendo trochas casi impracticables por espacio de unas cuatro leguas.

En esta coyuntura se dejó ver cuánta era la presencia de ánimo de Matilde. Casi a la vista de la soldadesca caucana, a la que toda nuestra población tenía, y no sin demasiados motivos, el mismo miedo que pudiera haberse tenido a una horda de salvajes, hizo los preparativos para mudar de domicilio como los habría hecho si se hubiese tratado de un viaje de recreo.

La misma revolución empezada en 1861 ocasionó otros infinitos sinsabores a Matilde, así como nuevas y crecidas pérdidas de intereses a toda su familia. El día que la guerrilla de Guasca entró a Bogotá (4 de febrero de 1862), como hubiese caido herido un joven Orjuela, liberal, a inmediaciones de la casa de Matilde, y como ella hubiese salido con el fin de procurarle socorros, que en efecto le procuró, recogiéndolo en su casa, se vio insultada por un patán que hacía mucho papel entre los liberales.

Cuando no hacía más que cuatro o seis días que había entrado Mosquera en Bogotá, viendo Matilde que don Pedro Ignacio Castro corria peligro de ser cogido y fusilado, formó, de acuerdo con José María Vergara y Vergara, un atrevido plan para salvarlo, el que se llevó a cabo felizmente, no sin exponerse ambos a ser descubiertos y perseguidos por el Dictador con su ferocidad acostumbrada.

En septiembre de 1876, Matilde, temerosa de las persecuciones y horrorizada con el repugnante espectáculo que se ofreció a la población exhibiendo por los parajes más concurridos a los prisioneros hechos el 8 de septiembre, y maltratando públicamente a los sanos y a los heridos, se trasladó a Serrezuela, en donde logró vivir con el sosiego de que podía disfrutarse en época tan calamitosa. Allí se ocupó constantemente, como había empezado ya a hacerlo, en enviar recursos a los defensores del derecho y de la justicia, movida aún más por la compasión que le hacían sentir las noticias que se recibían de las necesidades y privaciones que los atormentaban, que por entusiasmo político.

No es esto decir que le faltase, pues desde que en 1851 dio principio el partido liberal a la larga serie de atentados y desaciertos que forma su negra historia, Matilde que en tiempos ordinarios, ni hablaba de política, ni parecia hacer caso de ella, se exaltaba siempre que en épocas turbulentas se renovaban o se encruelecían las persecuciones contra la Iglesia y los desafueros contra los particulares.

———

Entre las personas piadosas, y señaladamente entre las del sexo llamado por excelencia devoto, hay muchas que hacen exterior y continua profesión de piedad. Vemos a éstas entregarse metódicamente a ciertos ejercicios; concurrir diariamente a determinada iglesia; y que no faltan a función religiosa alguna, de las más señaladas y solemnes. Caracterízalas sobre todo el hacer de estas mismas cosas el asunto favorito de su conversación. Pero hay también otros cristianos que sin dejar de obedecer puntualmente los preceptos evangélicos y los eclesiásticos, hacen patente con su conducta que la fe más acendrada, la severidad de costumbres y los más tiernos y sanos afectos, son compatibles con la libertad de espíritu, con el cultivo de todo género de relaciones honestas, con aquellas más inocentes que constituyen el hechizo de la vida social, y con cuanto el mundo llama cultura según las opiniones y las costumbres dominantes de cada época.

El ejemplo de estos cristianos es indispensable para que las gentes mundanas miren sin aversión la virtud y la piedad; para que depongan la preocupación harto común de que la virtud evangélica es adus-

ta y desabrida y de que no se puede servir a Dios
sino con el entrecejo arrugado y con el melancólico
encogimiento de quien a cada paso teme provocar
el enojo de un amo que acecha las ocasiones de mostrarse irritado.

A esta clase de cristianos, que hacen amable el
cristianismo, pertenecía Matilde. Muchas de las personas extrañas que la trataron, pudieron no advertir
que era fervorosa cristiana, si bien no pudieron jamás ver en ella señales de disipación ni de afición
desordenada a cosas profanas.

Para conocer lo vivo de su fe era necesario verla
consagrada a alguna de las empresas que frecuentemente abrazaba para la gloria de Dios y la salvación
de las almas. Viéndola en tales empresas se podía
descubrir en ella un celo ardiente, virtud que no puede hallarse sino en una alma llena del amor de Dios;
celo que era una de las manifestaciones de la cristiana caridad que formó, por decirlo así, su carácter.

No entendia ciertamente el ejercicio de esta virtud
como la entienden los que se contentan con dar algunas monedas a los pordioseros. Cuando alguna verdadera necesidad llegaba a su conocimiento (y llegaban muchas), la hacía suya y no sosegaba hasta
que la veía remediada; ni reparaba en hacer gasto ni
en contraer compromiso para conseguir ese fin aun
sin saber cómo saldría de las dificultades que con
ello se proporcionaba.

De esto nacía que estuviese siempre cargada de
negocios ajenos y que a su casa acudiesen incesan

temente personas de todas condiciones que tenían que tratar con ella ora de sus propios asuntos, ora de los que se traían entre manos para llevar a cabo alguna caritativa empresa.

No había en Matilde asomos ni los más ligeros de lo que se llama una mujer varonil. El carácter de dulzura, de amable debilidad que hace de la mujer la compañera propia para el varón, carácter sin el cual puede una mujer servir para muchas cosas, pero no para esposa ni para madre, se hallaba en Matilde como en la mujer en quien mejor se hayan reunido las prendas que pueden hacerla objeto de la pasión más tierna y más viva. Y sin embargo, se distinguía por su mucho espíritu, por la energía de su voluntad y la firmeza y prontitud de sus resoluciones.

Sin otra habilidad que la de cantar, pues carecía de aquellas otras que sirven para divertir a la gente, era en toda reunión a que concurriera (sobre todo si se verificaba en su casa) quien imprimía movimiento y animación. En las temporadas pasadas en algunos pueblos, juntamente con otras familias de Bogotá, su casa era siempre el centro común. En ella, y gracias a la confianza que Matilde inspiraba y a la franqueza que hacía reinar, se reunían aquellas familias y se entregaban a entretenimientos que son todavia recordados con placer por cuantos en ellos tomaron parte».

Hemos escogido estos rasgos entre los que forman los *Recuerdos de Matilde Osorio*, escritos por don José Manuel, porque nos parece que dan realmente idea de lo que fue aquella distinguidísima señora a quien lloraron todos cuantos la habían tratado, y sobre todo los pobres y los desgraciados.

Adelantándonos al orden cronológico para reunir aquí todo lo que puede darnos a conocer a la compañera del señor Marroquín, y sobre todo, lo que fue para él, veamos otras páginas más íntimas aún, que escribió en arranques de dolor, poco después de la muerte de doña Matilde, y que son, a nuestro modo de ver, las más elocuentes que salieron de su pluma.

«Me acosa la necesidad de fijar en el papel mis pensamientos y mis impresiones, porque son hijos de mi dolor, y amo mi dolor más que lo que he amado todos los placeres y todas las alegrías. Las reflexiones que me sugiere y los sentimientos que excita en mi corazón, son para mí tan sagrados como todo lo que está unido a la memoria de Matilde.—Escribo esto sin ordenar ni dar ilación a los pensamientos. ¿Para qué darles otra colocación si no los quiero conservar sino para mí?

———

He vivido cincuenta y seis años creyendo conservarme joven, ligero e insustancial; a pesar de mis canas y de mis achaques podía abrigar ilusiones y esperanzas. Abrumado por tribulaciones y reveses siempre veía un más allá halagüeño que me hacía anhelar que corriera el tiempo y que llegara el día en que había de ver realizado lo que era objeto de esas esperanzas y de esas ilusiones. Ya sé lo que era: al lado de Matilde hallaba siempre abierta una fuente de vida, de juventud y de esperanza que hoy está cegada para siempre en la tierra. ¡Qué bien comprendo ahora todo lo que se ha dicho sobre los desengaños de la vida y sobre el vacío y la aridez del alma en los años de la vejez!

———

En el campo amadísimo donde he pasado los mejores días de mi niñez, de mi juventud y de toda mi vida, mi corazón ve todavía a los queridos deudos que me han tomado la delantera en el camino de la eternidad. En él veo a Matilde; pero a ella y a mis otros difuntos, y a ese campo, y a esa casa, fuéra de la cual nunca he concebido la felicidad, los veo como los difuntos mismos los estarán viendo.

———

Mi hábito de no vivir, no pensar y no sentir sino con Matilde y por Matilde, hábito que empecé a contraer en 1845, me condujo a hacerle participar día por día y hora por hora de todas mis impresiones; a consultar con ella toda determinación; a esforzarme por hacerle sentir todos mis dolores, todas mis perplejidades, todos mis temores. Una vez que me desahogaba con ella, todo me parecía fácil, remediable o llevadero. ¡Qué peso el que ha caído sobre mis hombros, débiles ya y adoloridos!

Al ver o al recordar algún lugar habitado o fre-
cuentado con Matilde y a que puedo volver; al pensar en un hecho en que ella y yo tuvimos parte y
que puede repetirse, una sensación de dulzura infinita me anima, me refresca interiormente, restaura
todo mi sér. Pero qué presto me asalta el tenaz recuerdo: *¡ella no está ahí!* Aquellos lugares, aquellos
hechos, todo lo que me era amable, me era amable
por ella.

———

Siempre he mirado la muerte con terror; pero mientras abrigué aquella seguridad de que yo no había
de hacer nada sin Matilde y de que, por consiguiente, no había de morir sin ella, la memoria de la muerte me fue menos amarga. ¡Qué desamparo aquel en
que ahora me imagino he de hallarme en el último
trance sin Matilde a mi cabecera! Y sin embargo, sé
que sus ruegos han de alcanzarme para aquel paso
una asistencia más eficaz que la que ella, con todo
su amor, podía ofrecerme.

———

¡Qué sagradas, qué amables son ahora para mí
todas las reliquias vivas que me quedan de Matilde! Con Matilde me vinieron todas las bendiciones,
y entre éstas cuento como una de las mayores el
haberme quedado una familia adicta, cariñosa y solícita que, fuéra de mis hijos y después que he quedado solo entre todos los que formábamos mi hogar
paterno, es el único lazo que me une con la vida y

con la tierra. No parece sino que Matilde, previendo que yo me había de quedar sin ella, se hubiera
empeñado en legarme afectos que sostuvieran mi vida
cuando me faltara su compañía.

———

Las lágrimas que silenciosamente he derramado
por los seis hijos de mi alma que he perdido, fueron dulces mientras que pudieron mezclarse con las
de Matilde. Hoy me abruma el peso de la obligación que siento sobre mí de conservar la memoria
de aquellas prendas de nuestro amor. ¡Ya no me
queda quien me acompañe a llorar por ellas!

———

¡Odioso y negro espectáculo el que sin cesar me
presenta mi imaginación! Allá en esa tumba húme-
da, fría y obscura, aquellos ojos, aquella boca, aquellas manos.... ¡No, no hay valor para decirlo ni para
escribirlo! Que vuelen los días y los años, y que la
corrupción termine su obra. ¡Llegue el día en que
yo pueda pensar que aquello ha acabado, y en que
yo no me represente a Matilde sino aguardándome
apaciblemente en el seno de Dios!

———

Mi amor no ha sido ciego, he reconocido imper-
fecciones en Matilde; pero la distancia hace desaparecer las manchas ligeras de los objetos. A medida
que va pasando el tiempo no van quedando para mí
en la imagen adorada de Matilde sino las perfeccio-

nes y los atractivos. Me es dulce pensar que si llego a estar separado de ella por muchos años, vendrá día en que aquella imagen sea como la de un sér sobrenatural y superior. Eso mismo me hará más sensible la soledad, realzando el precio del bien que he perdido. Pero eso es lo que quiero; quiero preservarme del consuelo que ofrece el olvido; quiero que Matilde, que desapareció del mundo, siga viviendo en mí; quiero que en lugar de un *aquí yace* esculpido sobre una sepultura en que no es ella la que está, se lea siempre en mi pecho: *Aquí vive.*

¡Un año! ¡Ha pasado un año! ¿En dónde está esa virtud que se atribuye al tiempo, de mitigar las penas del alma? Los que lloraron conmigo lloran todavia en silencio, pero sus lágrimas son dulces; en ellos no se ha extinguido el amor; pero la pena se ha calmado. Es que ellos perdieron algo que no era ellos mismos. Cada uno de ellos es todavía todo lo que era. Yo no soy sino una parte de mi propio sér que ha sobrevivido para llorar mi propia muerte.

¡Cuánto me atormenta la comparación entre lo que fui y lo que soy, entre mi suerte y la de los demás! ¿La de los demás? No. Muchos hay más infelices, porque habiendo hecho una pérdida semejante a la que a mí me aflige, no se hallan confortados por la fe. ¡Oh, fe bendita, bendita religión que me hace esperar firmemente que dentro de breve término he de juntarme con Matilde en el seno de Dios!»

Estas páginas no tienen, no pueden tener comentarios. Son el retrato de dos almas.

Y vamos a terminar este capitulo con una carta que constituye una reliquia veneranda, como escrita en vísperas de su martirio por el más ilustre de los Arzobispos de Santa Fe de Bogotá:

«Nueva York, 19 de marzo de 1853.

Señor don José Manuel Marroquín.

Mi estimado amigo y señor:

He recibido los recuerdos de usted y el parte de su matrimonio. Desde esta distancia bendigo a usted y a mi señora Matilde cordialmente, deseándoles mil felicidades, cuanto puede ser en este mundo. Reciba usted esta ligera demostración de mi fiel amistad, y con su señora los sentimientos de mi sincero aprecio y afecto.

Siempre soy de usted adicto amigo y servidor,

MANUEL JOSÉ DE MOSQUERA,
Arzobispo de Bogotá».

CAPITULO VIII

«El Mosaico».

ORIGEN DE LOS MOSAICOS. — SUS MIEMBROS.—SU INFLUENCIA LITERARIA.—DON JORGE ISAACS.—DON EUGENIO DÍAZ.—«EL MOSAICO».—DON RICARDO CARRASQUILLA Y DON JOSÉ MARÍA VERGARA Y VERGARA.

« EN 1857, terminado el colegio de *Yerbabuena*, me vine a Bogotá sin plan determinado, dice don José Manuel; y entonces fue cuando me vi en notable estrechez. Había puesto casa y no contaba más que con un corto sueldo que ganaba haciendo clases en el colegio de Santiago Pérez. Entonces fue también cuando di la última mano a la Ortografía, que fue publicada el año siguiente.

A principios de 1858 me volví a *Yerbabuena*, y en compañía con mi primo Ramón Grajales me entregué a negocios de campo, satisfaciendo así uno de los anhelos que en mí han sido más constantes. Mi vida en esa temporada se resume en los versos titulados *La vida del campo*. No fui como campesino menos activo que como institutor; pero mi timidez como negociante me hizo perder el tiempo. Pronto echamos de ver que para lo que estábamos haciendo con uno bastaba, y yo me vine a Bogotá a seguir haciendo clases.

Lo que entonces dio color a mi vida fue la amistad con Vergara y Carrasquilla» [1].

---

1. *Apuntes autobiográficos.*

Mediado el siglo XIX, floreció en Bogotá una generación de jóvenes amantes de las letras y que las cultivaron con éxito en diversos ramos. Sus escritos constituyen *la edad de oro de la literatura colombiana*, y dieron a nuestra patria lustre y honra, colocándola a la cabeza del movimiento literario en toda la América española. No pretendemos nombrar aquí a todos los que formaron ese grupo escogido de literatos. Nos contentaremos con recordar a los que estuvieron más íntimamente ligados a don José Manuel.

Entre ellos se formó una corriente de simpatía y de amistad, principalmente entre los que vinieron a formar aquella reunión literaria que se llamó *El Mosaico*, cuyo origen describe así el señor Marroquín:

«En enero de 1858, Felipe Pérez, a cuyas manos había caído un ejemplar manuscrito de *La Perrilla*, la publicó en la *Biblioteca de señoritas*. Carrasquilla y Vergara la vieron y me escribieron una carta en que me decían que si esa perra tenía cachorros, se los mandara. Yo, que vivía entonces en *Yerbabuena*, les envié varias composiciones mías, precedidas de la dedicatoria en estilo antiguo, que después se ha publicado. En mi primera ida a Bogotá, los busqué y los encontré atareadísimos en la empresa de coleccionar y publicar las poesías de Mario Valenzuela. En esos días todos tres nos vimos con Pepe Santander, y él nos invitó a que fuéramos a su casa ciertas noches a *tomar chocolate de media canela, fumar y mentir, de cuatro a seis horas, como decía el canónigo Saavedra*. Ese fue el origen de los *mosaicos»* [1].

A esas reuniones en casa de don Rafael Eliseo Santander (de quien dice don José Manuel en alguna parte: Santander, Magistrado de la Suprema Corte, es Rafael Eliseo; en todas sus otras acepciones es Pepe), siguieron los mosaicos en casa de don José Maria Samper frecuentemente, o en la de cualquiera de sus miembros. A ellos concurrieron con mayor o menor asiduidad, además de los ya nombrados, don José Joaquín Borda, don José David Guarin, don José Maria Quijano Otero, don Teodoro Valenzuela, don Salvador Camacho Roldán, don Angel María Galán, don Ricardo Silva, don Juan Francisco Ortiz, don Diego Fallon, don Manuel Pombo, don Ramón Guerra Azuola, y talvez algunos otros cuyos nombres involuntariamente se nos escapan.

Otros habia que transitoriamente lo frecuentaban o le hacían alguna visita.

«Una noche, dice don José Manuel, estábamos en *mosaico* en casa de Samper, e inopinadamente se nos apareció el doctor Manuel Murillo Toro, Presidente a la sazón de la República. Cuando fuimos a tomar la copa precursora de la merienda, alguien le dijo a Ricardo Carrasquilla que brindara. Se puso en pie y dijo:

---

1. *Apuntamientos* sobre *Ricardo Carrasquilla,* por J. M. Marroquín. *Revista del* Colegio Mayor *de* Nuestra Señora *del* Rosario, 1911.

Mi brindis es muy sencillo:
Aunque algunos somos godos,
Brindemos alegres todos
Por nuestro amigo Murillo» [1].

Todos aquellos jóvenes que frisaban en los treinta años se buscaron instintivamente y formaron una familia literaria que ha dejado gratísimo recuerdo en nuestra literatura patria. Unos mismos eran sus gustos y aficiones, su cultura y su amor a las letras. Hallaron en sus reuniones honesto esparcimiento y campo para dar a conocer sus producciones.

«Dímonos a esos entretenimientos literarios, dice el señor Marroquín, sin fe ninguna en nuestra propia literatura, y habiéndonos con los versos y las letras como años antes nos habíamos habido con las cometas y los trompos, esto es, como con meros instrumentos de diversión. Como uno de nosotros creyera que tal o cual travesura había de hacer reír o de gustar a los demás, nada le importaba lo que el público hubiera de decir, ni se acordaba de tal público. Entre nosotros jamás se habló del genio, ni del arte, ni de psicología, ni de soñadores, ni de estética, ni de lo ideal, ni de lo trascendente, ni de lo subjetivo, ni de tántas cosas así».

Y no obstante, añadiremos nosotros, esas reuniones literarias dejaron huella muy honda en la literatura americana: fueron escuela en donde sus miem-

---

1. *Apuntamientos* sobre *Ricardo Carrasquilla.*

bros acabaron de formarse en el arte de escribir, y cuyos benéficos resultados todos conocemos. Bien dice el doctor Rafael María Carrasquilla hablando del *Mosaico* que

«hizo amigos y hermanos de hombres de las más encontradas ideas religiosas y políticas; les enseñó prácticamente la virtud cristiana de la tolerancia, sin perjuicio de la integridad de los principios; y dirigió la corriente desbordada del romanticismo por los cauces del buen gusto. Allí se leyeron *La Perrilla*, de Marroquín, las letrillas salerosas de Carrasquilla, los ingeniosos escritos literarios de Vergara. De aquella tertulia salieron *La Manuela*, de don Eugenio Díaz, los **dos** tomos de *Cuadros de costumbres*, cuatro volúmenes de *El Mosaico;* los socios costearon a escote la publicación de las poesías de Isaacs, y a poder de los ruegos, elogios y consejos, brotó del cerebro del egregio joven caucano la inmortal *María*, como Minerva de la cabeza de Júpiter.

El Mosaico, titulado así del nombre del mejor periódico literario que se ha publicado en Bogotá, se formó por los años de 1858 y duró hasta 1870. No tenía presidente, ni secretario, ni mucho menos tesorero, carecía de estatutos y reglamento y de local de sesiones y de día fijo en qué reunirse. Cualquiera tarde uno de los individuos que lo componían mandaba avisar a los demás que había mosaico en su casa. Iban los que podían o querían; discurrían de cuanto es materia de conversación, menos lo que ofende el decoro y la urbanidad más exquisita; leían lo que tenían escrito, y censuraban o aplaudían con la más absoluta libertad; tomaban chocolate mejor o peor acompañado de lo que en Bogotá llamamos *arandelas*, y en paz el alma y contento el espíritu, se retiraban antes de media noche a sus casas.

Repartiendo mentalmente los cargos y honores acostumbrados en las academias, diríamos que Vergara era el Director; el censor, Marroquín; Carrasquilla, el consultor: Quijano y Ricardo Silva, los tesoreros; Samper, el orador» [1].

El Mosaico vino a ser como un tribunal benévolo e ilustrado adonde acudían en busca de consejo muchos de los que en Colombia querían dar a luz sus producciones literarias. Dice el señor Marroquín en sus *Apuntamientos* sobre don Ricardo Carrasquilla, y refiriéndose a él como crítico:

«"Si la composición era mala, la condenaba al punto y no cabía apelación ni defensa.' En tales casos, sin dorar la píldora le decía al autor: "Eso está abominable." En esto formaba contraste con Vergara y conmigo; pues siempre nos esforzábamos por dejar contentos a los principiantes, aunque nuestra conciencia nos estuviera dictando el "Eso es abominable." Con todo, Ricardo estimuló como pocos a los escritores noveles, y en orden a esto no hizo menos que Vergara».

---

1. Discurso académico por Rafael Maria Carrasquilla. *Revista del Colegio Mayor de Nuestra Señora del Rosario*. 1910.

Refiere don José Manuel que

«cierto día del mes de mayo de 1864 hablaba José Maria Vergara con un joven caucano a quien no conocía. En la entrevista que tuvieron, desviada casualmente la conversación del asunto principal, hubo algo que dio pie a Vergara para preguntar a su interlocutor si había escrito versos. Nada menos que un libro lleno de los que en diferentes épocas de su vida había compuesto, prometió mostrarle. A la noche siguiente oímos su lectura Carrasquilla, Vergara y yo en casa del primero, y quedó acordado que el joven caucano sería presentado al Mosaico en su inmediata reunión, a la que debería ir con su libro de versos.

La reunión fue en casa de José Maria Samper. Trece éramos los que habíamos concurrido. La presencia de nuestro nuevo amigo, a quien recibimos como si lo hubiese sido de muy antiguo, conjuraba todo siniestro agüero que un inglés hubiera podido sacar de aquel número. Cuando rayó la aurora nos separámos; pero ya habia rayado a esa hora la de la fama del poeta: cada uno de nosotros llevaba admiración, entusiasmo, cariño por él, bastantes para hacer rebozar esos sentimientos sobre todos los colombianos.

El había ganado de un golpe trece amigos, y esa amistad se hizo contagiosa: pronto lo eran suyos todos los que lo eran nuéstros. Aquella noche se había dictado un acuerdo (el único que ocurrió dictar mientras duró el Mosaico). Este acuerdo decía en substancia: "Los infrascritos publicarán inmediatamente, a costa suya, las poesías de Jorge Isaacs." Las firmas que se pusieron esa noche fueron trece; pero uno de los nuéstros que no había podido concurrir, estampó la suya al día siguiente. La colección de las poesías de Jorge Isaacs estaba impresa pocos días después. Isaacs había recibido una revelación de sus propias fuerzas y se sentía estimulado a ensayarlas. Sin esto, el mundo literario no hubiera poseído nunca la *María*.

Nosotros creímos quizá no hacer otra cosa que dejarnos impulsar del entusiasmo, desahogar un sentimiento noble; pero estuvimos lejos de pensar en la importancia de lo que hicimos.

Siempre se ha dicho, y no sin razón, que aquí no podemos cultivar las letras con esperanza de otra satisfacción que la' de poderle señalar a un amigo los frutos de nuestras tareas. Isaacs tuvo la satisfacción, no ya de leer sus poesías a muchos amigos, sino la de convertir en amigos a muchos desconocidos leyéndoles sus versos.

A los que formábamos el Mosaico nos cabe la satisfacción de haber demostrado, siquiera con un ejemplo, que entre nosotros sí puede ser estimado el ingenio y recompensado el mérito» [1].

También fueron ellos los Mecenas de *La Manuela*, y así lo refiere don Eugenio Díaz en la siguiente carta del mes de diciembre de 1858:

---

1. *Exhumaciones de una gaveta.* Revista *literaria.* 1890.

‹Al señor Ricardo Carrasquilla.

A sus indicaciones y al interés que usted ha tomado, se debe que mis pobres escritos hayan visto la luz pública. Usted me ha llevado como de la mano en esta carrera, como un niño que guía a un anciano débil por un camino que no es el suyo, librándolo de los hoyos y de los pedriscos.

El nombre de usted debe ser, pues, el apoyo que tenga *La Manuela* en su travesía por el mundo; por esto y por gratitud se la dedica su viejo amigo,

EUGENIO DÍAZ».

———

A don Eugenio Díaz se debe la idea de fundar el periódico literario que se llamó *El Mosaico* y que fue uno de los frutos de los mosaicos.

«El día 21 de diciembre de 1858, dice don José María Vergara, estaba yo en mi cuarto de estudio cuando, tras un golpe que sonó en la puerta y un *adelante* con que respondí al golpe, se presentó en mi cuarto un hombre de ruana.

—Por aquí me manda don Ricardo Carrasquilla, me dijo al sentarse.

—Viene usted de buena parte. ¿Y qué órdenes da Ricardo?

—Que me haga amigo con usted. Yo soy Eugenio Díaz.

—Cuente usted, señor don Eugenio, con que la letra está aceptada a la vista, contesté viendo aquel aire apacible, de hombre no sólo bondadoso sino honrado, no sólo honrado sino inteligente, tres cualidades que se encuentran raras veces reunidas.

—Fui esta mañana a casa de don Ricardo, continuó él con su franca mirada y su cordial sonrisa, a proponerle que diéramos un periódico literario, y me dijo que viniera a hablar con usted.

—¿Conque usted es.... escritor?

—De costumbres del campo, nada más.

—Como quien dice: no tengo más riqueza que una mina de oro. ¿Y ya tiene escrito usted algo?

—Sí, señor, aquí traigo *La Manuela*.

—¿Qué cosa es *La Manuela?*

—Una colección de cuadros de trapiche, la roza de maíz, la estanciera, y otros escritos de esas tierras donde he vivido.

Y dicho esto sacó de debajo de su ruana unos veinte cuadernillos de papel escritos, que puso en mis manos y que yo hojeé, leyendo una línea aquí y otra más allá.

—¿Cuándo saldrá el periódico?

—Lo más pronto posible, dije al ver que el texto que había adoptado el escritor era este: *Los cuadros de costumbres no se inventan sino se copian.*

—¿Qué nombre le ponemos?

—¿Le parece bueno el de *El Mosaico?*

—Excelente. ¿Y cuándo vamos a la imprenta?

—Ahora mismo, le contesté, porque acababa de leer rápidamente esta frase de *La Manuela*: *Salió de la cocina una mujer de enaguas azules y camisa blanca, en cuyo rostro le brillaban los ojos bajo sus pobladas cejas como lámparas bajo los arcos de un templo oscuro.* ... Y nos fuimos en dirección de la imprentilla que estaba montando don José Antonio Cualla, quien aceptó al punto la propuesta que sobre el particular se le hizo.

Hé aquí cómo se fundó *El Mosaico* y cómo fue su fundador don Eugenio Diaz.

Los materiales del primer número de *El Mosaico* se fueron aprestando en dos días. Borda escribió el prólogo, la revista y *Las fiestas de Cherburgo;* don Juan Francisco Ortiz, un artículo titulado *Vamos a la Opera;* Marroquín unas redondillas a Cándido Rincón, que un año después se fue a Roma y murió al regreso; don José Joaquín Ortiz nos dio su fábula de *Los dos ermitaños*, y yo farfullé *El Correísta* y un prólogo para *La Manuela. La Manuela* quedaba de repuesto para el segundo número, y Carrasquilla aguardaba para escaramucear con sus letrillas» [1].

> Completamos este cuadro de lo que fueron *los mosaicos* y *El Mosaico*, con la descripción que hace don José Manuel de la imprenta en donde el periódico se editaba.

«El Mosaico tuvo su cuna en el *Herraje garantizado*, edificio (o sitio más bien que edificio) que se hallaba abajo de San Francisco, hacia el paraje en que más tarde se abrió la calle nueva de Florián.

---

1. *El señor* Eugenio Díaz, por José María Vergara y Vergara (Artículos literarios).

12

El *Herraje garantizado* era un solar encima de cuya puerta se veía pintado en una tabla el nombre del principal de los dos establecimientos contenidos en aquel recinto. En unas de las malas piezas levantadas desde tiempos remotísimos en el costado sur del solar, tenía su fragua un herrero, que era el del herraje; en otras piezas tenía su imprenta el benemérito don José Antonio Cualla, y en ella se imprimía *El Mosaico*. Lo redactábamos Vergara, Carrasquilla, Borda, Guarin y yo por divertirnos y sin curarnos del público, ni de si habría o no suscriptores, pero con tánto cariño y consagración como si de ese periódico dependieran nuestra subsistencia y nuestra gloria.

No se nos daba un ardite de que abundaran o faltaran materiales para cada número del periódico, descuido que el señor Cualla, que era la bondad en persona, llevaba en paciencia, no obstante ser el empresario al mismo tiempo que el impresor.

No menciono a don Eugenio Díaz entre los redactores de *El Mosaico*, porque aunque la idea de fundar el periódico nació de una conversación entre él y Vergara, y aunque siempre se pensó destinar columnas para los escritos de don Eugenio, él no estuvo nunca en la categoría de aquellos redactores a quienes se considera obligados a dar materiales» [1].

_____

1. *Papel Periódico Ilustrado*. Bogotá. 1884

La manera como el público recibió la nueva publicación podremos apreciarla leyendo lo que sobre ella se escribió en la *Biblioteca de señoritas*, periódico de aquel tiempo:

«También ha dado mucho que hablar *El Mosaico*, periódico literario redactado por cuatro jóvenes, cuyos nombres solos bastarían para acreditar cualquier publicación: los señores José Manuel Marroquín, Ricardo Carrasquilla, José María Vergara y Joaquín Borda. Han visto ya la luz pública tres números, y el cuarto saldrá todo en verso, que es tanto como decir que Marroquín y Carrasquilla se han propuesto hacernos de añonuevo el regalo más delicioso que puede hacerse a sus suscriptores, dándonos un número entero de *El Mosaico*, enriquecido todo él con sus inimitables coplas».

———

Muchas veces en el curso de este capítulo hemos citado los nombres de don José María Vergara y Vergara y de don Ricardo Carrasquilla, quienes estuvieron ligados a don José Manuel por aficiones literarias, pero más aún y más estrechamente por los vínculos de aquella inalterable e intima amistad, «que fue lo que por entonces dio color a su vida».

«Mi amistad con Ricardo, dice don José Manuel, no fue literaria, como fueron muchas de las que él y yo tuvimos con otros. La que nos unió fue infinitamente más seria, más íntima y más sólida que la

que hubiera podido deberse a una afición que nos
fuera común. A esa amistad debí mucho como cristiano. Sus conversaciones tuvieron, sin que él ni yo
nos lo propusiéramos, el resultado de aficionarme a
los estudios, a las reflexiones y observaciones que
tienden a probar o a hacer resplandecer las verdades católicas. Yo no he sacado partido de esa afición
en beneficio de los demás, o sólo la he sacado como
institutor; pero a mí mismo me ha servido grandemente.

En Carrasquilla tuve, además, un buen consejero
en ocasiones críticas, y tuve quien, con corazón de
verdadero amigo, compartiera mis penas, cuando no
habia consejo que pedir para poder remediarlas».

El mejor testimonio de lo que fue esa amistad lo hallamos en los *Apuntamientos* sobre Ricardo Carrasquilla, que dejó inéditos el señor Marroquín
y que fueron publicados en 1911 en la *Revista
del Colegio Mayor de Nuestra Señora del Rosario.*

«Esos apuntes, dice el doctor Rafael María Carrasquilla, son el retrato fidelísimo de una alma, la evolución de un hombre, que vuelve al mundo de los
vivos veinticinco años después de su muerte; es, en
lo literario, lo que en lo pictórico la imagen de mi
padre pintada por Garay, y que conservo en la sala
de mi casa».

Ese retrato del alma de don Ricardo no podia hacerlo sino quien fue su íntimo amigo. Nosotros po-

demos añadir aqui que fuimos testigos del supremo dolor que le causó la noticia de su muerte, y que lo lloró como se llora a un hermano
queridísimo.

———

No menos cariñosas e intimas fueron sus relaciones
con don José María Vergara y Vergara, y de ellas
pudiéramos decir cuanto hemos dicho de la amis·
tad con don Ricardo Carrasquilla.
Tenemos a la vista una larga correspondencia del señor Vergara dirigida al señor Marroquín, en que
se traslucen y revelan esos sentimientos de intimidad y cariño que sólo pueden existir en el seno de una estrecha y sincera amistad.
En 1869 sobrevinieron a don José Manuel, como lo veremos en breve, muchas y dolorosas penas. No
podia faltarle en aquella ocasión el cariño del amigo ausente, y recibió del señor Vergara y Vergara la siguiente carta:

«París, 7 de abril de 1870.

Mi pensadísimo Manuel:

Tu carta de 16 de febrero me ha hecho mal. Bien
convencido estarás de que yo no estoy en Bogotá,
puesto que no me encontraste a tu lado en esos amar-
gos días. Confío en que Ricardo, y así se lo digo,
haya cumplido por él y por mí en ese trance, contigo.

¡En menos de un año tres hijos y tu casa! No me
sale de entre la cabeza esto. No pienso en buscar ni
una palabra de consuelo; porque el único que hay
tú lo sabes y te adelantas a decírmelo: ¡sea hecha

en todas las cosas la voluntad de Dios! ¡Cuántas veces lo he dicho a mis solas, en mis tristes desvelos y en mis apasionadas meditaciones, como un desahogo único! ¡El sabe mil veces mejor que nosotros lo que nos conviene; El teje en el cielo la tela cuyo revés vemos aqui!

Tienes ya cuatro ángeles en el cielo, y cuatro tengo yo también. Hemos estado de fortuna, por más que a la carne duela.

....

Adiós. Siempre tuyo amantísimo,

JOSÉ MARIA».

No sin razón escribió el señor Llona en su libro *Bosquejos de literatos colombianos* estos sentidos versos:

«JOSE MANUEL MARROQUIN Y RICARDO CARRASQUILLA

¡Pareja ilustre, a los poetas cara!
Cuando mi labio con amor te nombra,
Ante mi vista elévase la sombra
Del noble y amantísimo Vergara!

....

En vuestras doctas frases cinceladas
La ática gracia y la elegancia brilla
De los versos de Rioja o de Lupercio:

Y en Colombia, tras breves "olimpiadas"
Se dirá: Marroquín y Carrasquilla,
Cual hoy decimos: Cátulo y Propercio» [1].

---

1. *Bosquejos de literatos colombianos*, por Numa P. Llona. 1886.

Terminemos este esbozo de lo que fue *El Mosaico* y su influencia literaria, con las siguientes líneas de un joven y distinguidísimo escritor, llenas de delicadeza y de verdad.

«Aparte de su obra personal realizó Marroquín, en asocio de Vergara y Carrasquilla, Samper y los nombres que éstos evocan, una labor colectiva cuyo fruto llega hasta nuestros días: la de formar y educar el buen gusto literario, crear la afición artística y desenvolver el noble idealismo combinado con el sano y auténtico naturalismo, consorcio que tánto alaba y recomienda Menéndez y Pelayo en el prólogo de las obras completas de Pereda, y que fue línea seguida por aquel núcleo de soñadores de *El Mosaico*, creadores del único retazo de literatura nacional, y que desgraciadamente no han encontrado continuadores de su comenzada obra; grupo de finos y dulces poetas, agudos observadores, tan fáciles en la prosa como expertos en el verso, todos ellos sensibles artistas, y entre los cuales descollaba Marroquín como un príncipe del Renacimiento que anidase en su corte una bandada de ruiseñores» [1].

———

«*El Mosaico* terminó su breve y fecunda existencia porque Vergara partió al viejo mundo, y al regresar, emprendió viaje al mundo de donde no se vuelve; Carrasquilla se ausentó por largos años de

———

1. Luis Serrano Blanco. *Biografía de don J. M. Marroquín.*

Bogotá; Quijano quedó herido de muerte por terribles infortunios; a los otros, más tarde o más temprano, los envolvió el torbellino de la politica, y *El Mosaico* murió para no revivir jamás».

«O *mihi praeteritos referat si Júpiter annos!* (Æneid., VIII) [1].

___

1. Discurso académico de R. M. Carrasquilla.

CAPITULO IX

1861-1874.

REVOLUCIÓN DE 1861.—PÉRDIDAS Y PERSECUCIONES DE QUE FUE VÍCTIMA LA FAMILIA.—DOS CARTAS IMPORTANTES.—COLEGIO E INCENDIO DEL CHICÓ.—DESGRACIAS DE FAMILIA.

«SI mi repugnancia a la politica hubiera sido menor, su torrente me habría arrastrado en la época que precedió a la revolución de 1861; pero ni mis opiniones, ni mi roce con los prohombres conservadores, ni mi constante presencia en la imprenta en que se publicaba *El Heraldo*, fueron parte para hacerme tomar cartas en el juego que se iba a jugar, en el cual, sin embargo, perdí todo lo que tenía, pues en *Yerbabuena* no quedó piedra sobre piedra. Y aquí observaré que, o bien por el ejemplo de mi tío don Juan Antonio Marroquín, o bien por el hábito antiguo de confiar en el porvenir, miré esas pérdidas con absoluta indiferencia, como había mirado las de 1854.

Pasé la mayor parte del tiempo que duró la guerra de 1861 en Bogotá. Después de la toma de esta ciudad me fui a vivir con mi familia al *Chicó*, hacienda inmediata a Bogotá, que mi tío don Juan Antonio había comprado para que yo trabajara en ella. Pero de allí tuvimos que emigrar muy pronto, pues en enero de 1862 expidió el dictador Mosquera un decreto por el que, para privar de comodidades a los guerrilleros que tánto le atosigaban, debía despoblarse totalmente de hombres y de animales toda la parte de la sabana inmediata a la serranía oriental, comprendida entre Usaquén y Sesquilé, y yo fui de los pocos que obedecieron. La familia fue a dar a una casa de campo inmediata a Suba, y yo me fui con el ganado que tenia en el *Chicó* a otra posesión del lado de Fucha. Allí me cogió la venida de Corral, y yo, previendo lo que iba a suceder, lejos de venir a corretear por las calles como varios de mis allegados que estaban conmigo, no me dejé ver de los oficiales conservadores que fueron a donde yo estaba.

Cuando se restableció algo la calma, me tuve que ocupar muy a menudo en abogar por los intereses de la familia y en *parar golpes* contra el bolsillo, valiéndome de mis relaciones con los liberales que entonces estaban empleados. Justo Briceño, Gobernador de Cundinamarca, me nombró Director General del Ramo de escuelas, empleo que estuve desempeñando hasta que su sucesor, Alejo Morales, me sacó del destino a trompa tañida.

A propósito de destinos. Cuando estuve en el Guamo, en 1850, quisieron los conservadores de esos lados votar por mí para Representante al Congreso, y yo les declaré que de ningún modo aceptaría. Más tarde fui Diputado a las Cámaras Provinciales de Bogotá y de Zipaquirá, a la primera en 1853. Acepté por considerarlo deber de conciencia. De la primera me salí casi fugado, y de la otra fugado por entero, sin haber asistido a más de dos o tres sesiones. Pude hacerlo por haberme cerciorado de que los suplentes eran buenos.

Tuve otro destino para la formación del censo y otro en no sé qué corporación que ejercía importantes funciones electorales. Por lo demás, me he escapado casi siempre hasta de ser jurado» [1].

No seguiremos adelante esta relación que de su vida nos hace don José Manuel, sin referir otros episodios de la guerra sangrienta de aquella época que le tocaron muy de cerca y de los cuales hace memoria en otros lugares.

Ya hemos visto cómo en 1861 fue ocupada la hacienda de *Yerbabuena* por fuerzas de Mosquera que iban allí a merodear, y cómo obligaron a doña Matilde Osorio a huir y a esconderse para escapar de la soldadesca.

Mas no fue ésta la única ocasión en que tuvo que sufrir el señor Marroquín los vejámenes del Dictador.

«Cuando después de la toma de Bogotá, el Escuadrón *Calaveras* se volvió para el norte, pernoctó en la casa de *Yerbabuena*. Aquel escuadrón se componía de *jóvenes decentes*, y cuando partió se echó de ver que faltaban una damajuana de vino de celebrar y un portamoneda con ocho pesos, perteneciente a Martín Lleras, que estaba acompañando entonces a Ramón Grajales en la casa.

La hacienda fue saqueada cuantas veces pudieron poner en ella el pie las fuerzas dictatoriales, de suerte que al fin no quedó más ganado que el que por

---

1. *Apuntes autobiográficos.*

muy bravo y cimarrón se había quedado oculto en el páramo.

En mayo de 1862 vivía Ramón Grajales en la casa de *El Rincón*, dispuesto siempre a huir a los cerros cada vez que se acercaran a aquel sitio partidas de tropa o comisiones militares, con el propósito de librarse de las persecuciones de Mosquera y de sus satélites. En los mismos dias me hallaba yo en Bogotá y recibí aviso de que un numeroso cuerpo debía estacionarse en *Yerbabuena*. Escribí a Ramón una carta en que le avisaba la ida de la tropa y la envié por medio de una mujer de la hacienda, la cual fue detenida y registrada en el camino por gentes de Mosquera, las que le quitaron mi carta. Esta vino a manos del Consejo de Gobierno, que era quien mandaba entonces por ausencia de Mosquera. En dicho Consejo se dio por averiguado que Ramón era enemigo armado del Gobierno, y que yo le enviaba desde aquí los avisos que pudieran convenirle sobre las operaciones militares. Por de contado se tomaron medidas acordes con aquella idea, y yo tuve que esconderme.

Mi carta alarmó tánto al Gobierno, que éste dispuso que una fuerte columna marchara de Bogotá a órdenes del General Alejo Morales y otra de Zipaquirá pasando el río por el vado de *Yerbabuena* para que ambas cayeran a un mismo tiempo y a hora fija sobre la hacienda. Estas fuerzas se acercaron a dicho punto con todas las precauciones que suelen tomarse para sorprender a un enemigo fuerte y temible. Hubo quien viera a los soldados desfilar a gatas por el pie de las cercas de piedra.

En ese mismo año de 1862 recibieron orden unas tropas mandadas por el General Rico, de quemar todas las casas de la hacienda. Fueron incendiadas unas seis u ocho de las de arrendatarios y la que ocupaba el sitio en que está hoy el hotel del Común. La de *El Rincón* no fue quemada, pero los soldados echaron al suelo la mayor parte del techo de la casa. En la principal de la hacienda comenzaron a hacer daño, pero no alcanzaron a hacerlo sino insignificante. La casa de *El Rincón* fue saqueada dos veces durante la misma revolución.

En los días en que estaba la tropa quemando las casas fui a *Yerbabuena* a hacer diligencias para evitar algunos de los estragos que allí se estaban haciendo. Hallé en el General Rico disposiciones a mitigar en lo posible el rigor de las órdenes de Mosquera. Con el mismo Rico anduve por varios puntos de la hacienda y me encontré con algunos de los infelices cuyas casas habían sido incendiadas, vagando por los caminos, consternados y abatidos como quien no tiene un techo debajo del cual pueda guarecerse. Las mujeres de la familia que vivía en *Piedragorda*, cuya casa acababa de arder, imaginando en su ignorancia que el violento despojo de que eran víctimas había sido ordenado de acuerdo conmigo, me partieron el corazón, quejándoseme lastimosamente y empeñándose en demostrarme que estaban inocentes.

Cierto día a las siete de la mañana, hallándose la familia en *Yerbabuena* cuando Mosquera estaba persiguiendo con más encarnizamiento a Ignacio Gutiérrez, se halló la casa rodeada por una fuerza mandada por un zapatero Castañeda. Este, con otros oficiales, registró la casa y luégo siguió a registrar la de *El Rincón*. Buen susto pasámos, porque se decía que Mosquera intentaba prender a los hijos de Ignacio, y nosotros teníamos allí al segundo de ellos, José Gregorio. Nunca se supo qué era lo que iban a buscar» [1].

Dice don Rafael Pombo en sus notas biográficas que el señor Marroquín dejó escapar de entre las manos una cuantiosa fortuna heredada de sus mayores. Estamos de acuerdo con el ilustre biógrafo en que don José Manuel nunca fue hábil negociante; pero no hay que olvidar que esa fortuna llegó ya muy mermada a sus manos. Los bienes de los Ricaurtes y Nariños, como bienes de patriotas, fueron objeto de la codicia del Gobierno español en las épocas de insurrección y en la del terror; y los de los Marroquines y Morenos, por ser ellos españoles, sufrieron menoscabo por parte de los patriotas cuando éstos estaban vencedores, y particularmente después del triunfo definitivo de 1819.

Ni deben olvidarse tampoco las depredaciones y persecuciones políticas de que fue víctima su tío don Juan Antonio Marroquín en las revoluciones de 1854, 1861 y 1876.

---

1. *Historia de Yerbabuena.*

Una muestra de lo que fueron aquellos tiempos últimamente citados y una prueba de lo que llevamos dicho, hallamos en los documentos que vamos a reproducir en seguida:

«Digo yo, Juan Antonio Marroquín, que aebo y pagaré al Tesoro de la Unión la cantidad de tres mil pesos ($ 3.000), para completo de los cinco mil que me correspondieron en el empréstito decretado por el Gobierno. Dicha suma la entregaré en esta forma: mil pesos el día diez y ocho de septiembre próximo; mil pesos el día diez y ocho de octubre; y los otros mil el diez y ocho de noviembre próximo, habiendo enterado de contado los otros dos mil para el completo.

Al cumplimiento de esta obligación me obligo con mi persona y bienes en general, y renuncio todas las leyes que puedan favorecerme.

Bogotá, diez y ocho de agosto de mil ochocientos sesenta y uno.

JUAN ANTONIO MARROQUÍN».

Al pie hay una nota que dice: *Cancelado*, diciembre 3 de 1861.

SIMÓN DE HERRERA.

————

«*Gobernación del Distrito Federal.—Bogotá, 9 de junio de 1862.*

En la contribución que se ha repartido en el Distrito Federal han correspondido al señor Juan Antonio Marroquín tres mil pesos. Si dentro de veinticuatro horas no los consigna en la Tesorería, u otra persona por él, será reducido a prisión y se le tomarán todas sus fincas.

MEDARDO RIVAS» [1].

«Aparentemente parecía, dice don José María Cordobez Moure, que los asuntos eclesiásticos iban a entrar en una éra de reposo relativo, cuando estalló la revolución de 1860 a 1862, que conmovió al país hasta en sus fundamentos y desató furioso vendaval contra la Iglesia Católica, privándola de sus bienes y de su libertad, en tales términos que sin la promesa de perpetuidad ofrecida por su Divino Fundador, parecía que hubiera de naufragar la nave de Pedro en mar tan proceloso.

Cupo al manso y caritativo Arzobispo doctor don Antonio Herrán recibir sobre su cabeza los rayos de aquella tormenta, por haberse negado con dulzura, pero con entereza de ánimo inquebrantable, a prestar obediencia a toda disposición del poder civil que fuera contraria a su fe y a sus fueros como metropolitano de la Iglesia granadina; por todo lo cual sufrió reclusión en su palacio, de donde se le hizo salir en altas horas de la noche, confinado a Cartagena y a Mompós» [2].

---

1. Hay constancia igualmente de que entonces se expropiaron a la familia cuatrocientas diez reses tomadas en la hacienda de *Yerbabuena* por los proveedores del ejército federal en los diez últimos días de mayo de 1861, avaluadas en. . . . .\$ 5.740

    Once mulas de carga, avaluadas en. 550

    Seis potros, avaluados en. 220

                             6.510

2. *Reminiscencias* (serie segunda). 1910.

A esa época se refieren las dos cartas siguientes:

«Cartagena, 26 de febrero de 1862.

Al señor don Juan Antonio Marroquín.

Muy estimado amigo:

Me tiene usted confinado en esta ciudad y sufriendo inmensamente, por haber cumplido con los deberes de un obispo católico. Estoy resignado y no deseo sino bienes para mis verdugos.

Después de pensarlo mucho me he determinado a ponerle esta carta con el objeto siguiente. Como usted sabe, yo no pude sacar recursos de mi casa el día que me arrancaron de ella, y lo poco que traje se me acabó muy pronto por los muchos gastos que he tenido que hacer. En consecuencia hoy me encuentro sin tener con qué comprar ni aun lo más preciso para la vida; y en tal situación ocurro a usted para suplicarle que vea si es posible que entre tántas personas piadosas que hay en Bogotá se puede levantar una suscripción para que su pobre pastor no perezca de hambre.

Duro es ciertamente pedir limosna, pero yo lo hago por Dios y a EL se lo ofrezco, y EL recompensará a usted y a todos los que quieran socorrerme.

Dispense usted este paso que las circunstancias le obligan a dar a su afectísimo amigo, seguro servidor y capellán,

ANTONIO,
Arzobispo de Santafé de Bogotá».

Ilustrísimo señor doctor Antonio Herrán

Muy respetado señor y estimado amigo:

En medio de las tribulaciones de que me veo rodeado recibí la apreciable carta de Vuestra Señoría Ilustrísima de 26 del próximo pasado febrero, y ella ha aumentado considerablemente mi aflicción al saber la triste situación y penuria en que se encuentra un amigo a quien tan sincera y vivamente estimo.

Redóblase mi pesar por la impotencia a que me han reducido las multiplicadas pérdidas que he sufrido, para subvenir a la necesidad de Vuestra Señoría Ilustrísima cual lo merece y cual yo quisiera; agregándose a esto la dificultad de hacer llegar a manos de Vuestra Señoría Ilustrísima algún socorro. Sin embargo, presentándoseme ahora la oportunidad de seguir para esa la señora Gregoria Reyes, aprovecho la ocasión para remitir a Vuestra Señoría Ilustrísima con ella cien pesos, remesa que hago a Vuestra Señoría Ilustrísima con vergüenza por lo pequeña, pero que no me es posible hacerla subir a una suma mayor, porque, como contará a Vuestra Señoría Ilustrísima la misma Gregoria, mi situación pecuniaria es harto triste por consecuencia de las nuevas exacciones y extracción de considerables partidas de ganado que he padecido después de la salida de Vuestra Señoría Ilustrísima.

Disimule, por tanto, Vuestra Señoría Ilustrísima lo exiguo del socorro, y no vea en él sino una muestra de que la última de sus ovejas no ha desoído la voz de su amado Pastor cuando ha acudido a ella para remediar su necesidad en parte, y como un testimonio de que un amigo no se olvida del amigo a quien tántos favores debe.

Para no cansar la atención de Vuestra Señoría Ilustrísima con la relación de mis trabajos y los de mi familia en la época que atravesamos, me refiero a lo que contará a Vuestra Señoría Ilustrísima la portadora.

Concluyo asegurando a Vuestra Señoría Ilustrísima que no ceso de rogar a Dios lo asista con especial protección para sufrir las penas con que se ha dignado visitarlo, y para que cuanto antes lo restituya al seno de su afligida grey y a los brazos de un amigo que implora para sí y su familia la pastoral bendición de Vuestra Señoría Ilustrísima, suscribiéndose su afectísimo, humilde y agradecido estimador,

JUAN ANTONIO MARROQUÍN» [1].

El cuadro que ofrecen estas dos cartas no puede ser de mayor realismo: un Arzobispo de Santafé de Bogotá que desde su destierro tiende la mano para pedir una limosna por amor de Dios para no morir de hambre; y un cristiano a carta cabal, perseguido y arruinado a causa de sus opiniones y creencias, que se quita el pan de la boca para enviarlo al ilustre y respetado amigo!

---

1. Esta carta está fechada en Suba, porque, como queda dicho, la familia del señor Marroquín estaba viviendo en *La Britalia*, posesión situada en ese distrito, en obedecimiento a órdenes del General Mosquera.

«Después de la revolución de 1861 hasta 1867, me ocuparon *El Mosaico* y los mosaicos; tres largas temporadas pasadas en Ubaque con la familia en busca de salud para mi hija mayor; y algunas clases en colegios de Bogotá, varias de ellas gratuitamente. En esa época procuré emplear algo mi pluma en servicio de la buena causa.

En febrero de 1868 abrí el colegio del *Chicó*. Dura fue mi tarea, porque ya carecía del brío de otro tiempo y por el tedio que me causaba el tener encima a los muchachos todo el día. Tenía además que atender a los quehaceres de campesino, y no tuve de ordinario subalternos tan buenos como los del primer colegio en *Yerbabuena*. Sin embargo, el hábito adquirido en éste, me hizo ser tan activo y consagrado como antes».

Muchos son los que hoy recuerdan con cariño y gratitud el Colegio del *Chicó* [1]. El carácter bondadoso del señor Marroquín lo llevaba a tratar a sus discípulos como a miembros de familia y a tener por ellos un cuidado y una solicitud que no es común en los institutores ni puede exigirseles. Preocupábase mucho de la instrucción, y prueba de ello es el trabajo personal que se impuso y del cual dan testimonio sus obras didácticas.

Dio lugar muy preferente a lo que se llama propiamente *educación*, ya se refiera a los preceptos de la

---

1. No insertamos aquí la lista de los alumnos de dicho colegio por ser demasiado numerosa y por temor de incurrir en involuntarios olvidos.

buena crianza y urbanidad, ya a aquellos, mucho más importantes, que tienden a la formación del corazón y del carácter; y como no hay ni puede haber moral que no tenga su fundamento y raíz en la religión, se esforzó siempre por hacer de sus discípulos cristianos sinceros.

Ya hemos visto, al hablar del colegio de *Yerbabuena*, y él mismo nos lo dice, cuánto fue su interés por la educación física de sus alumnos. No consistía ciertamente esa educación en los modernos juegos, costosos e importados del extranjero, llenos de términos y palabras que no pertenecen a nuestro idioma, y que exigen especial uniforme. Pero si todo esto le faltaba, tenía en cambio la ventaja de «ser acomodada a las costumbres de la tierra», como dice el señor Marroquín, y de mantener siempre vivo el entusiasmo y servir de entretenimiento a poca costa. En la importancia que dio a la educación física se adelantó el señor Marroquín a su tiempo, como en muchas otras cosas.

«En abril de 1870, continúa el señor Marroquín, se me quemó la casa del *Chicó*. Este contratiempo me sirvió para conocer que aún no había perdido toda mi entereza juvenil, pues lo sobrellevé casi con buen humor, y con un esfuerzo de que no me hubiera creído capaz reedifiqué la casa en veintidós días».

De una relación de este acontecimiento que dejó escrita el señor Marroquín, tomamos los siguientes fragmentos:

«Aunque exento de toda ambición, he vivido sin aspirar a otra cosa que a la tranquilidad, y a pesar de que no he viajado ni salido en busca de aventuras, las aventuras han venido a buscarme, y no ha habido calamidad, salvo el naufragio, que no haya caído sobre mí.

El día 3 de abril lo había pasado yo en la cama con fiebre y gran catarro. A la una de la madrugada del día 4, me despertó súbitamente una criada diciéndome: la casa está ardiendo.

Yo pensé en ese punto lo que se piensa siempre que a uno le acontece alguna cosa extraordinaria: ¿Conque esto podía sucederme a mí?.... ¿Por qué me sucede a mí y no a cualquiera otro?.... ¡Y sucederme hoy! ¿Por qué hoy?....

Tuve, gracias a Dios, bastante presencia de ánimo para discurrir sobre lo que debía hacer, y me puse a vestirme, porque sucediera lo que sucediera, yo no había de salir desnudo. Mientras me estaba vistiendo formé mi programa. Ante todo, ir a ver si mis hijos y toda la gente estaban en salvo; luégo sacar el retrato de mi madre y el dinero de la pieza en que estaban; y por último, ver qué se podía hacer para salvar la parte de la casa que no hubiera ardido todavia.

Cuando salí lo primero que se me presentó fue una hilera de colegiales que, cargados con sus camas, iban saliendo de la casa con ánimo de seguir hasta Bogotá. Alguien los detuvo y los hizo dejar su carga en el potrero inmediato a la casa. No les había faltado razón para asustarse, pues en su dormitorio habían visto, al despertar, que una esquina del cielo raso estaba ardiendo.

Esto pasaba en la noche del jueves al viernes, de que resultó que muchos pasajeros que iban al mercado de Bogotá vieran desde lejos el incendio y dieran noticia de él a los habitantes de la comarca que residían a inmediaciones del camino público. Poco tiempo después de haberme yo levantado vi la casa llena de gente que había acudido por curiosidad o impulsada por el deseo de servir en lo que pudiera. Pero en aquel caso sucedió lo que en todos los semejantes: cada una se empeñaba en hacer lo que le ocurría y en dictar disposiciones, sin que nadie hiciera caso de las órdenes de nadie. Y lo peor era que ninguno tenía fe en lo que disponía o aconsejaba, ni persistía en mandar o aconsejar lo que primero había reputado como más conveniente.

Parecía que cada uno, mientras se ocupaba en alguna tarea, pensaba que en lugar de lo que estaba haciendo, podía estar atendiendo a otra cosa más oportuna y más eficaz.

Entre todos los aturdimientos no creo que pueda haber ninguno comparable con el de quien está tratando de atajar un incendio; y no es extraño, pues en cada instante que se emplée en discurrir se ve ganar terreno y fuerza al enemigo con que se combate.

Yo visitaba cada uno de los puntos a que había que atender; recogía gente con herramientos y disponía lo que debía hacerse; pasaba a otro de los pun-

tos, y cuando me apartaba de éste, veía que los tra-
bajadores que había dejado en el anterior se habían
dispersado ya, y por su propia cuenta se habían puesto a hacer algo muy diferente de lo prevenido. En
una de estas ocasiones me encontré a un arrendata-
rio de la hacienda desgarrando un transparente *para
que no se 'fuera a quemar.* Con la misma sabia previsión destrozaron a hachazos una o dos puertas.

La grita y la confusión eran espantosas. Las más
de las mujeres que se habían reunido, que no baja-
rían de ochenta o ciento, levantaban clamores lasti-
meros y lloraban a gritos; en el patio caía una espesa lluvia de tejas, de cascote, de maderos encendidos y de haces de chispas; con el humo y las lla-
mas se mezclaba la tierra que se levantaba de los
escombros, y formaban contraste las nubes de polvo
y humo más opacas, con otras diáfanas y ligeras que
eran penetradas por el resplandor del incendio. Los
objetos distantes que nunca se habían visto alumbra-
dos vivamente por otra luz que la del sol, se veían
ahora bañados en la que despedía aquella inmensa
hoguera.

Antes de las siete de la mañana estaba dominado
el fuego. Sólo el tramo alto se había salvado. Todo
lo demás era un montón de escombros, de los que se
exhalaba como con dificultad un humo espeso producido por la madera que, cubierta con tierra húme-
da, continuaba ardiendo. Del olor de esta tierra y de
aquel humo sólo tienen idea los que han presenciado un incendio.

A los veintidós días, estando ya reconstruídos los techos, merced a la actividad con que procedí, y a que no reparé en gastos, se volvió a abrir el colegio, el cual duró hasta 1874. Seguí viviendo en el *Chicó* por algún tiempo ocupado en trabajos de campo.

———

Con el incendio del *Chicó* se abrió una éra aciaga y luctuosa. Al mes completo de aquel desastre, perdi a mi hija mayor, que por mucho tiempo había padecido una cruel enfermedad, y que era, por sus prendas, la alegría de mi casa.

Diez meses hacía que había muerto Antoñita, cuando la siguió a la sepultura María Antonia, en quien sus afligidos padres habían esperado ver el reemplazo de la primera, enviado por la Providencia. Manuel Antonio, acometido ya de su última enfermedad, a los ocho años de edad, cuando falleció María Antonia, sólo le sobrevivió doce días. El 14 de octubre de 1873 murió otra preciosa niña llamada Concepción, que aún no había cumplido diez y seis meses; y diez dias después, su hermano Eduardo, de menos de ocho años, fue a juntarse con ella. En esos mismos terribles días otros de mis hijos padecieron enfermedades que pusieron en peligro su vida.

Al referir estas cosas, al reunir en mi corazón y en mi memoria como en un solo haz todos estos dolores; al considerar que han sido seguidos de muchos otros; que para mí ha llegado ya el dolor supremo, y que para soportarlos todos no tengo, como antes, otro corazón que sienta a par del mío, ni aquella mano fuerte y cariñosa que me sostenía en todas las penas y en todos los combates; y esto cuando ya desfallezco con vejez prematura y achacosa, llego a dudar en ciertos instantes si mi vida es una realidad; y cuando me cercioro de que estoy vivo, conozco que el dolor es como el estado natural del hombre, como el elemento en que él puede alentar y subsistir.

Las duras lecciones que he recibido en mi vida me han enseñado que sólo el dolor nos prepara y nos fortalece para soportar el dolor» [1].

---

1. *Apuntes autobiográficos.*

CAPITULO X

La Academia.

ACADEMIAS HISPANO-AMERICANAS. NOMBRAMIENTO DEL SEÑOR MARROQUÍN COMO CORRESPONDIENTE DE LA ESPAÑOLA.—FUNDACIÓN DE LA ACADEMIA COLOMBIANA.—SUS LABORES. — DISCURSOS ACADÉMICOS. — INTERESANTE CORRESPONDENCIA CON DON RUFINO J. CUERVO. JUICIO DE DON JOSÉ MARÍA SAMPER.

NOS refiere el señor Marroquín en el elogio que escribió de don José Maria Vergara y Vergara, cómo este último,

«acometido de mortal dolencia en el vigor de la edad, viudo ya y abrumado de pesares y amargo duelo; postradas sus fuerzas y abatido su espíritu, se fue al antiguo mundo a buscar en él alivio corporal, consuelo para sus quebrantos, pan para sus hijos y momentos de tranquilidad que no le era dado hallar en este suelo que le fue tan querido.

En Madrid, sin presentaciones ni recomendaciones, se hizo recibir como antiguo amigo por Hartzenbusch, por Bretón, por Ochoa, por Campoamor y por muchos otros literatos eminentes.

Dominando en Vergara una fervorosa actividad y siendo tan vivo como era su amor a las letras y su celo por los adelantamientos de su país, no es de extrañarse la decisión con que empezó a trabajar por el establecimiento de la Academia Colombiana apenas se le habló en Madrid sobre el proyecto que de promover su fundación se había concebido. Puede decirse que esta institución quedó creada antes de que él saliera de Madrid; y, si fuera poco exacto el afirmar que ella le debe su existencia, es justo reconocer que a él se debió el que pudiera establecerse dentro de breve término y sin que se tropezara con los obstáculos que habrían entorpecido la ejecución de la empresa sin su oportuna y eficaz intervención» [1].

Sin duda la permanencia del señor Vergara en Madrid sirvió para dar a conocer allí nuestra literatura y contribuyó a que la Academia Española pusiese resueltamente por obra el pensamiento de establecer en América academias correspondientes, como lo hizo por medio de un acuerdo dictado el 24 de noviembre de 1870.

Pocos días después, nombraba la Academia miembro correspondiente de ella al señor Marroquin.

«Señor don José Manuel Marroquín.

A propuesta de los individuos de número de esta Academia, Excelentísimo señor don Eugenio de Ochoa, Excelentísimo señor don Juan Eugenio Hartzenbusch, y señor don Antonio Ferrer del Río, fue Vuestra Señoría nombrado en junta de ayer miembro de la misma corporación, en la clase de correspondiente extranjero. En participarlo a Vuestra Señoría para su satisfacción la tengo yo muy cumplida, y en que la

---

1. En carta al señor Marroquín, de 1.º de mayo de 1870, dice el señor Vergara: «Yo le dirigí a la Academia un escrito en que le hablo con cierta insolencia. El Rey de España, les digo, perdió las Américas porque no quiso reconocerles ni el carácter de provincias; y las que él no quiso ver ni como provincias, son hoy repúblicas. La Academia va a perder también su reino con América, y no quiere reconocernos, como Fernando VII no quiso reconocer a Bolívar. Puede ser que éste sea el gran cataclismo que espera a la lengua española, pues al fin y al cabo América tendrá que prescindir de toda regla peninsular y atender por sí misma a sus seguridades».

Academia pueda contar con la cooperación de persona tan ilustrada. Son adjuntos el diploma del expresado cargo, un ejemplar de nuestros estatutos y otro del reglamento de este cuerpo literario.

Dios guarde a Vuestra Señoría muchos años.

Madrid, 2 de diciembre de 1870.

El Secretario accidental,

AURELIANO FERNÁNDEZ-GUERRA Y ORBE».

Agradeció el señor Marroquín aquella distinción, y así lo manifestó a la Academia Española y al señor Ochoa, de quien recibió la siguiente carta:

«Madrid, 6 de septiembre de 1871.

Señor don José Manuel Marroquín.

Muy señor mío y de toda mi consideración:

Al acusar recibo de su atenta de 10 de junio último y darle gracias por los finos términos que emplea en ella para nuestra querida Academia, me cabe la satisfacción de manifestar a usted, como creo que ya lo hizo el Secretario de la misma, por acuerdo de la corporación, que el lenguaje juntamente elevado y modesto, así de su carta citada como el de la que dirigió a la Academia, es una prueba más del acierto con que ésta procedió en su elección.

Aprovecha gustoso esta oportunidad de ofrecerse afectuosamente a las órdenes de usted su atento servidor y compañero,

EUGENIO DE OCHOA».

Tenemos también a la vista honrosas comunicaciones dirigidas al señor Marroquín por los Académicos Oliván, Ríos y Rosas, de la Puente y Apezechea, y Tamayo y Baus.

Por la misma época, poco más o menos, fueron nombrados igualmente académicos correspondientes de la Española don José María Vergara y don Miguel Antonio Caro, quienes reunidos con el señor Marroquín echaron el 10 de mayo de 1871 los fundamentos de la Academia Colombiana, que organizada formalmente desde el 6 de agosto de 1872, es la primera de su clase que ha aparecido en América.

El acta de fundación dice así:

«En la ciudad de Bogotá, capital de la República de Colombia, a 10 de mayo de 1871, a las once de la mañana, se reunieron los señores don Miguel Antonio Caro, don José Manuel Marroquín y don José María Vergara y Vergara, miembros correspondientes de la Academia Española, en la casa de habitación del último (carrera Túquerres, número 1.º), el cual expuso que los había convocado con el objeto de deliberar sobre el acuerdo de la Academia Española, expedido en Madrid el 24 de noviembre de 1870 y relativo a la creación de academias españolas correspondientes de la Española misma.

Después de haberse leído el documento citado, y habiendo parecido a todos la idea de la Academia benéfica para las letras y adecuada para avigorar los vínculos de fraternidad que deben ligar a pueblos de un mismo origen, religión, lengua y costumbres, la aceptaron unánimemente y acordaron:

1.º Declararse constituídos en Junta preparatoria; y

2.º Dar las gracias a la Academia Española y felicitarla por el pensamiento de asociar a sus trabajos, en pro de la lengua común, a las naciones que forman la América Española.

Nombróse Director de la Junta al señor don José Maria Vergara y Vergara, y Secretario al señor don José Manuel Marroquín, quienes desempeñarán estos destinos hasta que reunida e instalada la Academia Colombiana se hagan nuevas elecciones.

Se discutió sobre el número de miembros que deberá tener la Academia Colombiana, y después de considerarlo maduramente, se aprobó el número de doce, propuesto por el señor Caro (y apoyado por el señor Marroquín), como conmemorativo de las doce casas que los conquistadores, reunidos en la llanura de Bogotá el 6 de agosto de 1538, levantaron como núcleo de la futura ciudad.

Se procedió a designar los candidatos que deben proponerse a la Academia Española, según lo dispuesto en el artículo 2.º del acuerdo citado, y resultaron electos unánimemente los señores

Don Pedro Fernández Madrid.
   » José Joaquín Ortiz.
   » José Caicedo Rojas.
   » Santiago Pérez.
   » Rufino José Cuervo.

Don Manuel María Mallarino.
   » Venancio González Manrique.
   » Felipe Zapata y
   » Joaquín Pardo Vergara, Presbítero.

Se determinó igualmente preguntar a la Academia Española si la Colombiana tiene facultad de nombrar miembros honorarios y correspondientes de ella misma, por cuanto en deliberación para elegir candidatos, se notó que había muchos literatos distinguidos no residentes en Bogotá, y que podrian con su cooperación prestar grandes servicios a la Academia.

El Director expresó que había sido encargado por la Academia Española para entregar como presente fraternal a la Colombiana una colección completa de las obras que la primera ha publicado. La Junta resolvió que al acusarle recibo se diesen las gracias a la Academia Española, y que para corresponder a aquel valioso obsequio se invite a todos los autores colombianos a que destinen un ejemplar de sus obras a la Biblioteca de la Academia Española, entregándolo en la Secretaría de la Junta, para remitirlo a la de aquélla.

No habiendo otro asunto de qué tratar, se levantó la sesión.

El Director,
   JOSÉ MARÍA VERGARA Y VERGARA.

El Secretario,
   José Manuel Marroquín».

Doce años más tarde decía don José Manuel, recordando la fundación de la Academia, y su influencia en el cultivo y adelantamiento de las letras, en la sesión solemne celebrada el 6 de agosto de 1884:

«Un aniversario es un día escogido para hacer reaparecer lo que ha perecido, para olvidar el olvido, para hacer vivir lo que estaba muerto, para borrar la distancia que el tiempo ha extendido entre nosotros y lo que se ha acabado.... Así nosotros, señores académicos, estamos reunidos ahora para hacer del 6 de agosto de 1884 el 6 de agosto de 1872.

Y no es extraño que en esta solemnidad tome parte el corazón. ¡Qué! ¿no deberá el nuestro latir alborozado al contemplar que esta Corporación subsiste hace más de doce años y toma creces, sin que ningún auxilio ni elemento extraño a ella misma haya contribuido a su mantenimiento? ¿Y no deberá consagrar siquiera un latido a la memoria de aquellos que como amigos y como colegas se hallarían en estos momentos entre nosotros, si de unos no nos separara la losa de un sepulcro, y de otro la extensión del océano?

La Academia Colombiana dio desde su nacimiento muestras claras de lo que había de ser y del modo como había de subsistir. En una casa pobre (que su dueño, nuestro carísimo Vergara, no abundaba sino de sentimientos nobles y de ingenio) se reunieron silenciosamente el 10 de mayo de 1871 los tres individuos a quienes la Academia Española había conferido el honroso encargo de constituir la Colombiana, y allí, en amigable plática, acordaron lo que para tal fin parecía conveniente. La conformidad de ideas de los fundadores y el amor puro a las letras fueron en aquel acto el móvil y el estímulo únicos, como había de seguir siendo el único principio vital del Instituto. En otras naciones, la vida de los del mismo linaje que éste, ha sido sostenida por el Gobierno. El nuestro no ha podido hasta ahora favorecer a la Academia sino ocasional y transitoriamente. Así, si subsiste, subsiste sólo merced a la fe que anima a sus miembros de que su tarea es seria, importante y honrosa, honrosa no únicamente para ellos, sino también para la patria.

Creado el Instituto, se acordó que su instalación se verificase el 6 de agosto, y se eligió esta fecha en memoria de la de la fundación de Santafé. De esta suerte, cada celebración del aniversario académico es juntamente celebración del de aquel hecho histórico. La Academia solemniza un aniversario con otro aniversario, y con ello hace patente que, aunque las tareas a que se consagra sólo tienen que ver con la inteligencia impasible y fría, no le es extraño lo que dice relación a la fantasía y al sentimiento. Ella, mediante una que me atreveré a llamar piadosa ficción, confunde el día en que la lengua castellana y la cristiana civilización asentaron por primera vez la planta en estas comarcas, con el día en que la lengua, después de haber tanteado sus fuerzas, se atrevió ya a declararse señora y a ejercer actos de dominio.

¿Y la fundación de la Academia será en realidad hecho digno de ser celebrado como lo son cuantos se enlazan con las glorias o la marcha próspera de una nación, o será sólo memorable para un grupo de cultivadores de las letras, unidos por la comunidad de aficiones, por mutua estimación, y, en mucha parte también, por la dulce amistad?

Yo tengo, señores académicos, que ser modesto no sólo por mí, sino también por vosotros, y no trataré de resolver esta cuestión; si bien la justicia me obligaría a decidirla de acuerdo con la modestia, pues es notorio que si en orden a ciertos adelantamientos puede deberse algo a este Cuerpo, no se le debe todo. En los años que él ha existido han concurrido felizmente muchas causas a dar impulso al movimiento literario, a la difusión de los conocimientos y del buen gusto, y a todo lo que la Academia debe mirar como objeto de su solicitud.

Pero, aunque los adelantamientos de que hablo no sean obra de la Academia, a ella le cumple consignarlos y celebrarlos.

Los estudios sobre la lengua castellana y los estudios filolóficos en general, casi desconocidos en el país no ha muchos años, y lo que es peor, reputados ociosos o de mera curiosidad, van tomando vuelo y produciendo frutos. Los trabajos que de esos estudios han resultado lo hacen patente. Nuestra juventud ya no se arredra a vista de la profundidad y la aridez de tales estudios, y ya salen de entre ella asiduos cultivadores de la filología. Las sillas de esta Academia tendrán quien las ocupe dignamente cuando dejen vacías las suyas los que hoy dignamente las ocupan, y más dignamente aún será ocupada una que honra actualmente a quien el acaso o la amistad y no el merecimiento llamó a sentarse en ella.

Jamás podrá hablarse de progresos en los estudios sobre la lengua y sobre la filología en la América española sin que venga a la memoria el nombre glorioso de Bello. El, con sus magistrales trabajos, inició en estas regiones tales estudios, y con sus ejemplos puso a la vista lo rico y regalado de los frutos que se recogen cuando, mediante el trabajo, se aprenden a conocer los tesoros de belleza que encierra nuestra lengua, y el arte de aprovecharse de ellos. Rindamos, por tanto, una vez más el tributo de nuestra admiración y nuestro reconocimiento a aquel que supo llegar al ápice de la perfección analizando la conjugación castellana y cantando la Zona Tórrida.

La instrucción en general adelanta y se extiende en nuestro suelo; y siendo mayor el número de los que la poseen, mayor viene a ser el de los que pueden hallar en sí las disposiciones con que el cielo los haya favorecido para el cultivo de las letras. ¡Cuántos Bellos, cuántos Olmedos, cuántos Arboledas, cuántos Cuervos no habrán nacido entre nosotros, que por falta de una primera luz no han descubierto el principio de la senda por donde estaban destinados a subir a grandes alturas, y que se han arrastrado en silenciosa obscuridad bajo este clima propicio juntamente al desenvolvimiento intelectual y a la poética inspiración!

Del propio modo que no puede olvidarse a Bello cuando se trata de progreso literario en nuestra América, no puede dejar de venir a la memoria el nombre de nuestro esclarecido colega don Rufino José Cuervo, al tratarse del pulimento que en el lenguage se observa hoy entre nosotros y que se debe a sus preciosos trabajos. En todos los infinitos productos de nuestra prensa, ya sean obras didácticas o poesias, ya libros de devoción o libelos infamatorios, ya opúsculos o artículos interesantes para la ciencia o para el buen gobierno, o folletos u hojas volantes de aquellos en que desahogan su enojo todos los agraviados, se percibe el maravilloso efecto del estudio y la común lectura de las *Apuntaciones críticas*. Ya es harto rara la aparición de aquellas producciones chabacanas, hijas del atrevimiento que da la ignorancia, con que hasta no há mucho tiempo se ofendía muy a menudo al sentido común y al buen gusto.

En el modo de producirse la gente de la clase más humilde se echa de ver no menos el bien que se ha alcanzado con aquel libro incomparable.

Por otra parte, podemos mirar ya como muy cercano el día en que cesen las disidencias en puntos ortográficos, y en que, en cuanto a la lengua escrita, se note la misma conformidad con la madre patria, que por gran dicha se observa en cuanto al lenguaje hablado.

Así, podemos decir que en orden al estudio y en orden al uso del idioma, nuestro lema es *progreso en la unidad*. Esto es, asiduidad para descubrir las bellezas y los ricos tesoros del castellano, y esmero en usarlo sin corromperlo, con solícita atención a no apartarnos del uso de las demás naciones que tienen la fortuna de hablarlo.

Consignados estos adelantamientos, doy por ellos mis enhorabuenas a la Academia, que los mira con vivo interés, y a la Nación, que, ya que en otros ramos de la cultura no puede competir sino con muy pocas, puede en cuanto a lenguaje preciarse de no ser de las últimas».

A la muerte del señor Vergara, ocurrida cuando apenas llevaba un año de vida la Academia Colombiana, desempeñó interinamente el cargo de Director de ella don Miguel Antonio Caro; fue elegido en seguida, para un período de tres años, don José Caicedo Rojas; y a éste sucedió el señor Marroquín, quien fue reelegido varias veces y murió desempeñando dicho cargo.

Cuál fuera su tino en dirigir los trabajos de la Academia lo dice su actual Secretario, don Diego Rafael de Guzmán, en breves y expresivas frases:

«El señor Marroquín dejó honda huella en esta Academia por su discreción y sentido práctico en todo lo que se refería al objeto de ella.

En las ligeras discusiones que se suscitaban, atinaba en señalar la dificultad, enseñando lo que convenía para darle solución, no sin haber oído con fina delicadeza cada uno de los conceptos que se emitían, que era uno de los distintivos de su carácter, y que no es de los más comunes» [1].

La Academia, formada en sus comienzos por un núcleo de hombres ilustres, cuyos nombres ha recogido ya la Historia, trabajó útilmente durante veinte años, más o menos. Después la muerte, la ausencia o las borrascas de la politica dispersaron a sus miembros y entorpecieron sus trabajos.

Murió el señor Marroquín cuando se proponía dar nuevo impulso a la Academia y sin alcanzar a ver el fruto de sus esfuerzos.

———

Ya que no nos es dado entrar aquí en un estudio detenido de sus discursos y obras académicas, hemos de contentarnos con una breve reseña de lo que fueron.

Justo nos parece hacer notar aqui que al señor Marroquín se le ha juzgado casi siempre como escritor festivo y ameno y esto ha sido causa de que muchos ignoren talvez lo que podemos llamar su labor académica, sus trabajos serios y fecundos en beneficio de la corrección y pureza de la lengua.

De ellos ha quedado huella no solamente en sus obras didácticas, de las cuales hablámos anteriormente, sino también en casi todas las revistas o publicaciones periódicas de su tiempo.

1. Informe del Secretario en la sesión solemne del Centenario. 1910.

Especial mención hemos de hacer aquí de su ya citado escrito sobre *La Neografía en América*, que dio tánto que decir a los amigos de las reformas ortográficas y en el cual defendió tan hábilmente la autoridad de la Academia Española; de su discurso académico sobre *La acentuación y uso de la tilde* y de otros artículos suyos de indiscutible erudición y oportunidad, puesto que venían a fijar las verdaderas reglas ortográficas en aquella época en que muchos quisieron introducir otras nuevas.

Otras veces se ocupó el señor Marroquín, en sus discursos o escritos, en cuestiones de critica o filología, tales como el *Estudio sobre la lengua castellana y las causas de su decadencia entre nosotros;* otro *sobre autores y obras dramáticas nacionales;* el prólogo de las poesias de don José Joaquín Ortiz, en donde, además del juicio que formó de aquel insigne poeta, nos dejó un estudio original y profundo de la poesía; el ya citado *Elogio de don José María Vergara y Vergara,* que es, a nuestro entender, el mejor juicio crítico de aquel autor; el discurso sobre la Madre del Castillo, en donde no temió penetrar en el santuario de la literatura mística española; y por último, una elegante discusión suscitada por un articulo de don Miguel Antonio Caro, sobre el género de ciertas voces y seguida entre éste y el señor Marroquín en *El Comercio* de aquella época con el titulo de *Cuestioncilla lógico-gramatical.*

Pero en lo que se muestra más fecunda y más benéfica su labor es sin duda en el empeño de combatir las impurezas e incorrecciones del lenguaje.

A ese fin se encaminan sus escritos titulados *Diálogos entre mi pluma y yo* y *Respuesta a un suscriptor de La Caridad*, publicados por los años de 1866 y siguientes; las interesantes *Cartas a don Rufino J. Cuervo*, que vieron la luz en la edición literaria de *El Telegrama*, entre 1886 y 1889; y por último, los que publicó en *El Correo Nacional* en 1893 con el titulo de *Arar en el mar*.

La mayor parte de estos artículos están escritos en tono familiar y festivo, mas no por esto dejan de revelar muy hondos conocimientos filológicos y en general de la literatura castellana.

No podemos dudar de que, así como las *Apuntaciones criticas sobre el lenguaje bogotano* del señor Rufino J. Cuervo, vinieron a corregir muchos barbarismos, los artículos del señor Marroquín, popularizados por la prensa, lograron desterrar, al menos en parte, muchas palabras y locuciones que afean entre nosotros la lengua castellana.

El señor Cuervo, que podia apreciar esa labor puesto que habia sido la suya durante varios años, contestó al señor Marroquín:

«París, 9 de noviembre de 1887.

Muy querido y respetado amigo:

. . . .

Ya pensará usted el placer con que he leído sus Cartas, tan fáciles, tan discretas e interesantes como cosa suya al fin. Usted me comunica verdaderas novedades, excrecencias recientísimas, y me recuerda también algo que creo haber oído en *mis tiempos....* Quiera Dios que llegue el caso de reparar la falta, reconociendo que a usted debo la enmienda. Cada día me estoy volviendo más escéptico en materia de disparates de lenguaje. Cada día me convenzo de que toda corrección puede ser provisional, y que es menester buscar criterios absolutos, o por lo menos no tan contingentes como la aprobación de los gramáticos y lexicógrafos. Estos cada día van aceptando cosas abominadas la víspera, y lo van dejando a uno burlado. La mayor parte de los que usted señala son pecados contra el sentido común, y hay que darles en la cabeza. ¿Qué importa que el Diccionario apruebe mañana barbarismos sólo porque están generalizados? El buen escritor no debe emplearlos, tengan o no tengan el pase de la autoridad competente. Por otra parte, ¿quién le dice a uno que lo que falta en el Diccionario es por *condenado* o por *olvidado?*»

Peligrosa pareció al señor Marroquín esta teoría, y a ella respondió con las siguientes observaciones contenidas en una nueva carta al señor Cuervo:

«Delicada es la cuestión que entrañan estas opiniones de usted. Si de ellas se apoderan los mocitos que quisieran hablar y escribir según su leal saber y entender, sin estudio y sin reglas, la lengua padecería muchisimo. Si estando todos, como estamos, bastante acostumbrados a respetar el Diccionario y la Gramática, hablamos como hablamos y escribímos como escribimos, aqui en América y en la Península, ¿qué sucedería si se llegase a entender que la Gramática y el Diccionario habían perdido su autoridad? Pero, ¿y si merecen perderla por incuria o por ignorancia de sus autores?

Aquí introduzco yo un distingo: la Gramática, si por gramática entendemos la de Bello o la de la Academia, pocas veces o talvez ninguna induce a error; el Diccionario de la Academia, que es entre los diccionarios castellanos el mejor, o casi el único que merezca ser consultado, sí está muy lejos de la perfección que debería distinguirlo. Pero al fin y al cabo es mejor tener esa autoridad que respetar, que no tener ninguna; y debemos esperar que la Academia Española, viendo que ahora tiene competidores y aun adversarios serios (cosa que antes no sucedía), trabaje con mucho mayor esmero cada vez que tenga que preparar una edición de su Diccionario».

———

Entre los defectos de estilo y de lenguaje ningunos combatió tan rudamente el señor Marroquín como los que nacen de pedanteria y afectación, vicio que detestaba por naturaleza y por instinto, y contra el cual lanzó este anatema al terminar uno de sus artículos:

«¿Por qué se escribirá, se predicará y se legislará tánto contra el asesinato, la calumnia y el robo, al mismo tiempo que no se chista palabra contra la afectación?»

«Para gloria suya, dice don José María Samper, verdaderamente envidiable, Marroquín ha sido uno de los primeros iniciadores—acaso el más incansable y tenaz—de esta reacción que de cerca de veinte años atrás se viene produciendo en el estudio y conocimiento de la lengua castellana, y por lo mismo en su rehabilitación en Colombia.

Rehabilitación digo, porque habíamos dado casi todos desde 1830 o poco antes en escribir y hablar una especie de español *gitano* (perdóneseme la palabra), reñido con toda regla de etimología y ortografía racional, y plagado de galicismos y americanismos, así en las formas como en los vocablos; defecto que hacía perder en el extranjero mucho de su atractivo y de su mérito a las producciones del ingenio colombiano.

Con el paciente estudio de los clásicos y los gramáticos, y la práctica del profesorado en estas y otras materias, adquirió Marroquín profundo conocimiento de la lengua de nuestra madre patria, y se halló en capacidad de emprender la enseñanza del castellano puro y clásico o verdaderamente literario; y así ha hecho parte, con Caro y con Cuervo, de la interesante *trinidad* de doctos hablistas a quienes somos principalmente deudores de la regeneración obtenida en la literatura colombiana.

Y no solamente trabajó mucho y con gran provecho, sino que tuvo el acierto de comenzar por el principio, aplicándose a corregir el vicio que más saltaba a la vista, y que era como el punto de par-

tida de la degeneración de nuestras letras, y dándonos un tratado ortográfico de acuerdo con las reglas
y prácticas académicas, sin que por esto descuida-
se lo que se relaciona con la historia y la filosofía
de la lengua» [1].

Muy alto era en realidad el concepto que tenía el señor Marroquín de la necesidad de mantener puro
el lenguaje: de ahí la tenacidad y el entusiasmo
con que se esforzó por combatir sus vulgarida-
des e impurezas.

«El lenguaje, dice, es el noble complemento de las
facultades intelectuales y morales del hombre, dón
precioso que éste debe a Dios y que no puede emplear sino con las condiciones y según las leyes que
Dios mismo ha establecido. El lenguaje tiene una
parte principalísima en la generación de las ideas,
en su enlace y en las operaciones mediante las cuales se les da forma o se las hace sensibles; él ofrece a las ideas como una substancia para que encar-
nen. De la importancia de este papel que él desempeña en las operaciones del entendimiento, resulta
la influencia que cada lengua ejerce en la literatura
de la nación a que pertenece; y para la de cada una,
resultan de esa influencia ventajas o bellezas diferentes.

No es por tanto extraño que cada nación, así en
los tiempos antiguos como en los modernos, haya
mostrado tanto amor a su lengua como a la patria

---

1. *Biografía de don J. M. Marroquín.*

misma. Cada una mira encarnadas en ella sus glorias literarias y sus tradiciones históricas, y en ella ve un vínculo, el más estrecho de todos después del de la religión, que liga cada generación a las anteriores y a las que han de sucederle.

Un pueblo culto conserva puro su idioma a fin de que pase a su posteridad como uno de los rasgos que pueden darle a conocer los antepasados cuya memoria venera....

Nada han exagerado los que han dicho que la cultura de un pueblo se mide por el grado de pureza y de perfección con que haga uso de su lengua. Y si el idioma que a una nación le ha tocado hablar brilla y descuella por prendas y bellezas señaladas; si en él se conservan copiosos e interesantes monumentos de la antigüedad y sublimes concepciones de ingenios insignes, esa nación daría una prueba inequívoca de atraso y de barbarie si dejara que su lengua se corrompiese.

Esto haríamos nosotros si, por no remover las causas de decadencia que pueden ser removidas, viniésemos a echar a perder la lengua que nos ha tocado hablar, lengua privilegiada por su hermosura, cuya historia es tan gloriosa, por lo menos, como la de la lengua moderna que más pueda ufanarse con su origen, con sus tradiciones y con la fama de los escritores que en obras de universal celebridad le hayan dado lustre y hayan encontrado en ella un auxilio poderoso para hacer inmortales sus escritos» [1].

1. Discurso académico. 1879.

CAPITULO XI

1875-1881.

LA SOCIEDAD DE SAN VICENTE DE
PAÚL. — DISCURSO SOBRE LA AN-
CIANIDAD. — TESTIMONIO HONROSO.
REVOLUCIÓN DE 1876. — EL SEÑOR
MARROQUÍN COMBATE LA IDEA DE
HACERLA. — PERSECUCIONES Y PÉR-
DIDAS. — MUERTE DE DON JUAN AN-
TONIO MARROQUÍN. — EL COLEGIO DE
NIÑAS.

« **E**N julio de 1875 me vine a Bogotá. No teniendo ocupación fija que llenara todo mi tiempo, acepté la Presidencia de la Sociedad de San Vicente de Paúl, empleo al cual me consagré con grande ahínco.

Dios sabe cuánto ha contribuido el deseo de distinguirme, de atraerme los elogios y estimación de mis consocios, a hacerme parecer activo y celoso. Pero también es cierto que aquel cargo me ofrece ocasión para ejercitar una actividad casi nerviosa, una necesidad de agitación que me domina y que hace que no me halle contento y libre de aprehensiones y de ideas melancólicas, sino cuando me encuentro abrumado de atenciones y quehaceres en que se equilibre el ejercicio mental con el corporal» [1].

Hemos respetado esa confesión humilde de don José Manuel, en que se disculpa del celo y actividad que desplegó como Presidente de la Sociedad de San Vicente de Paúl; pero sí debemos añadir, porque es la expresión de la verdad, que esa actividad y ese celo venían también de su carácter bondadoso y caritativo por naturaleza; de su ingénita inclinación a remediar los males ajenos; de su ca-

---

1. *Apuntes autobiográficos.*

riño por los desgraciados; de su respeto por los pobres. Si el señor Marroquín era en su trato afable y afectuoso con todo el mundo, lo era mucho más, si cabe, con las personas de humilde condición que en gran número le asediaban en demanda de socorro. A nadie dejaba ir con las manos vacías, pero además de ese socorro material, daba, de la abundancia de su corazón, lo que vale más que el oro: la compasión y el consuelo.

Cuántas veces le oímos decir que el pobre agradece más que la moneda que ponemos en su mano, la paciencia y el interés con que escuchamos sus quejas y amarguras; y con cuánta paciencia pasaba él largas horas oyendo benévolamente esas interminables narraciones de cuitas y de congojas ajenas. Con qué exquisita delicadeza huía de cuanto pudiera herir o avergonzar a los que, habiendo venido a menos, se ven en la dura necesidad de pedir auxilio extraño.

Un libro entero escribió el señor Marroquín, inspirado en esta generosa compasión. De él vamos a citar uno que otro fragmento.

«Amarga y dura es la pobreza; mas para nadie lo es como para los que empiezan a padecerla y abrigan la esperanza de encubrirla y la de no descender en la escala social. Para éstos las humillaciones y los sonrojos son más crueles que el hambre y la desnudez.

El exponer uno su situación a una de aquellas personas verdaderamente caritativas que andan a caza de necesidades que remediar, y que saben remediarlas discretamente, es cosa que puede hacerse en términos poco humillantes, igual que desahogarse de las penas en el seno de la amistad.

¡Dichosos los que, produciéndose con sinceridad, dicen que antes que pedir limosna se dejarían morir de hambre! Esos no saben lo que es ver a una esposa amadísima enflaquecida y macilenta, y a unos hijos pidiendo con lágrimas el pan que no puede ofrecérseles. El orgullo calla cuando habla la naturaleza.

Da más compasión ver a una persona que gastó lujo y que estuvo nadando en comodidades, empeñada en poner majos a sus niñitos, que ver con andrajos a una de esas que siempre han sido pobres, y que se conforman con vestir a los suyos como pueden.

Los esfuerzos que hacen por no descender de su posición aquellos que la han perdido, siempre infunden lástima; pero cuando estos esfuerzos son impotentes e inspirados por la ternura de una madre, no se les puede contemplar sin sentir desgarrado el corazón» [1].

¡Cómo conocía el señor Marroquín esas secretas y hondas penas; y con cuánta discreción y delicadeza enseñó a remediarlas más que con sus palabras con su ejemplo!

Entre los discursos que pronunció el señor Marroquín en la sesión solemne anual de la Sociedad de San

[1]. *Amores y Leyes.*

Vicente, hay uno de elevado lenguaje, de elegante forma, de muy honda doctrina, sobre las penas y el desamparo de la ancianidad, en donde una vez más se revelan los impulsos caritativos de su alma.

«La vida, dice, es una gran fruta con corteza de bellísimo color y de aroma que embriaga, y llena por dentro de podredumbre. La juventud conoce la corteza; la vejez el interior. ¡Dichoso el que todavía no ha penetrado los misterios de la vida y la falacia del mundo y la secreta perversidad del corazón del hombre! Para vivir contento hay que vivir engañado. La vejez vive repitiéndose aquello del sabio: todo es vanidad y aflicción de espíritu....

El viejo ve irremediablemente reducidos los limites de su vida, y los toca con la mano.... Y todo está sugiriéndole instante por instante desconsoladoras reflexiones sobre esta inevitable proximidad del fin: si mira a un niño, piensa que no ha de verlo joven; si a un joven, que no ha de verlo llegar a la edad madura; si a otro anciano, contempla a un compañero que está haciendo con él *la última* jornada, y se pregunta: ¿Cuál de los dos llegará primero al término del viaje? Si se siembra la tierra, considera que talvez otros y no él han de ver sazonada la mies; si entra una estación, duda si verá llegar la siguiente.

. . . .

Y siente el viejo que para él se han cerrado las puertas de la esperanza, que los recuerdos que ama son fuente de melancolía, que todo lo que lo cerca es mentira, corrupción y miseria; sabe que ya está tejida la tela de que se ha de hacer su mortaja; se siente impotente para gozar y para obrar; conoce que van a cerrarse sus ojos sin que vean la consumación de lo que a él le interesa, y que seria ocioso formar proyectos y abrazar empresas; devora el pesar de no haber aprovechado mejor el tiempo; padece en sus hijos o por sus hijos, o gime en pavoroso aislamiento; y todo esto, haciendo sin cesar y talvez contra su voluntad, la más desconsoladora comparación entre él mismo y los hombres que lo rodean y que gozan de la plenitud de la vida, a quienes ve ciegos para todo lo que es peligro y mal, activos y afanados por asegurarse un porvenir delicioso, como si contaran con una juventud eterna!

. . . .

He procurado poner a la vista un cuadro de las penalidades que afligen a los viejos; pero he tomado por original al viejo que goza de conveniencias y de desahogo. ¡Qué será aquella desconsoladora edad si a todo lo que la atribula y la oprime se añaden las humillaciones, las zozobras y las angustias de la miseria! ¡Qué será saber que uno es pobre y que ya no tiene cuándo dejar de serlo! ¡Qué será conocer que hay que batallar, sin poderse tomar ningún día de descanso, para comer y para abrigarse, sintiendo que las fuerzas se han agotado y que habrá que seguir en la misma lucha cuando se hayan agotado más!

Duro es para todo pobre comer hoy sin saber qué comerá mañana; levantarse cuando sale el sol, sin saber dónde se albergará cuando anochezca; revolverse en la cama llamando al sueño y viendo acudir en lugar suyo todos los pensamientos melancólicos y todas las imágenes sombrías que suelen acompañar al desgraciado en las interminables horas del insomnio! ¡Pero para el pobre que es viejo!....

¡Qué poder el del amor a la vida, que sostiene a tántos ancianos fatigándose cruelmente, años seguidos, para buscar un sustento que más que la vida, alimenta en ellos el dolor y la tristeza!

. . . .

Dios suele recompensar al hombre con beneficios análogos a las obras con que se le ha servido: el hacer bien a los ancianos tendrá por galardón abundancia de paz, e inefables consuelos para los días de la ancianidad» [1].

Lo que nunca negó el señor Marroquín fue su cariño a la Sociedad de San Vicente.

«A la prosperidad y a los aumentos de este Instituto, dice, han contribuído talvez algunas causas de carácter puramente humano. Entre éstas ha de contarse el profundo cariño que él ha inspirado a sus miembros: los que hemos tenido la fortuna de perfenecer a él y de contribuir con grandes o con pequeños esfuerzos a los felices resultados de sus ta-

[1]. Julio de 1889.

reas, nos hemos complacido en éstos como si las ventajas alcanzadas para los pobres y para la asociación hubieran sido triunfos nuestros; como si tales ventajas hubieran redundado en beneficio propio; como honra nuestra hemos reputado la honra de la Sociedad» [1].

Y si se empeñó, como hemos visto, en disminuir el mérito de sus esfuerzos en beneficio de los pobres, otros han emitido juicio muy diferente acerca de este punto [2].

Terminado uno de los períodos para que fue elegido · Presidente de la Sociedad, recibió de sus compañeros de labor en aquella obra santa el siguiente honrosísimo testimonio:

«Señor don José Manuel Marroquín, Presidente de la Sociedad de San Vicente de Paúl.

Deberes imprescindibles nos mueven a haceros la presente manifestación en nuestra calidad de miembros del Consejo Directivo.

---

1. Prólogo de la *Memoria Histórica de la Sociedad de San Vicente de Paúl.*

2. El señor Marroquín desempeñó los siguientes cargos:

Presidente de 1875 a 1876, y de 1876 a 1877.

Director de la Sección Limosnera en 1879.

Presidente de la Sociedad de 1880 a 1881.

Director de la Sección Mendicante de 1881 a 1882, y de 1883 a 1884.

2.º Vicepresidente de 1884 a 1885.

Presidente de 1886 a 1887.

Director de la Sección Hospitalaria en 1887.

Director de la Mendicante de 1888 a 1889.

Primer Vicepresidente de 1889 a febrero de 1891. Ejerció en reemplazo del Presidente.

Primer Vicepresidente de 1891 a 1893.

Director de la Sección Mendicante de 1900 a 1901.

Un año hace que, fiando más que en vuestros talentos en vuestras probadas virtudes, se os escogió para presidir la Sociedad; y en esta ocasión, como en ninguna otra, se ha hecho palpable que el deseo de hacer el bien produce siempre benéficos resultados. Perdonad si nuestra sinceridad hiere vuestra modestia.

Hemos sido vuestros colaboradores en la dulce pero difícil tarea de practicar la caridad, y la conciencia nos manda decir que a vuestra fecunda iniciativa, a vuestra posición social, a vuestras luces y a vuestra humilde deferencia, virtud propia sólo de espíritus superiores, se debe el éxito sorprendente de los trabajos de la Sociedad en el año que termina.

Bendiga el cielo vuestros días, y galardone a nuestra Sociedad con directores como vos.

Dignaos recibir esta cordial expresión de justicia con la benevolencia que distingue vuestro carácter, y aceptar el cariño y la gratitud de vuestros hermanos.

Bogotá, 22 de julio de 1876.

Esteban Cuenca, J. M. Arrubla, Manuel José de Cayzedo, Manuel María Pardo, José Joaquín Ortiz Malo, Rafael Ramírez Castro, Gregorio Trujillo, José María García Tejada, C. Gómez Maz».

Pocos años después escribió don José María Samper la biografía del señor Marroquín, que atrás hemos citado, y allí nos dice:

«Los méritos de Marroquín no se han reducido al campo de la amena literatura, del profesorado y de los estudios filológicos. Lauros tiene ganados, y acaso son éstos los más preciosos, en la obra social de la beneficencia; y bien sienta a quien ha pasado su vida enseñando—lo que es misericordia para los espiritus—pasarla también sirviendo a los menesterosos; y ofrendar silenciosamente su inteligencia, su trabajo y su caridad para dar amparo al desgraciado y consolación al afligido.

Marroquín ha sido y es uno de los más asiduos e inteligentes servidores de la Sociedad de San Vicente de Paúl, cuerpo que desde muchos años ha trabajado con singular modestia y notoria eficacia en la propagación y el ejercicio de la caridad» [1].

«Por más de cuarenta años, dice el doctor Antonio José Uribe, sirvió con celo y tino admirables en la Sociedad de San Vicente de Paúl, que presidió en cinco períodos diversos y en la cual desempeñó todos los cargos. Al señor Marroquín se le debe en mucha parte el prodigioso desarrollo de aquel Instituto, que tánto bien ha hecho a esta capital y a toda la República. Lo último que salió de su pluma fue el prólogo que escribió para la *Memoria Histórica* publicada por la Sociedad con motivo de su quincuagésimo aniversario. Tres meses antes de morir,

---

1. J. M. Samper. *Biografía de J. M. Marroquín.* 1880.

muy atormentado ya por sus dolencias, escribía al Presidente de la Sociedad:

"Sé que por la creciente miseria del pueblo no hay socios limosneros bastantes para llevar a domicilio los socorros que distribuye la Sociedad. Ruego a usted que se sirva designarme para este encargo, en relación con las familias que habiten en casas a donde me sea posible ir en coche a llevarles el respectivo auxilio."

Su caridad era inagotable, y no sólo daba cuanto podía en recursos materiales, sino que prodigaba lo que los pobres aprecian más: los tesoros de su ingénita y peculiar benevolencia. Por eso miles de infortunados acompañaron su cadáver hasta el sepulcro, que han regado con lágrimas, y al cual han vuelto a orar por el que fue su bienhechor incansable» [1].

Citemos por último la proposición aprobada por la Sociedad el domingo 20 de septiembre de 1908:

«La Sociedad de San Vicente de Paúl registra con honda pena el fallecimiento del señor don José Manuel Marroquín, quien descansó en el día de ayer en la paz del Señor. La Sociedad recuerda con gratitud que el señor Marroquín presidió sus trabajos con tino excepcional en cinco distintos períodos; que como socio y como miembro del Consejo Directivo le prestó durante largos años importantes servicios; y que hasta el fin de sus días fueron para él la So-

---

1. A. J. Uribe. *El Hogar Católico*. 1908.

ciedad y sus pobres objeto del mayor afecto y de solicitud infatigable».

———

«En 1875 y 1876, dice el señor Marroquín, hasta que vino la guerra, me volví más que nunca proyectista y juntero.

Fuera de las empresas que acometí por cuenta de la Sociedad de San Vicente de Paúl, publiqué libritos, trabajé por la venida de Hermanos de las Escuelas Cristianas, me esforcé por que se llevara a cabo la formación del Diccionario Biográfico Nacional, y junto con Navas Azuero hice el solemnísimo Corpus del año 1876, que debía servir de despedida de las procesiones.

Como para esta empresa hubieran de reunirse en casa muchos conservadores conspicuos, tuve ocasión de combatir, y lo hice con mucho empeño, la idea de hacer revolución. A ello me impulsaba (quizá por mi pusilanimidad) el conocimiento que creía y que creo aún tener de lo poco idóneos que somos los conservadores para empresas que exijan unidad, y por consiguiente, sumisión ciega a una sola cabeza.

Apenas principió la guerra, y en virtud de avisos oficiales que recibí, juzgué necesario ocultarme un poco. Hícelo primero en la ciudad, y hacia el 20 de agosto de 1876 me retiré con mi tío don Juan Antonio Marroquín y toda la familia a Serrezuela, previendo que *Yerbabuena* había de venir a ser teatro de operaciones militares, de depredaciones y de es-

cenas violentas, como lo habia sido en las dos revoluciones generales anteriores. Allí nos llegó en octubre noticia del empréstito. Después de haber escrito sin sacar de ello ventaja ninguna a algunos amigos
liberales, resolví venirme a Bogotá a trabajar con el
fin de parar ese golpe; pero todo lo que hice fue infructuoso y pagué el empréstito» [1].

Odiosa forma revistió en aquel año el tradicional empréstito a la familia.

«No habia terminado aún la guerra civil de 1876,
dice don José Manuel en sus *Recuerdos de Matilde
Osorio,* cuando la familia recibió el golpe más duro
y la pérdida más irreparable con la muerte de nuestro tío don Juan Antonio Marroquín.

Esta desgracia había ocurrido el 15 de febrero de
1877. El 23 del mismo mes le impuso *a Matilde* el
Presidente Parra un empréstito de tres mil pesos,
como a otras muchas personas distinguidas, respetables y pacificas, a algunas de las cuales no se les
hizo la inicua notificación sino después de haberlas
encerrado en el mismo edificio en que se hallaban
los asesinos, los ladrones y todos los malhechores.
A Matilde la libró de ser ultrajada el estar en Serrezuela y el haberme apresurado yo a saciar la vo-
racidad de Parra y de sus agentes».

—————

1. *Apuntes autobiográficos.*

La hacienda de *Yerbabuena* sufrió también en aquella guerra como en las anteriores.

«En la revolución de 1876, Ramón Grajales determinó residir en *El Rincón* sin su familia y huir al monte y pasar las noches en las casas de los arrendatarios, por el lado de *Piedragorda*, cuando había motivo de alarma, lo que sucedía casi diariamente. Acompañáronlo Pedro Ignacio Castro, Benito Escallón, José María Marroquín y Santiago Grajales; pero su presencia en la hacienda no pudo servir para que se evitaran las depredaciones que, como en 1861 y 62, hacían las tropas del Gobierno liberal cada vez que pasaban, o se detenían en los alrededores.

Agustin Ramirez, mozo gallardo y valiente, que mandaba una pequeña columna y que solía estacionarse en el Común, fue cierto día sorprendido por una fuerza numerosa enviada contra él desde Zipaquirá; resistió intrépidamente, pero habiéndose visto obligado a retirarse, fue hecho prisionero e inmediatamente asesinado. En el camino que lleva para *La Tabla* se ve una cruz que levantaron en el sitio en que pereció aquel valiente. Las mismas tropas que cometieron este atentado incendiaron sin motivo ninguno una casa grande de paja que poco tiempo antes se había levantado a la orilla oriental del camino que lleva del Común a *Yerbabuena*, a poca distancia del punto en que se dividen este camino y el que lleva al Puente.

Una división a órdenes del General Alejo Morales se estacionó en el Hotel del Puente; consumió ganado de la hacienda e hizo daños tales como el de desfruir para combustible la barda de las tapias inmediatas, que era de rama; dejándolas descubiertas en una extensión de muchísimas cuadras» [1].

Mas la verdadera pena que en aquella época afligió a don José Manuel, fue la muerte de su tío don Juan Antonio Marroquín, de la cual nos ha dejado la siguiente relación:

«Desde principios de agosto a mi tío le había acometido la enfermedad que debía llevarlo a la sepultura. En diciembre se agravó bastante y fue preciso traerlo a Bogotá. Al principio estuve viniendo a verlo, pero desde el fin de aquel mes, hallándose ya él agravadísimo, me vine a residir en la ciudad y me consagré a asistirlo hasta su muerte, día en que vino para mí la verdadera orfandad y en que por primera vez me sentí responsable de mí mismo y del porvenir de mis hijos.

La enfermedad y el estar oyendo noticias de los desastres de aquella revolución y de las tropelías cometidas contra muchos amigos y parientes suyos, abatieron lastimosamente su espíritu. Aun en el pésimo estado en que su ánimo se hallaba por entonces, hizo poco caso de las exacciones con que el Gobierno le vejó y de las depredaciones que en esta gue-

---

1. *Historia de Yerbabuena.*

rra civil como en las anteriores cometieron en sus propiedades los agentes y parciales del mismo Gobierno.

En enero de 1877 empeoró más su situación, y el día 20 le sobrevino una congestión cerebral, semejante a una de que había sido acometido doce años antes. Este nuevo ataque, que lo halló en estado de mortal postración, pareció decisivo, así a la familia como a los médicos. A las cuatro y media de la tarde se ve a don Juan Antonio tendido en su cama, privado de sentido y con señales de hallarse en sus últimos momentos. El presbítero Doctor Bernardo Herrera Restrepo, con el crucifijo en la mano, está a un lado de la cama ayudándole a bien morir; al otro lado y de rodillas, están algunas señoras de la familia, y de pie, algo más lejos, tres médicos y varios amigos. En este solemne momento se presentan dos jefes de la policía a allanar la casa y rondarla, *porque ese día se había notado que habían estado entrando y saliendo muchos godos!* No penetraron en las habitaciones, porque les fue harto fácil conocer antes cuál había sido el motivo de la desusada concurrencia.

Treinta días después, el 20 de febrero, debían volver los esbirros del Gobierno a sacar dinero de aquella casa, casi por encima de los restos calientes aún del venerable ciudadano!

No sucumbió éste al accidente cerebral, del que ahora, como doce años antes, no le quedó rastro alguno; pero su otra enfermedad, que era del hígado, continuó progresando, hasta el 15 de febrero a las once de la noche, hora en que don Juan Antonio volvió su espíritu al Dios a quien toda su vida había adorado con la fe de un niño.

Muy pocos días antes del tristísimo 15 de febrero se celebraron las exequias de Abraham Pulido, bizarro joven que cayó en un campo de batalla, y los conservadores de Bogotá se esmeraron en tributarle extraordinarios honores. Esto provocó un decreto del señor Parra, por el que prohibía, bajo severísimas penas, todas las concurrencias y funciones de aquella naturaleza.

Esta circunstancia fue la más oportuna para que toda la parte culta de la población manifestara espontánea y solemnemente la veneración y el afecto con que miraba al ilustre ciudadado que acababa de fallecer. A las exequias de don Juan Antonio concurrió toda la gente notable de Bogotá que no andaba en fuga o en campaña, y acompañó sus restos hasta el cementerio, sin que nadie hiciese caso del bando presidencial, y sin que los agentes del señor Parra hubieran podido pensar siquiera en ejecutar el decreto, porque *la mayoría de los concurrentes era liberal.*

La prensa estaba en aquella sazón encadenada, y no se escribió una palabra para honrar la memoria del esclarecido difunto. Un periódico, el único periódico que hasta ahora se ha atrevido a escupir sobre las sepulturas, periódico que podía entonces, al amparo de las bayonetas, desbarrar y desmandarse a su sabor, seguro de que nadie le pediría cuenta de las calumnias que propalara ni de los desafueros a que se atreviese, dio cabida en sus columnas a una necrología burlesca de don Juan Antonio Marroquín». [1]

«Terminada la guerra volvió la familia a su antigua residencia de *Yerbabuena* en mayo de 1877, y a las ocupaciones acostumbradas. Matilde no tardó en concebir el designio de establecer allí un colegio de niñas para que nuestras hijas pudieran educarse en él. Abrióse el colegio al principiar el año de 1878; y como hubiésemos tenido el mayor acierto para elegir institutora, aquel proyecto tuvo el más feliz resultado. Presentóse, sin embargo, un obstáculo para que el colegio pudiera seguir en el campo, y en 1879 fue trasladado a Bogotá, siguiendo sus tareas hasta 1880.

Empecé el año corriente de 1881 con una larga temporada en Ubaque; volví de allí en abril, y hoy me hallo, como en 1875, de Presidente de la Sociedad de San Vicente de Paúl, ocupándome en cuanto lo permiten mis ya mermadas fuerzas, en los deberes de ese cargo» [2].

---

1. *Vida y carácter de don Juan Antonio Marroquín.*
2. *Apuntes autobiográficos.*

CAPITULO XII

Carácter moral.

AUTORRETRATO. — CONCEPTO DEL SEÑOR MARROQUÍN SOBRE LOS QUE ACERCA DE ÉL FORMAN JUICIO.—SU GENIAL BENEVOLENCA. — EL CULTO DE SUS ANTEPASADOS.

JUZGANDO el señor Marroquín acertadamente que con él desaparecerían muchos recuerdos y muchas tradiciones de su familia y de su propia juventud, dejó escritos los que hemos llamado *Apuntes autobiográficos* y que nos han servido de guia en los capitulos precedentes. Desgraciadamente esos apuntes no alcanzan sino hasta el año de 1881, en que los escribió.

Insertamos en el presente capítulo la parte que nos falta conocer de esa modesta autobiografía.

«A fuerza de ser como todos, y aun de ser majadero, he venido a ser un personaje enigmático. Quién me tiene sólo por hombre de negocios, y aun de los más avisados, porque habiendo tenido noticia de alguno que he hecho y que no ha salido mal, no ha tenido noticia de los cien mil que he dejado de hacer; quién, viendo que no gasto lujo, a pesar de mis relaciones con muchos que lo gastan, me califica de sabido; quién, al ver que suelo rozarme con gentes que hacen papel, imagina que yo pudiera hacerlo, pero que por una especie de filosofía, me agacho y me mantengo *procul negotiis*. Muchos, conociéndome como conservador viejo y no ignorando que he escrito cosas que se han impreso, me atribuyen la mitad de lo que sobre política se escribe. Todos, todos, todos están engañados, y lo están tanto como los que me tienen por gran literato, los que se quedarían lelos si supieran la estúpida bosteza- dera con que escucho las doctas disertaciones de mis amigos doctos sobre Virgilio, sobre Bryant o sobre Müller.

De mis amigos y conocidos, unos me oyen como a un oráculo, teniéndome por hombre de consejo, cuerdo y prudente como un Fernández Madrid, otros que no pienso sino en *volverlo todo mecha* y en ob- servar ridiculeces para escribir cosas divertidas. No es extraño: yo soy inclinado a la frivolidad y me alampo por un buen chiste o por unos versos chus- cos; no leo obra seria sino apremiado por una ne- cesidad, y he leído siempre novelas y toda suerte de libros entretenidos.

Pero al mismo tiempo he tenido el hábito de mirar con seriedad todo lo serio, y por amor propio he procurado ganar y conservar reputación de sesudo y circunspecto siempre que en ocasiones serias ha habido quien quiera oir mi dictamen. Asímismo, por amor propio, he sido cumplido y exacto hasta la ex- travagancia.

Nada tuve como mío en mi juventud; y aun des- pués de casado hubo época en que no contaba más que con veinte pesos mensuales que ganaba hacien- do clases. Pero jamás dejé de contar seguramente con que cuando la necesidad fuera seria y apurada, mi familia vendría en mi ayuda. He conocido, pues, la pobreza, casi la indigencia; y sin embargo me he asemejado a los ricos herederos que siempre han mirado a lo porvenir con serenidad y confianza.

Los principios cristianos se arraigaron en mí tan hondamente, merced a las enseñanzas, al ejemplo y a la atmósfera moral que, en lo doméstico, me rodeaba, que las peores amistades en que caí en una parte de mi juventud, no me hicieron vacilar jamás por un instante en materia de creencias.

Nunca he tocado, cantado, bailado, remedado, *ni he tenido ninguna gracia*, pero no he hecho mal papel en las reuniones, y aun ha habido temporada en que he sido mirado como el alma de algunas. De joven sobresalía en algunos ejercicios corporales y era excelente jinete. Y al mismo tiempo no podía bajarme sin que me ayudaran de una ventana adonde me hubiera subido, ni entrar en agua que me diera arriba de la rodilla.

Creo que forma parte de mi carácter cierto candor o candidez que muy pocos o ninguno habrán sospechado en mí. He tenido más propensión a creer en la buena fe de los demás de la que en estos tiempos conviene tener. He dado mucha importancia a las cosas pequeñas. Me he creído obligado a seguirles seriamente la conversación que me entablen, sea la que fuere, a cuantos prójimos me han escogido por oyente, hasta a los borrachos y a los jubilados, a quienes todo el mundo vuelve la espalda, a quienes nadie habla sino en són de mofa. Me he dejado dominar de temores y aprensiones que no suelen mortificar sino a la gente más vulgar. A los artesanos y a los ganapanes a quienes he ocupado, aunque no haya sido sino por un solo día, los he mirado como a los antiguos arrendatarios de la hacienda de la familia; he supuesto en ellos cierta fidelidad a mi persona, lo que en verdad me ha ocasionado buenos chascos.

De mi tío Juan Antonio Marroquín aprendí muchas cosas que no habría aprendido de ningún otro hombre con quien me hubiera educado; como aquello de seguirle conversación a todo el mundo, y a tratar a todo género de personas, en cualesquiera circunstancias, del modo más propio para que no vayan a quedar descontentas ni a sentirse humilladas. A entrambos nos ha costado caro algunas veces el dejarnos llevar demasiado de esa inclinación, que en ambos ha rayado en pusilanimidad.

Otro, en las situaciones en que me he encontrado, gastando cierta dosis de lo que llaman filosofía y un poco de egoísmo, hubiera podido sacar gran partido de las ventajas con que la suerte me ha brindado y habría sido comparativamente un hombre feliz. Pero, en parte por timidez, en parte por lo bueno que hubo en mi educación, en parte por haberme habituado a no pensar con mi cabeza acerca de mis propias cosas, y en parte por pereza, no he sabido sacar tal partido.

Los reveses y las tribulacoines que a mí me han afligido no han sido mayores ni más numerosos que los que caen sobre casi todos los que se hallan en circunstancias semejantes a las mías; pero mi temperamento nervioso, mi gran propensión a la melancolía y sobre todo el haber sido criado como niño mimado, me han hecho sentirme en la mitad de mi vida como un hombre desgraciadísimo. Hoy miro como cosa casual y como la menos natural el que salga bien cualquier cosa que me interese, y aun me inclino a admirarme de que dejen de venir sobre mí los reveses que he llegado a mirar como posibles.

Apenas habrá habido quien sienta más dificultad que yo para echar nones, sea a lo que fuere. Todo proyectista entusiasta que me ha escogido para colaborador en sus empresas ha hallado en mí por lo menos un oyente que ha hecho lo posible por manifestar que participa de las ideas y del entusiasmo ajenos. No pocas veces me he dejado arrastrar, contra toda mi inclinación, a tomar parte activa en la ejecución de proyectos notoriamente descabellados, y muchísimas he prometido cooperar a la realización de otros sabiendo muy bien que no había de tener después ni ánimo ni resolución para cumplir lo ofrecido. Esto me ha sucedido principalmente en empresas literarias y filantrópicas; pero no ha dejado de acaecerme tratándose de negocios y de intereses. A menudo he sido *dupa* de pillastres de mayor o de menor cuantía, y lo he sido y lo sigo siendo a ojos abiertos, merced a esa mi dificultad para decir que no. Debo esta recomendable prenda en parte a mi debilidad de carácter y en parte al amor propio, que acierta a pintarme siempre como más halagüeña la situación en que he de quedar condescendiendo que la en que quedaría echando nones.

Nada puedo emprender sin vencer primero gran repugnancia y desaliento y una especie de sueño que no es del que sirve para dormir.

Aquella misma necesidad de movimiento me ha inducido siempre a ocuparme en asuntos ajenos que me han valido para con muchos la fama de muy servicial y caritativo, y que me ha ocasionado numerosas inquietudes y muchos de aquellos pequeños sinsabores que, sin alcanzar a hacer desgraciada la vida, sí la enturbian y la hacen pesada.

A esa disposición a prestar servicios, a mi dificultad para echar nones de cualquier linaje y a otras circunstancias habría yo podido deber el tener muchos y muy adictos amigos; pero la pereza y cierto encogimiento que debo a las dificultades en que me pone la excesiva miopía, han hecho de mi el hombre menos cumplido y puntual en materia de visitas, cartas y demás atenciones sociales que alimentan los diversos afectos y relaciones que son conocidos con el nombre de amistad.

En cuanto a la amistad propiamente dicha, me juzgaría yo bastante desfavorablemente, pues no he dejado de ser olvidadizo; pero nunca, me he abstenido de defender con calor, hasta a aquellos de quienes apenas sospecho que me tienen por amigo, en toda ocasión en que delante de mí se ha hablado contra ellos. Buena tarea he tenido defendiendo siempre en conversaciones sobre política a Herrera, a Vergara, a Samper y hasta a Santiago Pérez.

Si me he calificado de poco puntual en cuanto a atenciones de mero cumplimiento, debo declarar que siempre que se atraviesa cosa formal, como cita o promesa de desempeñar encargos, soy, aunque creo que por pura vanidad, nimiamente exacto y escrupuloso. Me precio, particularmente en casa, de que a mí nada se me olvida; y a fin de no quedar mal, me valgo de arbitrios para que, aunque la memoria me sea infiel, no falte algo que en los días o a las horas que sea menester me recuerde lo que debo hacer o lo que he prometido.

Lo bueno que yo haya hecho, habrá sido resultado de una intuición, de un primer movimiento. Si tengo que pensar, o que reflexionar o que comparar las ventajas de una cosa con sus inconvenientes, necesito escribir o conversar.

Con este defecto se armoniza el de mi suma irresolución. Cuando yo tomo un partido, lo tomo, o porque ya llega la última hora en que tengo que resolverme, o porque hay influencia extraña que me determine.

Como ya lo dije, he pasado mucha parte de mi vida ocupado en cosas ajenas y en cosas menudas, menudísimas. Vivo siempre lleno de afán, pensando que lo que estoy haciendo hubiera debido dejar lugar a otra cosa más urgente. Llevo a todas horas conmigo un largo memorándum. Lo que está apuntado en él, tiene, por el hecho de estarlo, la misma importancia que tendría para mí el salvar la vida a todos mis hijos. Cada día me apuro a despachar el memorándum desde temprano, y empiezo a dar los pasos necesarios, aunque sepa a ciencia cierta que todavía no he de encontrar a las personas con quienes haya de tocar, o que aún no están abiertas las tiendas, oficinas, etc., donde tengo que hacer algo.

He gastado mucha parte de mi tiempo en corregir pruebas de imprenta, por complacer a cualquier quídam o porque salgan sin errores cosas que no me importan un bledo; en redactar avisos, convites, solicitudes y majaderías ajenas, de toda especie; y, lo que ha sido peor, en corregir ensayos en prosa y en verso de malos aspirantes a la literatura, ya porque no he tenido cara para rehusarles el servicio, ya porque he creído cándidamente que podía serles de verdadera utilidad. Tanto en tales correcciones como en la censura de escritos de mis amigos o de otras personas hábiles, he procedido siempre con conciencia, rigor y sinceridad; y jamás me han llevado a mal mi franqueza.

He tenido invencible afición a maniobras y me he preciado de diestro en muchas, siéndome más sensible que me censuren el modo como he puesto cerradura a una puerta, que el que lo hagan con una producción literaria.

¿Soy realmente cobarde como me lo he figurado siempre?

He evitado las ocasiones de experimentarlo, con tánto esmero y tánta previsión que no puedo asegurar que lo sea, ni tampoco lo contrario.

Tres veces, sin embargo, he podido probar que en caso serio e importante no me acobardo ni vuelvo la espalda al peligro.

En cuanto al valor para resistir la desgracia, puedo decir que lo poseo para lo grande y que me falta para lo pequeño. Creo que esto es lo que sucede a casi todo el mundo.

Aquel mi candor de que he hablado es rasgo tan característico de mi fisonomía moral, que no puedo omitir otros pormenores relativos a eso. Si hago que un comerciante me muestre un artículo, ya me creo obligado a comprárselo; y si pregunto a un menestral cuánto me llevaría por hacerme una obra y le hago perder tiempo en explicaciones, ya no me atrevo, sin hacerme mucha violencia, a dejar de hacer el trato con él.

Me siento obligado a conocer por sus nombres a todos los hijos e hijas de mis parientes y amigos, y me veo en penosísimo embarazo cuando me tengo que rozar con ellos y no los conozco. Tengo acá para mí la pretensión de pasar por el patriarca de la tribu, y esto no por orgullo ni presunción. Esta manía me pone en apuros que conozco son ridiculísimos, y me hace dejar de tratar a muchas familias con quienes debería cultivar relaciones.

Y no obstante ese candor, creo que no habrá nadie que esté más libre que yo de ilusiones de otro linaje. En todas las cosas veo la parte real y positiva; sobre todo la parte que pueda tener la flaqueza humana. La parte ridícula de las acciones humanas se me presenta tan pronto que si yo fuera escritor o poeta satírico, o si tuviera lengua maldiciente, sería un azote de la sociedad. Por fortuna no sólo carezco de dotes que hagan temibles mi ingenio y mi lengua, sino que a esa fácil percepción de lo ridículo se une en mí un sentimiento mezclado de lástima y de vergüenza por los demás, que me hace mirar como una indignidad aun formular para mí solo la sátira o la zumba. Lo que pueda calificarse de satírico entre lo que yo he escrito, va siempre dirigido contra clases numerosas y jamás contra personas determinadas.

De tal modo me domina el respeto y el amor a mis mayores, que creo sentir que ellos son los que viven en mí o que yo soy un sér en quien ellos se han transfundido. No me hallo en mi centro sino viviendo donde ellos vivieron y usando de las cosas de que ellos usaron. Quisiera que en mi casa todo fuera reproducción o copia fiel de lo que era la casa de mis abuelos. Nada es para mí más disonante que los usos nuevos que por inevitable necesidad de la época se introducen en casa.

Cuando en algún rato me siento bien desocupado, bien dueño de mi tiempo y de mi persona, lo que me pide el cuerpo y lo que realmente me pongo a hacer muchas veces, es repasar papeles antiguos de la familia, sobre todo las cartas que se han conservado. Con ese entretenimiento me harto de la melancolía a que soy tan inclinado y satisfago ese deseo de sentirme como si viviera con mis antepasados».

CAPITULO XIII

Juicios críticos.

ARTÍCULOS DE COSTUMBRES.—ES-
TUDIOS BIOGRÁFICOS. — POESIAS.—
VARIOS CONCEPTOS SOBRE LOS ES-
CRITOS DEL SEÑOR MARROQUÍN.—
«LA PERRILLA» EN LA ACADEMIA ES-
PAÑOLA.

NTES de seguir adelante en la relación de la vida del señor Marroquín, queremos hacer una breve reseña de sus escritos en prosa y en verso, pertenecientes a lo que podemos llamar su primera época literaria y ofrecer al lector alguna muestra del juicio que sobre ellos han emitido notables escritores.

De sus obras didácticas y de sus escritos académicos ya hemos hablado en el lugar correspondiente.

Lo demás que salió de la pluma del señor Marroquín puede reducirse a tres géneros: artículos de costumbres, estudios biográficos y poesías.

No se ha publicado aún una colección completa de sus obras, y ellas andan diseminadas en periódicos y revistas. No hubo empresa literaria entre nosotros durante la época a que nos referimos que no contara a don José Manuel entre sus colaboradores. Por esta razón hallamos escritos suyos en *El Mosaico, La Biblioteca de señoritas, La Caridad, El Zipa, El Repertorio Colombiano, El Repórter Ilustrado* y en otras revistas más recientes; y en diarios como *El Tradicionista, El Catolicismo, El Conservador, El Comercio* y muchos otros.

El señor don Miguel Antonio Caro editó en 1875 en la imprenta de *El Tradicionista* las *Obras esco-*

gidas de José Manuel Marroquín; y algún tiempo antes habían sido publicadas sus poesías, que
forman uno de los tomos del *Parnaso Colombiano.*

El *Papel Periódico Ilustrado* y la *Biblioteca Popular*
reprodujeron en tiempos posteriores algunos de
sus escritos.

Por último, en 1908 el doctor José Vicente Concha
editó una nueva colección de artículos del señor
Marroquín, bajo el título de *Nada Nuevo* [1].

«El artículo de costumbres, dice el señor Marroquin, género que primó aqui y en todos los paises
españoles hasta hace algunos años, y que tan soco-
rrido fue para cuantos sentíamos comezón de escribir
y no estábamos para emprender trabajos de aliento,
ha caído en desuso sin que pueda saberse por qué
motivo.

A los artículos de costumbres han sucedido los
cuentos, género hoy cultivado con grande afición en
todas partes, y propio para satisfacer la necesidad
de entretenerse con lecturas amenas pero breves, que
puedan despacharse durante un viajecito en tren o
mientras está uno en manos del peluquero» [2].

1. En la *Bibliografía Colombiana* de don Isidoro Laverde Amaya (1895)
puede verse un catálogo de los escritos del señor Marroquín. No se citan
allí sus trabajos biográficos, entre los cuales deben mencionarse especialmente, además de los que hemos reproducido en parte al principio de este
libro, las biografías del Virrey Solís, del doctor Francisco Margallo, de don
Francisco Antonio Moreno y Escandón, de don José Manuel Restrepo, de
don Andrés María Marroquín, de don Ignacio Gutiérrez Vergara, de don
Alberto Urdaneta, de don Rafael Alvarez Lozano y de don Ricardo Carrasquilla.

2. Prólogo de las *Escenas de la Gleba.* 1899.

Sin negar la juiciosa observación del señor Marroquín, debemos confesar que a aquel género pertenecen muchas obras de nuestros antiguos escritores, de indiscutible mérito.

«Un ramo que ha gozado de la particular predilección de los colombianos, y quizá el más cultivado después de la poesía lírica, es el de cuadros de costumbres, género que ha servido como de escuela preparatoria en donde todos hemos aprendido a tener gusto por las producciones de los talentos colombianos.

Ahí están, como pensador de alta escuela, de donairoso y expresivo decir, Juan de Dios Restrepo; como ameno, culto y espiritual narrador, José Caicedo Rojas; como observador sagaz y ocurrente, Medardo Rivas; como inmortalizador de recuerdos de antaño, Rafael Eliseo Santander; como epigramático, José David Guarín; como original y delicado en sus pinturas, Ricardo Silva; como lleno de sal ática, José Manuel Marroquín; como sentimental, gracioso y de retozón ingenio y exquisita variedad, José María Vergara y Vergara»[1].

Juzgando en particular los escritos de don José Manuel Marroquín, dice don José Caicedo Rojas:

«El señor Marroquín, con los ojos fijos en las tradiciones de la lengua, bebiendo en las fuentes puras de ella y acatando, así la autoridad de los maestros,

---

1. Isidoro Laverde Amaya. *Revista Literaria*. Mayo, 1890.

como los legítimos fueros del uso, sin dejar por eso de hacer estudios que puedan contribuir a la labor que tienen siempre entre manos esos mismos maestros, de introducir discretas mejoras en el habla; y sin rayar tampoco en el extremo de afectación y culteranismo, ha sabido mantenerse a la altura conveniente, hermanando sin esfuerzo un estilo flúido, claro y fácil, con un lenguaje digno y culto; todo ello sazonado con el donoso y oportuno chiste, con el buen gusto y delicadeza, que son como la salsa y condimento de todo género de escritos. Este es el colorido constante de los suyos, semejantes por la mayor parte a aquellos risueños cuadros flamencos en que se ven trasladadas al lienzo las escenas apacibles de la familia o de la vida del campo.

Si echamos una ojeada sobre sus artículos de costumbres, veremos con cuánta facilidad y gracia corre su pluma, la cual, a la fidelidad y exactitud, reúne la pureza y corrección del que por largos años ha cultivado las buenas letras. Parécenos estar leyendo a Fray Luis de Granada, Pérez de Hita o Jovellanos, cuando en sus *Recuerdos del campo* rompe con estas lineas de un sabor clásico exquisito: "El campo, mansión natural del hombre, asiento de la poética soledad, jurisdicción de los libres vientos, patria de todo lo que nace, vive y se desenvuelve por sí mismo; fondo de los más soberbios cuadros que pinta la naturaleza; paseo de los ríos majestuosos y de las fuentes murmuradoras, es un cielo anticipado, una *sucursal* del paraíso. El campo, tierra de aquellas aguas que no forman *ramo*, y que corren sin que la Municipalidad corra con ellas: el campo, negación de la jaula para el pájaro.... etc." » [1].

Concuerda con estos conceptos lo que en ocasión memorable dijo del señor Marroquín quien más se ha distinguido últimamente entre nosotros por su amor a lo castizo, don Diego Rafael de Guzmán:

«Empleó su lozana imaginación en escritos de diversa especie, sobresaliendo en la narración de la vida ordinaria, de donde sacaba reflexiones que complacían por su novedad y exactitud, al par que por la dicción pulcra ajustada a los moldes del genuino castellano.

En cuadros literarios moteja con donaire los desvíos de nuestras costumbres, y hay que reconocer que con ello corrigió no pocas ridiculeces y corruptelas de esta sociedad, entre las cuales han de computarse muchas de lenguaje y de estilo. De sus escritos, siempre esmerados en la forma, variados en sus escenas, de realismo candoroso, se desprenden cuadros que Velásquez habria tomado para su pincel por la realidad de las figuras y la disposición de los asuntos que ofrece la decoración.

El género biográfico-histórico fue asunto grato a la pluma de aquel autor. El rasgo de la vida del Virrey Solís, con ser no más que un episodio de la vida colonial, es narración interesantísima en que,

---

1. Prólogo de las *Obras escogidas* de J. M. Marroquín, 1875.

dispuestas las partes artísticamente, se ofrece un conjunto de elegante estructura.

El carácter de los personajes que muestra el autor en sus escritos biográficos y artículos varios, está siempre delineado con exactitud. Aun en esbozos breves y rápidos quedan las figuras bien determinadas, como sucede en ciertos croquis de líneas a lápiz, trazadas como a la ligera, que no sólo son muestra gráfica sino trasunto del espíritu de aquéllas.

La seriedad de este autor anduvo bien avenida con el ingenio festivo y aun juguetón que se advierte en ciertas producciones, cuya popularidad ha convertido en proverbios, originalidades felices de las allí contenidas» [1].

Juzga también muy favorablemente al señor Marroquín como biógrafo, el doctor Rafael Maria Carrasquilla, a propósito de los *Apuntamientos sobre Ricardo Carrasquilla.*

«Nada como este escrito, dice el actual ilustre Director de la Academia Colombiana, hace brillar las singulares dotes del señor Marroquín como observador, como sicólogo, como crítico y aun como hablista. Esos apuntes son el retrato fidelísimo de una alma, la evocación de un hombre, que vuelve al mundo de los vivos veinticinco años después de su muerte; es, en lo literario, lo que en lo pictórico la imagen de mi padre pintada por Epifanio Garay, que conservo en la sala de mi casa.

1. Informe del Secretario de la Academia Colombiana, 1910.

No piensa y escribe así sino un observador profundo y perspicaz, un conocedor de almas. Y si retratar a cualquier persona con la pluma es magna empresa, sube la dificultad de punto al tratarse de quien, como mi padre, fue un carácter lleno de contrastes: no ejemplar de una clase entera, ni tampoco provisto de notas acentuadas que lo distinguieran fuertemente del común de los hombres. El señor Marroquín elige el rasgo, la anécdota que basta a su propósito; no insiste, no retiñe. Es el *ne quid nimis*, secreto principal del arte griego.

En la forma externa, las *Especies sueltas sobre Ricardo Carrasquilla* están redactadas sin preocupación ni esmero, con desaliño y repeticiones de vocablos y giros. Pero allí se siente el hablista castellano, se palpa lo que yo sabía y el público ignoraba acaso: que aquel acervo de locuciones y cláusulas que brillan en los escritos del señor Marroquín, no fueron buscadas en el diccionario, sino fruto de la lectura, desde que el autor tuvo uso de razón, de los grandes autores castellanos, con quienes se connaturalizó, hasta hacer propio su lenguaje» [1].

No podemos dejar de insertar aquí dos cartas, que si bien es cierto pudieron ser inspiradas por la amistad, dan testimonio del altísimo concepto en que tenían sus autores los escritos del señor Marroquín.

---

1. **Revista del Colegio Mayor de Nuestra Señora del Rosario.** 1911.

Ausente don José María Vergara y Vergara en París, escribió a don José Manuel, quien se había consagrado a las faenas de institutor:

«Tengo empeño en que des a luz tu tomo de artículos y el de tus cuentos escogidos. Espero que a la fecha ya habrás empezado esos trabajos. Me apeno cuando pienso que te empleas en otras cosas, en vez de enseñarnos a nosotros los grandes, que valemos más que los chicos, cómo se escribe prosa española» [1].

Y no menos expresiva es la siguiente carta:

«París, 7 de diciembre de 1867.

Mi queridísimo amigo:

. . . .

He leído con indecible placer tus versos tan correctos y traviesos; tu admirable prosa, y, sin lisonja, tus escritos serían prohijados con orgullo por el más ilustre literato de la Peninsula.

. . . .

Tu compatriota que te ama de corazón,

J. M. TORRES CAICEDO»

Podríamos multiplicar los juicios emitidos sobre la obra literaria del señor Marroquín dentro y fuera del pais; pero no podemos detenernos más, dado el carácter de este libro. No omitiremos, sin embargo, el hacer mención del honrosísimo elogio con-

---

1. 10 de enero de 1870.

tenido en *La América Poética,* colección de poesias selectas americanas, publicada en 1875 en
París por don José Domingo Cortés:

«Marroquín es el primer hablista de Colombia.
Tiene una rara erudición del idioma español, y es
en sus escritos castizo y elegante».

———

También dejó el señor Marroquín un tomo de poesías
que fue publicado en 1867, y reimpreso y aumentado en 1875 por los redactores de *El Tradicionista.*
Si tuviéramos que emitir juicio sobre el señor Marroquín como poeta, nos declararíamos desde luego
inhábiles y desautorizados para hacerlo, por muchos motivos. Afortunadamente podemos insertar aquí el juicio emitido por quien mejor podía
hacerlo, por el poeta laureado de Colombia, don
Rafael Pombo.

«Por cristianismo, por caridad, por buena educación, por huir de sí, como el que usa limpiadientes
para hacer creer y creer él mismo que ha comido,
o como el que no puede sufrir su casa y huye de
ella a regocijarse en la ajena, vive Marroquín delei-
tándonos con su culto y bien intencionado chiste que
sólo a él no hace reir. Por el mismo impulso cen-
trífugo gusta mucho de la comedia y la novela, pero
entendemos que Bretón, Walter Scott, Julio Verne,
Fernán Caballero y demás autores no deletéreos son
o fueron sus favoritos. El Marroquín interior y cons-

titucional no aparece sino en la sustancia y designio de lo que escribe con otra intención que de chanza, en sus conferencias religiosas y de beneficencia, y en su constante andar en misión de la Sociedad de San Vicente de Paúl, de la cual es miembro principal desde que se fundó; y aun ha solido presidirla. Esta ocupación, y la no menos piadosa de institutor de la juventud, creemos son las únicas que lo han entretenido seriamente, aunque las gentes lo creen (y acaso él mismo) aventajado ganadero y agricultor. El chiste es en él arbitrio docente, y de particular eficacia entre nosotros, espíritus romos para lo serio y formal.

Aparte de su objeto de varia enseñanza, cuanto sale de su pluma es ejemplar por el lenguaje, por el ingenio, por el buen gusto y por la discreción, el chiste inocente y limpio y la delicadeza, que son, sin necesidad de firma, su *marca de ¡fábrica*. Ha usado por seudónimo *Pedro Pérez de Perales* o *P. P. de P.* Si por algún lado favorable (pues no todos le harían favor) ha merecido alguna vez Bogotá el sobrenombre de *Atenas* sudamericana, creemos que, hecha una severa liquidación, vendrán a ser los escritos de José Manuel Marroquín uno de sus títulos justificativos.

La prosa del señor Marroquín aventaja con mucho a sus versos. Siendo la poesía, en su atribución especial, el ministerio de fomento de la pasión y de las ilusiones, mal puede clasificarse de poeta en el sentido eléctrico e inflamador de esta palabra—fa-

milia sediciosa, soñadora, desequilibrada y aun sin-
dicada de caso patológico—al escritor cuya preciosa
especialidad y cuyo poder benéfico es precisamente
la impasibilidad, la ausencia de toda ilusión mundana, la facultad y misión más bien evangélica de
despojar la farsa social de sus caretas, y el comercio de la vida de su tren ruinoso de vanidades. Tal
es la tendencia cardinal de cuanto escribe Marroquin; de aquí su influencia moral y el particularísi-
mo dón de consejo que todos sus amigos le recono-
cemos, pues conoce la vida hasta en sus puntadas
minimas, como por la más espinosa experiencia. En
lo característico, más bien que poeta es contrapoe-
ta, y su empresa, la cristiana divisa de sus obras,
Vanitas vanitatum et omnia vanitas. Los jóvenes, y
sobre todo las muchachas, se desviven por las modas y la alucinación; Marroquín debe de ser más
popular entre los escarmentados y maduros. El cho-
carrero espejo parlante no agrada a los miramelin-
dos.

Una cosa inferirán de aquí rectamente los lectores, que Marroquín, en vez de ser de los que se quedan atrás, se adelantó a su época. En el ideal del
arte y de las letras hoy todo es Realismo y Naturalismo, ésa es la moda, ésa la balanza crítica del
día. Nuestro querido autor ha estado toda su vida
escribiendo realismo sin que él ni nosotros lo sos-
pecháramos; pero no realismo de mala ley, de sór-
dida especulación con la bestia humana, sino, al contrario, el de reducirla a su jaula sin los disfraces

con que anda usurpando el puesto y las regalías del espíritu verdaderamente libre y de la sana razón.

José Manuel, como Cervantes, es más bien poeta en prosa que en verso: dígalo su frondoso y balsámico artículo *Recuerdos del campo*, cien veces más sentido e individual que el romance endecasílabo *La vida del campo*, aunque ambos son expansiones de amor a su hacienda de *Yerbabuena*, lo único terreno a que él parece aficionado, pero quizá no tanto porque allí ha *escondido* su vida y su felicidad, sino porque allí desea y espera morir, "y en ella querria que viviesen y muriesen sus hijos." Tan así es, que con su cultura y medios, jamás le ha dado tentación de ir a Europa, y su mayor declinación de Bogotá (o sea de *Yerbabuena)* ha sido hasta Tunja, ciudad que le agradó mucho por legendaria y triste. Y hoy mismo en *Yerbabuena*, sabiendo que estamos carpinteando su efigie con más amor que conocimiento, no hemos logrado que venga a ponérsenos de presente y responder al interrogatorio del caso, de suerte que aqui no hay una palabra de autorretrato o autobiografía, y sabe Dios cuánto fantasearemos al verdadero sujeto. Cúlpese a sí mismo.

El ritmo sentimental, los graciosos cortes y cadencias que jamás en su prosa echamos menos, en sus versos suelen faltar, lo mismo que a Cervantes acontece. En compensación, como Cervantes, por el constante careo de su idealista héroe con Sancho Panza, Marroquín nos administra efectos no sólo cómicos, sino trágicos y terribles, a lo Shakespeare o Víctor

Hugo, que resultan del choque entre la bambolla mundana y la sensata realidad, choque cuyo alumbrador relámpago es alguna vaya soberana, talvez grotesca. Ejemplo de esto: *El entierro de mi compadre, artículo de requiem*, lo mejor y más apurado de Marroquín de cuanto suyo hemos recordado en estos días. Como el asunto es de muerto, él allí está de huelga, sus chistes se desatan en una danza macabra, se le hace la boca agua al autor imaginando que él es el difunto, y toca, por consiguiente, en la cumbre de poesía que le corresponde. Comprobando la infalible ley del similia, al contacto del hielo de la muerte se cura de su único mal, se calienta, se enciende, se entusiasma; el arranque es ya una explosión. *«Quisiera empezar doblando»;*... prorrumpe en elocuencia, no sólo en poesía; y desmintiendo al excelente bocetista que dijo que es muy lento en su producción, los lectores, como nosotros, reconocerán que esta vez por lo menos escribió arrebatado y sin levantar la pluma.

También escribiendo en verso, el frio de la muerte le inspira en ocasiones verdadera y cadenciosa poesía. Así en su silva *La vida y la muerte* nos dice:

> *Si los que fueron campos de batalla*
> *Recorréis algún día,*
> *En donde viereis más florido el césped*
> *Alzad al cielo una plegaria pía.*

Asimismo fue generalmente la muerte el numen feliz del célebre poeta norteamericano Bryant, sin perjuicio de haber ensayado el chiste contra los concejales de Nueva York y los mosquitos de Nueva Jersey.

A propósito de idealidad, justo es también reconocer que su romancillo *La serenata* es clásico en su género, y que realiza con primor, en palabras, la idealidad del borracho hasta donde es diversión y no plomo para el auditorio.

El género a que más se inclina en verso es el de chascarrillos o propiamente chascos, cuentos de aparato que paran en nada, como *La Perrilla;* ni en prosa los excusa, como el *Fragmento curioso de «El Carnero».* Y cuanto a recursos de vocabulario y rima, no recordamos que Bretón de los Herreros haya excedido el esfuerzo de su romance *A Ricardo Carrasquilla*, de ochenta y siete asonantes en *ii* con muy pocos repetidos. En lo serio, dos gotas suyas, *El agua* y *Cómo entra y sale el agua del Boquerón*, valen dos fuentes de filosofía; y en su arriba notada especialidad de contrapoesía, véanse *Las estrellas*, libreto de ópera en cuatro páginas, que está *bostezando* por un compositor. Excusado es elogiar sus famosos *Estudios sobre la historia romana*, cuadro humorístico en verso de fiestas colombianas trasladadas a Roma en los días del rapto de las sabinas, pintura realista, de verdad, amenidad y concisión admirables, rica en chistes socarrones de primer orden.

Perdónenos el ya nombrado Cervantes si osamos elegirlo de holocausto en postrimer tributo de justicia a José Manuel Marroquín. Creemos que el profundo autor del *Ingenioso Hidalgo* daría todos sus versos, como nosotros nuestros centenares de *Fábulas y Verdades*, por una sola del autor de *La Perrilla*, mas no por esa bagatela que, olvidando otras mejores, se le ha convertido en bautismo y hoja de servicios. Nada quizá más inspirado y al grano, nada más enérgico y matemático, amén de su castellanísimo lenguaje, que la siguiente fabulilla, publicada en 1880, cuya justicia de aplicación desde luego no es absoluta:

LAS TIJERAS

Cada pieza de metal
De las dos de una tijera
Le embiste a su compañera
Sin hacerle nunca mal.

Cuando la una a la otra ataca,
Lo que entre ellas se coloque
Es lo único que del choque
Todo el detrimento saca.

Pues de no distinta suerte
Los señores abogados
Cuando alegan en estrados
Parecen batirse a muerte.

Pero pasa el alegato
Y.... tan amigos como antes;
Los señores litigantes
Son los que pagan el pato» [1].

---

1. R. Pombo, *Biografía de J. M. Marroquín*.

La mayor parte de sus poesías las escribió el señor Marroquín en la primera mitad de su vida. Una que otra hizo después, como la que llamó *A Yerbabuena*, hecha en 1893, y sobre la cual escribió el mismo don Rafael Pombo el siguiente juicio:

«UNA POESÍA DE MARROQUÍN

Una nueva poesía de José Manuel Marroquín tiene que interesar a nuestro público, cualquiera que sea su valor poético, porque es una moneda más de su caudal literario, del cual todos somos usufructuarios y herederos; porque es en verso, ramo en que comparativamente ha sido avaro; porque, como de tal hablista, siempre nos enseñará algo de buen casteno, si no de otros ramos más importantes; y, sobre todo, interesa a los que, por conocer y amar al hombre, deseamos vivamente conocerlo más; y a todos los curiosos de caracteres y almas, porque cada producto del espíritu, y en especial los métricos, son psicotipos, autopsicografías, en que, quiera o no quiera, algo o mucho queda estampado de lo esencial del autor, como del molusco en su molde sepulcral. Y como Marroquín es una excelente especialidad del género bueno, como hombre, literato, filósofo y cristiano, siempre el que lo analice al través de su pluma puede estar seguro de ganar por lo menos un buen ejemplo.

Este romance consagrado a *Yerbabuena*, la antigua hacienda de la familia Marroquín, se presta particularmente para la pesquisa interior de que hablamos, pues es quizá la más autobiográfica e íntima de sus composiciones en verso hasta la fecha conocidas; y aunque sea un juguete bien inferior a otros suyos como esfuerzo literario, el sobresalir en ese *registro* íntimo no solamente le asigna una ventaja moral, sino también la ventaja poética de la verdad propia, de la sinceridad, el tono en que la voz de todo autor es más penetrante.

Ya en otra ocasión hemos dicho que la muerte es su numen favorito y el que acentos más poéticos le ha inspirado; y este mismo romance es un documento de ello que ignorábamos y que, en su último trozo especialmente, justifica la segunda parte de nuestra afirmación» [1].

En la Memoria que presentó don Juan Eugenio Hartzenbusch a la Academia Española de la Lengua en 1872, en la cual habló de la Academia y de la literatura colombianas, dice aquel ilustre académico:

«Para terminar nuestro mal compaginado escrito con algo agradable en el lenguaje de las Musas, ofrecemos a este auditorio una composición del señor don José Manuel Marroquín. La humildad de su título: *La Perrilla*, manifiesta desde luego que no perfenece al género sublime».

1. *El* Correo *Nacional*, abril 20 de 1894.

Aquí inserta el señor Hartzenbusch la composición citada, que concluye:

Aquella perrilla, sí,
Cosa es de volverse loco,
No pudo coger tampoco
Al maldito jabalí.

Y añade para terminar:

«Inesperada conclusión que recuerda la de un soneto de Lope:

Y en este monte y líquida laguna
Para decir verdad como hombre honrado
Jamás me sucedió cosa ninguna» [1].

---

1. *La Caridad*, año de 1872.

CAPITULO XIV

Rectorados.

PROYECTO DE UNIVERSIDAD CATÓ-
LICA EN 1876. — MONSEÑOR JUAN
BAUTISTA AGNOZZI. — MUERTE DE
DOÑA MATILDE OSORIO.—EL CON-
CURSO DE LOS DIEZ.—LA REAL ACA-
DEMIA DE LA HISTORIA.—EL COLE-
GIO MAYOR DE NUESTRA SEÑORA
DEL ROSARIO.—VIAJE A TUNJA.

LA instrucción pública fue sin duda la más constan-tante de las preocupaciones del señor Marro-quin, y a ella consagró la mayor parte de su vida. Ya hemos hablado de sus colegios privados y de su colaboración en algunos otros. Tocáronle épocas de lucha y quiso tomar parte en ella fun-dando en 1865, en asocio del doctor Manuel María Mallarino y de los señores José Joaquín Ortiz, Ricardo Carrasquilla, José María Vergara y Vergara y Diego Fallon, una *Sociedad de estu-dios religiosos* que tenía por objeto dar en pú-blico conferencias para combatir las ideas anti-religiosas y propagar las buenas doctrinas.

Más tarde, el 11 de abril de 1876, reunió en su casa diez o doce de los personajes más importantes de aquella época, y les manifestó que

«el objeto de la reunión era discurrir si se podría llevar a efecto la fundación de una Universidad Ca-tólica, empresa para la cual un individuo ofrecía la suma de cuatro mil pesos. Discutido largamente el punto, se acordó nombrar una comisión compuesta de los señores Juan Antonio Pardo, Carlos Martínez Silva y Juan Antonio Marroquín para que hablara con el señor Arzobispo sobre el proyecto, a fin de averiguar si lo aprobaba y juzgaba que en las actuales circunstancias podría realizarse.

La comisión nombrada habló con Su Señoría Ilustrísima el 13 del mismo mes, quien acogió con entusiasmo la idea y encargó a los mismos miembros de la comisión que discurrieran los medios de llevarla a cabo y le indicasen las personas a quienes podría citar con aquel objeto a una junta general». [1]

La revolución de aquel año puso fin a tan hermoso proyecto.

———

Desde que salió de Colombia Monseñor Miecislao Ledochowski, Internuncio Apostólico, expulsado por el Gobierno liberal de don Tomás Cipriano de Mosquera, nuestras relaciones diplomáticas con la Santa Sede habían quedado interrumpidas.

Cuando ya, apaciguada la persecución religiosa, soplaban otros vientos, reanudáronse aquellas relaciones y vino a Colombia como Delegado Apostólico el Excelentísimo señor don Juan Bautista Agnozzi.

A poco de estar entre nosotros se propuso, con loable actividad, remediar la mayor de las necesidades sociales y religiosas del país. Convocó a su palacio a varios hombres eminentes por medio de la siguiente invitación:

---

1. Archivo del señor Marroquín.

Señor:

Desde que llegué a esta ciudad me ha llamado seriamente la atención la enseñanza que en la Universidad Nacional, el Colegio del Rosario, la Escuela de Agricultura y muchos colegios oficiales de los Estados se da de una manera tan adversa a la fe católica y a la sana moral. Por esto, al mismo tiempo que procuro obtener del Gobierno que se provea por medio de un arreglo conveniente a esta imperiosa necesidad, he creído muy del caso proponer a los buenos católicos, especialmente a los padres de familia, la fundación de una Universidad Católica que contrarreste los funestos efectos, que ya se palpan, de la enseñanza de aquellos establecimientos. Con este fin, aprovechándome de la presencia de tres respetables Obispos en Bogotá, deseo tener con ellos, con los directores de los buenos colegios de la ciudad y con otras personas distinguidas, una conferencia sobre este importantísimo negocio.

Invito por tanto a usted a que se sirva venir a mi casa de habitación el día 9 del corriente mes, a las 11 a. m., con el objeto de tratar acerca de dicho asunto.

Me suscribo atento servidor de usted,

J. B. AGNOZZI,
Delegado Apostólico.

Al señor don José Manuel Marroquín».

En aquella reunión y en otras posteriores, a las cuales fueron invitados el Ilustrísimo y Reverendísimo señor Bonifacio Toscano, el Presbítero doctor don Bernardo Herrera Restrepo, don Ricardo Carrasquilla, don Carlos Martínez Silva, don Ramón Guerra Azuola, don Miguel Antonio Caro, don Víctor Mallarino y don José Manuel Marroquín, quedó acordado fundar una Universidad Católica en esta ciudad para bien de toda la República, y nombrar Rector de ella a don José Manuel, como le fue comunicado en la siguiente nota:

«Bogotá, 17 de octubre de 1883

Al señor don José Manuel Marroquín.

Muy señor mío:

En la reunión del 14 del corriente, entre varias disposiciones concernientes al proyecto de una Universidad Católica, ocupaba el primer lugar la del nombramiento de Rector para la misma, y usted fue uno de los señores propuestos por unanimidad de votos para un destino tan importante y honorífico.

Perteneciendo este nombramiento a la Delegación Apostólica, y habiendo considerado lo que se discutió y las relaciones individuales de los que fueron propuestos, he tenido a bien fijar mi elección sobre usted. Por tanto, con la presente carta le confiero dicho nombramiento, interesándolo vivamente se sirva aceptarlo, superando toda dificultad que pudiera impedírselo.

Una contestación de usted en este sentido me dejará vivamente agradecido, y con la confianza que tengo de obtenerla, en vista del grande interés que usted tiene por la sana y completa instrucción de la juventud colombiana, congratulándome, me suscribo de usted muy atento servidor,

J. B. AGNOZZI,
Delegado Apostólico».

Aceptó el señor Marroquín tan honroso nombramiento, bien que previendo las dificultades con que en breve habría de tropezar. Consagróse a aquella ruda tarea con todo el ahinco que él acostumbraba en tales empresas, hasta el punto de dejar partir sola a su esposa, quien iba a buscar salud fuera de Bogotá, cuando ya se habia agravado mucho la enfermedad que muy poco después la llevó al sepulcro, y de resistir a las instancias con que ella le llamaba a su lado.

Esa necesidad de alejarse de Bogotá y otras dificultades de orden diferente, obligaron al señor Marroquín a presentar repetidas veces renuncia de aquel cargo, la cual finalmente le fue aceptada dos dias después de la muerte de doña Matilde Osorio, en los siguientes términos:

«Muy señor mío:

Hace algunos meses, a causa de la muy grave enfermedad de su señora, me escribió usted varias cartas para darme la renuncia del Rectorado de la Universidad Católica, deseando descanso y alivio en cir-

cunstancias tan penosas de usted y su familia. Ul-
timamente, el día 15 del corriente, me anunció que
su renuncia estaba vigente y que no se consideraba
como Rector.

Usted sabe la estima y aprecio que yo tengo de
su persona en el interesante oficio que le he enco-
mendado, y por eso contestando a sus primeras cartas le indicaba el empeño que yo tenía en no aceptar tal renuncia, esperando que cesasen las causas
que usted tenía para presentarla.

No habiendo sucedido así, y en vista de lo que me
escribe en su última carta, me veo a mi pesar obligado a acceder a la solicitud de usted, y para ese
efecto le escribo la presente, aceptando su indicada
renuncia y dándole las más expresivas gracias por
todo lo que ha hecho en favor de la Universidad.

Todo lo que se refiere al cargo mencionado, usted tendrá la bondad de enviarlo a esta Delegación
Apostólica para que yo pueda entregarlo al señor
Miguel Antonio Caro, a quien nombro provisional-
mente para el oficio de Rector de la misma Universidad, hasta nueva reunión de los Consejeros.

Muy atento servidor de usted,

J. B. AGNOZZI,
Delegado Apostólico.

Bogotá, 22 de marzo de 1884» [1].

---

1. Archivo del señor Marroquín

Vino entonces para don José Manuel lo que él mismo llama «el dolor supremo». El 20 de marzo de 1884 vio morir a la que habia sido compañera de su niñez y que poco después vino a ser compañera de su vida. Ya hemos visto qué sentidas frases le inspiró esa desgracia y qué herida tan honda la que abrió en su alma. Si él la lloró sinceramente, lo acompañó en aquel dolor la sociedad entera.

«Un nombre tan popular como querido, se ha pronunciado con tristeza general en estos días, y repetido con interés mayor que nunca por todas las clases y condiciones de nuestra sociedad. Ese nombre, rodeado de la doble aureola de virtud y de modestia con que brillaba, asociado siempre a toda obra grande de beneficencia, a todas las empresas de caridad, a todo lo que se relacionara con los desgraciados y con los intereses de los pobres de cuerpo y de espíritu, de los desvalidos y los huérfanos, de quienes era esperanza y alivio, aunque sin ruidosa ostentación, es el de Matilde Osorio de Marroquín. Hablar de las grandes virtudes y de las raras prendas de esta señora, que poseía en alto grado el difícil arte de hacerse amar, sería repetir lo que todos saben, y la pluma es impotente para expresarlo» [1].

Sobrellevó don José Manuel aquella pena con cristiana resignación, y pudo verse entonces por el número y la calidad de los testimonios de condo-

---

1. *El Conservador*. Marzo de 1884.

lencia que recibió, qué puesto ocupaban tanto
doña Matilde como él en el corazón de los bogotanos. Como muestra, reproducimos en seguida las siguientes cartas:

«Bogotá, marzo 21 de 1884.

Señor don José Manuel Marroquín —Presente.

El doloroso golpe que acaba de herir el corazón
de usted y que ha llenado de luto su enantes ven-
turoso hogar, resuena de uno a otro extremo de esta
capital, por tántos años acostumbrada a ver en usted
y en su digna compañera un solo corazón y un pensamiento en la infatigable práctica del bien en todas
sus manifestaciones, y muy en particular en la enseñanza y la beneficencia.

Ligados a usted por los sentimientos de una verdadera estimación, no podemos menos, al ver desaparecer a su ejemplar y digna esposa, que dirigir
a usted por medio de la presente manifestación nuestra profunda condolencia en la pena con que ha sido
probado su espíritu, elevando nuestros votos a la
Providencia, dispensadora de las misericordias, por
su resignación y consuelo.

*J. B. Agnozzi, Delegado Apostólico; Manuel Ca-
nuto, Obispo; José Antonio Soffia, José Joaquín Ortiz,
Joaquín Pardo Vergara, Presbítero; José Caicedo Rojas, Rafael Pombo, Rafael María Carrasquilla, Presbítero; Lázaro María Pérez, José Joaquín Pérez, Francisco García Rico, Pantaleón Gutiérrez Ponce, Gon-*

zalo *Ramos Ruiz, Aníbal Galindo, Diego Rafael de Guzmán, Heliodoro Ruiz, Salvador Camacho Roldán, Manuel María Pardo, Carlos Balén, Manuel Pombo, Diego Fallon, Manuel Antonio Angel, Santiago Pérez, Vicente Restrepo, Demetrio Porras, Francisco Eustaquio Alvarez, Sergio Arboleda, Benigno Barreto, José Domingo Ospina Camacho, Federico Patiño, Vicente Ortiz Durán, José Ignacio Gutiérrez, Miguel Antonio Caro, Rufino Gutiérrez, Manuel José Ortiz Durán, Enrique Restrepo G., José María Rubio Frade, José Manuel Restrepo Sáenz, E. Pardo, Máximo A. Nieto, José María Ortega P., Ricardo Carrasquilla, Ricardo Silva, César Medina, Carlos Martínez Silva, Marco Fidel Suárez, José E. Caro, Jorge Roa, Carlos Eduardo Coronado, Marco A. Pizano, Dionisio Mejía, Jerónimo Argáez, Rito Antonio Martínez, José María Mallarino, Venancio G. Manrique, F. de P. Carrasquilla, A. B. Cuervo, Marcelino Posada, Rafael Ortiz, Bernardo Martínez, Juan de Brigard, Manuel Umaña e hijos, Manuel Briceño, Diego Suárez F., Alejandro Herrera R., Carlos Borda, Daniel Valenzuela, Bernardo Herrera, Alberto Urdaneta, Nepomuceno Santamaría, Remigio Martínez, Jesús Casas Rojas, D. E. Coronado, Teodoro Valenzuela».*

——

«Señores y amigos:

A la satisfacción que he experimentado leyendo la carta que me dirigisteis con motivo de la tribulación que me aflige, no le ha faltado para ser una

19

de las mayores de mi vida sino haber sido gozada en unión de mi llorada compañera.

Al ver la parte que tantos amigos toman en mi pena, he hallado que en mi corazón, aunque reboza de amargura, cabe todavía un sentimiento apacible, y al mismo tiempo he experimentado un movimiento de orgullo al encontrar, con motivo de la misma desgracia que me abruma, una lista autógrafa de amigos tal como la que forma el conjunto de firmas que leo al pie de la carta.

Mi incomparable esposa, que sembró toda mi vida de bendiciones y de consuelos, hasta con su muerte ha venido a dar ocasión para que se me honre y se me favorezca. Así, vosotros, haciéndome bendecir más su querida memoria, adquirís un título sagrado a mi afecto y mi reconocimiento.

Tales sentimientos me animarán y me confortarán mientras dure en mi corazón el recuerdo de la que hizo toda la felicidad de mi vida, de la compañera a quien lloraré todos los días que me falten para volver a unirme con ella.

Vuestro afectísimo y agradecido amigo,

JOSÉ MANUEL MARROQUÍN.

Marzo 22 de 1884».

———

«En la primera administración del doctor Rafael Núñez, don Ricardo Becerra, Secretario de Instrucción Pública, queriendo iniciar la reacción contra los estudios antirreligiosos, creó el Consejo Académico, esperando componer las cosas por medio de él. Nombró al señor Marroquín miembro de tal Consejo, pero éste, observando que poco podía hacerse, se retiró del puesto.

Tomó asiento en el Consejo de Estado y fue su Presidente en 1888.

Hay un hecho de importancia, olvidado quizás, que demuestra que la conciencia pública ha señalado al señor Marroquín como uno de los más eminentes ciudadanos entre los hijos de Colombia.

En abril de 1884 el *Papel Periódico Ilustrado* abrió un concurso para determinar los diez colombianos más notables. La idea fue acogida con calor y entusiasmo. No habiendo consideraciones políticas ni de ningún género que pudieran desviar el criterio en aquella singular ocasión, el resultado del concurso tenía un valor muy serio. Entre los favorecidos por la mayoría de los votos, estuvo don José Manuel Marroquín» [1].

Cuando en 1889 la Real Academia de la Historia de Madrid lo nombró miembro correspondiente de ella, don José Manuel contestó, con su acostumbrada modestia:

«Excelentísimo señor don Pedro de Madrazo, Secretario de la Real Academia de la Historia.

Excelentísimo señor:

He recibido la apreciable nota de Vuestra Excelencia, fecha 30 de marzo del corriente año, en que

---

1. Luis María Mora. *Biografía de don J. M. Marroquín.*

se sirve participarme que la Real Academia de la Historia me ha nombrado individuo suyo en la clase de correspondiente. Con gran sorpresa y con no menor agradecimiento me he impuesto en el contenido de dicha nota: el conocimiento que tengo de mi incapacidad me hace mirar aquel nombramiento como señalada prueba de benevolencia de que jamás creí ser digno, y al mismo tiempo me hace sentir una gratitud justa y grande cuanto son pequeños mis merecimientos.

Al aceptar, como acepto, el honrosísimo cargo, me asalta el temor de que cuantos conocen mi insuficiencia, juzguen que lo hago por presunción; pero sobre ese temor prevalece el de que, si no aceptara, se creyese que no sabia estimar la distinción con que se me ha favorecido.

Siendo yo, de muy antiguo, admirador de sus escritos, me ha sido infinitamente satisfactorio y lisonjero el que Vuestra Excelencia se haya servido dirigírseme, y aprovecho esta ocasión para manifestarle mis sentimientos de estimación personal.

Concluyo suplicando a Vuestra Excelencia se sirva hacer presentes a la Corporación las expresiones de mi reconocimiento.

Dios guarde a Vuestra Excelencia muchos años.

JOSÉ MANUEL MARROQUÍN».

En 1885 estalló una de las muchas guerras de que ha sido teatro nuestra patria y que dio por resultado un cambio radical en las instituciones de la República. Volvió el partido conservador al Gobierno y con él la paz de que hasta hoy disfrutamos, no obstante los esfuerzos que los adversarios han hecho en 1895 y en 1899 por turbarla, consiguiéndolo sólo de manera transitoria.

Después de la Regeneración fue preciso organizarlo todo, principalmente lo relativo a instrucción pública. El régimen político que entonces cesó había olvidado el fin para que habian sido fundados los Colegios de San Bartolomé y de Nuestra Señora del Rosario, y se servía de aquellos establecimientos para *hacer liberales*, como lo declaró honradamente el doctor Francisco Eustaquio Alvarez en el Senado de la República.

El primer Rector del Colegio del Rosario, después de la Regeneración, fue el doctor Carlos Martínez Silva, por muy poco tiempo. En 1887 fue nombrado para ese cargo don José Manuel Marroquín.

Las muchas vicisitudes por que ha pasado ese ilustre Instituto, las enumera el señor Marroquín en un Informe rendido en 1890 al Ministro de Instrucción Pública; entre otras, indica el haber destinado el General Mosquera el edificio y rentas de este establecimiento para escuela militar, por Decreto de 24 de agosto de 1861, disposición que fue derogada por el Congreso en 1865.

Cuando el señor Marroquín entró a regirlo, el Colegio del Rosario formaba parte de la Universidad

Nacional, conforme al Decreto número 596 de 1886. Grandes fueron las dificultades con que tuvo que luchar, no siendo la menor de ellas el número excesivo de alumnos que era preciso recibir mientras el Gobierno proveía de otra manera a las necesidades de la instrucción pública.

«Lo crecido del número de los alumnos que reciben enseñanza en este Instituto, dice el señor Marroquín, ha ocasionado grandes dificultades en los cuatro años inmediatamente anteriores al presente; pero en éste, el haberse aumentado más todavía los internos, ha multiplicado y hecho insuperables tales dificultades, y es causa de que el Establecimiento esté muy lejos de ser tan perfecto como debería serlo. Doscientos cincuenta y cinco alumnos internos, con los empleados de diferentes categorías que el servicio del Colegio exige, están apiñados en un local en que no deberían habitar sino de 120 a 140 personas. Por especial merced de la Providencia Divina, no abundan enfermedades en el Establecimiento; pero si en él no se ven casos de dolencias miasmáticas, siempre es de presumirse que los alumnos no pueden desarrollarse vigorosamente mientras se les mantenga reducidos a un espacio en que no les es dable ocuparse en los entretenimientos propios de su edad ni hacer ejercicio alguno. Esto en cuanto a la higiene del cuerpo. La del alma tampoco puede ser atendida, pues uno de los fundamentos de ella en los colegios es que los alumnos estén divididos en secciones conforme a su edad;

y en el edificio del Colegio no es posible tal división, sino únicamente en los dormitorios.

De las piezas que en años pasados servían para las clases, ha habido que destinar dos para dormitorio y una para estudio; dos piezas que servían de Secretaría, y en las que estaban también el archivo, la caja y la oficina del contabilista, y en las que se recibía a las personas extrañas que tenían que tratar con los empleados sobre asuntos del Establecimiento, se han convertido también en dormitorios; el Vicerrector ha cedido las dos piezas que ocupaba: una para clases, y otra, en parte, para dormitorio, y en parte para depósito de varios enseres que no pueden tenerse fuera del Colegio.

En estos cuatro años y medio no ha habido pieza ninguna para los superiores del establecimiento, fuera del Vicerrector, ni salón rectoral, ni dónde celebrar reunión alguna de la comunidad; para enfermería y para calabozo están habilitadas dos piezas inadecuadísimas para sus destinos. Ha habido que encerrar el archivo en parte de una de las piezas que se han convertido en dormitorio; que acomodar la librería del Colegio en cajones, y que colocar éstos en la torre de la capilla. Sólo renunciando los superiores y empleados del Instituto a toda comodidad, excogitando diariamente arbitrios nuevos y raros y empleando esfuerzos inauditos y siempre renovados, se consigue que todo marche en el establecimiento con alguna regularidad.

Y si las tareas en que nos hemos ocupado en este Colegio en el presente año y en los cuatro anteriores han sido casi satisfactorias, a pesar de que dirigirlo es batallar sin descanso y de que en él todo tiene que estar sujeto a cambios constantes según las dificultades que se van presentando y los arbitrios para allanarlas a que hay que estar acudiendo, ¿qué no podría esperarse de él si el número de los alumnos y el de las enseñanzas, reduciéndose a lo que el local y los recursos permitan, dejase a los superiores consagrar a la vigilancia y a la educación de los alumnos el tiempo y los esfuerzos que ahora son absorbidos por la lucha contra las dificultades de que he hecho mención?» [1]

Para remediar estos males, propuso el señor Marroquin al Gobierno la fundación de un nuevo colegio adonde pudiera acudir una parte de la juventud, y con este fin hizo presentar al Congreso de 1890, y fue aprobado, un proyecto de ley por la cual se autorizó al Poder Ejecutivo para la fundación del Liceo Nacional.

Del informe que rindió el señor Marroquín en 1888, tomamos el siguiente fragmento, que nos da a conocer su modo de pensar acerca de otro punto de capital importancia:

---

1. Informe al Ministro de Instrucción Pública. 1890.

Colegio Mayor de Nuestra Señora del Rosario.—El Rector.—Número 199.—Bogotá, agosto 10 de 1888.

Señor Ministro de Instrucción Pública.

Atendiendo a indicaciones verbales que Su Señoría se ha servido hacerme, me permito formular las siguientes acerca de lo que, en mi sentir, sería conveniente que se obtuviera del Congreso en materia de becas.

El fin principal que la Nación se propone al dar becas, no es el de ejecutar una obra de beneficencia procurándoles educación a jóvenes de familias pobres, como se les procuraría cualquier otro auxilio. Tampoco es de recompensar en los hijos los servicios que los padres hayan prestado a la patria o a una causa política determinada. Lo que el Gobierno ha de proponerse, sin dejar de tener en mira estos dos objetos siempre que sea posible, es contribuir a que en los establecimientos públicos se formen como útiles y buenos ciudadanos algunos jóvenes de quienes conste que pueden sacar provecho del beneficio que se les hace dándoles becas, y que al mismo tiempo carezcan de recursos para costearse su educación.

Por estas consideraciones es indispensable que el acto legislativo por el cual se crean becas contenga la disposición de que de éstas no pueda disponerse sino en favor de individuos que por su edad, su buena conducta y su aplicación al estudio, así como también por haber adquirido ya suficientes conocímientos elementales, puedan entrar a hacer con provecho notable los estudios que se hacen en los establecimientos incorporados en la Universidad Nacional.

Pero como el Gobierno no puede por sí solo informarse sobre la condición y circunstancias de los jóvenes para quienes se solicitan becas, es preciso que se disponga que la provisión de éstas se haga de acuerdo con los Rectores o Directores de los establecimientos en que han de disfrutarse» [1].

En noviembre de 1890 presentó el señor Marroquín renuncia del Rectorado del Colegio Mayor de Nuestra Señora del Rosario, la cual dio ocasión a que recibiera el siguiente despacho:

República de Colombia.—Secretaría del Senado.—Número 267.—Bogotá, noviembre 27 de 1890.

Señor don José Manuel Marroquín.

La Corporación de que tengo la honra de ser Secretario acaba de adoptar la siguiente proposición, suscrita por quince honorables Senadores:

"El Senado de la República deplora la renuncia del señor don José Manuel Marroquín del Rectorado del Colegio de Nuestra Señora del Rosario, en donde ha prestado a la juventud y al país en general valiosísimos servicios.

"Comuníquese y publíquese en los *Anales del Congreso* y en el *Diario Oficial*."

---

1. Informe al Ministro de Instrucción Pública. 1888.

Al tener el honor de comunicar a usted la proposición trascrita, me es satisfactorio hacer uso de la oportunidad para renovar a usted las seguridades de mi respetuosa y distinguida consideración.

ENRIQUE DE NARVÁEZ».

El Gobierno Nacional aceptó la renuncia reiterada del señor Marroquín, en los siguientes términos:

«*República de Colombia.—Ministerio de Instrucción Pública.—Bogotá, 6 de diciembre de 1890.*

Señor don José Manuel Marroquín, Rector del Colegio Mayor de Nuestra Señora del Rosario.

Di cuenta al Excelentísimo señor Presidente de la República del contenido de la nota que se sirvió usted dirigirme ayer, y recibí instrucciones para decir a usted, en respuesta, que el Gobierno lamenta muy sinceramente el que usted tenga inconvenientes insuperables para seguir prestando a la Nación sus servicios como Rector del Colegio Mayor de Nuestra Señora del Rosario; y que es ésta la ocasión de significar a usted, en términos de toda verdad y de toda justicia, cuán fundado es el reconocimiento a que se ha hecho usted acreedor por sus nobles y valiosísimos esfuerzos en la dirección de aquel Instituto, que por diversos motivos desempeña tan importante papel entre los que forman la Universidad Nacional.

Lo que tengo el honor de comunicar a usted, no sin agregarle las expresiones de especial estima y de personal deferencia con que de usted, a quien Dios guarde, me suscribo muy atento y obsecuente servidor y compatriota,

JESÚS CASAS ROJAS».

Años más tarde vino a ser el señor Marroquín Patrono del Colegio en su carácter de primer Magistrado de la Nación, y dio entonces muestras inequívocas del interés que le inspiraba aquel Instituto. Así aparece del Informe rendido con fecha 4 de junio de 1904 al Ministro de Instrucción Pública por el ilustre sucesor del señor Marroquín en el Rectorado del Colegio del Rosario, informe que termina

«dando al Excelentísimo señor Vicepresidente de la República las gracias por el interés que ha tenido por el Colegio, y por los importantes servicios que constantemente le ha prestado, sobre todo para la restauración del edificio y la construcción del nuevo tramo, paralelo a la capilla y que será el costado norte del nuevo claustro, completamente terminado y en servicio desde el principio de este año (1904)».

Cuando años más tarde se trató de levantar una estatua a Fray Cristóbal de Torres en el claustro del Colegio del Rosario, el señor Marroquín fue designado, junto con el doctor Nicolás Esguerra y el doctor José Vicente Rocha, para formar la junta encargada de realizar ese hermoso proyecto. El 10 de octubre de 1909, al inaugurarse solemnemente la estatua, el doctor Nicolás Esguerra hizo con grande elocuencia el elogio «de las virtudes y merecimientos de los colegiales del Rosario que han dado días de gloria a nuestra patria».

«No debemos olvidar, añadió, en esta enumeración, el nombre ilustre de don José Manuel Marroquín, desaparecido desgraciadamente hace poco tiempo, y que regentó el Colegio dejando huellas de luz, como igualmente la dejó en la literatura. Colaboró eficazmente en la obra que hoy coronamos, y si hubiera podido acompañarnos, lo veríamos hoy con su genial bondad participar de nuestro gozo y de nuestra justa alegría» [1].

En la misma ocasión el doctor Rafael María Carrasquilla consagró al señor Marroquín un afectuoso recuerdo:

«Reciban en mi nombre y en el del Claustro actual, homenaje de gratitud los distinguidos caballeros, hijos del Colegio, que formaron la junta encargada de levantar el monumento, y recíbalo la ilustre memoria del que fue Rector de este Instituto, hermano de mi padre por la dulce intimidad cristiana que hubo entre ellos, amigo afectuoso del que os habla; gloria, en fin, de las letras y de la poesía» [2].

---

1. Discurso en la inauguración de la estatua de Fray Cristóbal de Torres.

2. Oración gratulatoria en la inauguración de la estatua de Fray Cristóbal de Torres.

Y como último homenaje del Colegio Mayor de Nuestra Señora del Rosario al que fue por cinco años su Rector, citaremos el acuerdo dictado con motivo de su muerte.

«ACUERDO NÚMERO 5 DE 1908

sobre honores a la memoria del señor don José Manuel Marrroquín.

La Consiliatura del Colegio Mayor de Nuestra Señora del Rosario, con motivo de haber fallecido ayer en esta ciudad el señor don José Manuel Marroquín, Rector, Catedrático y Patrono que fue de este Colegio Mayor; varón que consagró noblemente los mejores años de su vida a la enseñanza católica de la juventud; alcanzó con justicia puesto preeminente entre los escritores y literatos colombianos, y dio un último ejemplo de virtud, con su cristiana muerte,

CONSIDERANDO :

Que es deber impuesto por las tradiciones del Colegio el de honrar el recuerdo de sus maestros y superiores distinguidos, el de los hombres que han merecido bien de la educación pública, el de los que han ilustrado la patria con el cultivo de la poesía y de las buanas letras,

ACUERDA :

1.º El Colegio Mayor de Nuestra Señora del Rosario deplora la muerte del señor don José Manuel Marroquín y tributa homenaje de afectuoso respeto a su memoria.

2.º Todo el Colegio asistirá en corporación a las exequias, que se celebrarán mañana en la Catedral Primada.

3.º El día que el señor Rector designe se harán en la capilla del Colegio unas honras en sufragio del alma del ilustre finado.

4.º Se colocará el retrato al óleo del señor Marroquin en el puesto que le corresponde en la galería de los Rectores, en el Aula Máxima.

5.º Copia de este acuerdo se enviará a cada uno de los hijos del señor Marroquín.

Dado en Bogotá, a veinte de septiembre de mil novecientos ocho.

R. M. CARRASQUILLA.

JENARO JIMÉNEZ, JOSÉ I. TRUJILLO, LIBORIO ZERDA.

Luis F. Luque, Secretario».

Durante la época de la vida del señor Marroquín que estamos recordando en el presente capítulo, lo ocuparon además de los cargos ya mencionados, los que desempeñó en la Sociedad de San Vicente de Paúl, pues como queda dicho, fue Presidente de ella de 1880 a 1881 y de 1886 a 1887 y sin interrupción le prestó sus servicios, ya como primer Vicepresidente, ya como Director de las Secciones Limosnera, Mendicante y Hospitalaria.

Ocupóse, además, en hacer clases en distintos colegios, ya públicos, ya privados, en reimprimir algunas de sus obras y en trabajos literarios.

A fines de 1888 emprendió viaje con su familia, muy numerosa entonces, a la ciudad de Tunja, proyecto acariciado por él durante muchos años. Visitó los monumentos de aquella antigua ciudad y *sus siete maravillas,* con la misma solemnidad y recogimiento con que otros van a contemplar el Moisés de Miguel Angel, o el Patio de los Leones; y lleno de curiosidad y de entusiasmo, visitó los *Cojines* (sitios donde los indios adoraban el sol); el judío de Santo Domingo, la capilla de los Mancipes y las famosas Fuentes de Tunja.

De allí pasó a Chiquiquinquirá y a la Villa de Leiva, ciudad llena de recuerdos para don José Manuel, por haber sido cuna de Ricaurte y sepulcro de Nariño, ambos allegados suyos; visitó igualmente el hermoso desierto de La Candelaria, y en la población de Ráquira se detuvo cerca de un mes. Y éste fue el más dilatado viaje que hizo en toda su vida.

Nunca tuvo tentación siquiera de viajar por el antiguo mundo, y vio cumplido su deseo de morir, «si Dios le daba vida, salud y licencia para ello, sin conocer el mar».

Todo su anhelo era poder vivir sosegado y tranquilo en *Yerbabuena.* A fines de 1892 creyó don José Manuel que había llegado para él la época del descanso y de realizar esa única aspiración de su vida y emprendió viaje a *Yerbabuena,* no a pasar allí una corta temporada, como frecuentemente lo había hecho, sino a vivir y morir en aquella casa, «fuera de la cual nunca había concebido la felicidad».

CAPITULO XV

Yerbabuena.

DESCRIPCIÓN EN PROSA Y EN VERSO.—LA HISTORIA DE YERBABUENA.—EL GOBIERNO DE LOS CINCO DÍAS. — CARTA-DEFENSA AL SEÑOR CARO.

APACIBLEMENTE iban deslizándose para don José Manuel los seis años que pasó en *Yerbabuena*, de 1892 a 1898, que no fueron, como hemos de verlo, los menos fecundos de su vida literaria. Saludó aquella sosegada mansión de sus mayores, poblada para él de recuerdos, con una de sus más sentidas poesías:

«Vetusta y querida casa
En que mis primeros años
Tan dulcemente corrieron
Y tan veloces pasaron;
Adonde, anciano, he venido
A buscar paz y descanso,
Si bajo tu amigo techo
Me acompañan los que amo,
También me hacen compañía
Otros que amé y que me amaron,
Que están gozando en la gloria
El premio de sus trabajos.
Por eso bajo otros techos
Me siento solo y extraño,
Y por volver bajo el tuyo
Largo tiempo anhelé tánto!»

Alli pasó áquella época, quizás la más tranquila de su
vida, sin otra ambición que la de poder disfrutar de la paz y del sosiego «de su agreste y
caro asilo».

Muchos son hoy todavía los que conservan gratos y
apacibles recuerdos de franca y cordial hospitalidad en aquella casa, y de inolvidables horas pasadas en compañia de quien la llenaba con
su aspecto afable y distinguido a un mismo tiempo, y con su trato festivo y cariñoso. Frecuentemente algún acontecimiento, tal como el cumpleaños de don José Manuel, daba ocasión para
que se reuniera en *Yerbabuena* su familia en
torno

«de la mesa hospitalaria
en que agradecido huésped
o un amigo nunca falta.
Los ánimos allí esparce
y más sazona las viandas
el deleitable embeleso
de no interrumpida plática
o ya grave, o ya festiva,
más siempre cristiana y franca».

En ninguna parte se conserva tan vivo el recuerdo de
don José Manuel Marroquín como en *Yerbabuena*.
Allí parece que se respira el mismo aire que él
respiró; allí puede reposarse la vista en el inmutable perfil de los cerros circunvecinos y en
otras mil cosas que fueron para él familiares y
objeto de entrañable cariño; alli se escucha lo

que a él le embelesaba los oidos, y con un pequeño esfuerzo de imaginación, hasta el eco de sus pasos a lo largo de los corredores de la casa y el murmullo de su voz en la devota capilla. Allí *se siente* su recuerdo, pero vivo, imperioso, constante, como si realmente Dios le hubiera concedido visitar aquellos sitios

*«al declinar de las tardes
cuando el opaco crepúsculo
misteriosa lumbre esparce
y melancólicamente
gime el viento entre los árboles».*

Frondosos y balsámicos llama don Rafael Pombo los *Recuerdos del campo* en que don José Manuel nos describe a *Yerbabuena.*

«Yo pasé mi niñez y no escasa parte de mi juventud, dice, en una de las más hermosas haciendas de la Sabana de Bogotá. Comprende esta hacienda una parte alta, denominada por la gente de la comarca *El Páramo,* y una parte baja y llana que queda al occidente de la otra y que en toda su extensión está bañada por el río Funza, que la divide en dos grandes fajas casi iguales. Picos elevados, agrios peñascales, rocas inaccesibles, cañadas profundas, faldas suaves y cimas anchas y casi llanas cubiertas de hierba fresca y menuda como la de las dehesas, diversifican infinitamente el aspecto de la parte alta. En algunas explanadas sombrías rodeadas por todas partes de rocas o de cerros cunde el *frailejón* remedando grandes manadas de ovejas. Rumorosos y cristalinos arroyos, descendiendo de lo más alto de las sierras, se esconden a veces en lo profundo de las hondonadas con sordo y melancólico murmullo y salen luégo en alguna explanada que encuentran al paso, como a esparcirse y a disfrutar de la luz del sol. Siguiendo el curso del más caudaloso de ellos se descubren como en miniatura y reunidas en un solo punto dos de nuestras más famosas maravillas naturales. Aquella desconocida corriente, que lleva el humilde nombre de *Quebradahonda,* como si hubiese conocido el Salto de Tequendama y quisiese remedar al río que lo forma, se precipita de una altura, y en su descenso, desatándose en millones de menudas gotas, forma arco-iris, arrastra su melena de espumas y llena con su estruendo la hondonada. Las aguas, arremolinadas por un instante en la concavidad que las recibe, recobrándose al parecer del asombro y desconcierto que la súbita catástrofe produce en ellas, siguen su curso, y pocos pasos más adelante pasan por debajo de un puente cuya construcción sería atribuida a los hombres si lo escarpado de los peñascos que pone en comunicación permitiese suponer que en algún tiempo se había transitado por el paraje en que se encuentra. Por la parte superior es plano, por la inferior presenta una forma que se asemeja más a la de un arco que a otra alguna.

 Por encima de todas las otras cumbres y dominando al mismo tiempo toda la Sabana de Bogotá y el valle de Sopó, yergue la cabeza un cerro, al que por su figura cónica se le da el nombre de *El Pan de Azúcar*. Desde este pico he visto yo en algunas frías y hermosas mañanas de verano un espectáculo, nada raro en verdad, pero capaz de arrebatar el alma. He visto que las nubes, abandonando su alta región, han bajado a posarse sobre las dos planicies, formando en ellas dos mares blancos y fulgurantes, encerrado el más pequeño entre majestuosas montañas, inmenso el otro, ilimitado como el océano, con sus ingentes olas y sus hondos abismos. Este mar, inmoble y silencioso, llena el ánimo de aquella emoción que en él suele despertar todo lo que es misterioso e ilimitado. La fantasía se recrea en adivinar la vida, el movimiento y la variedad que se esconde debajo de aquella uniforme y espesa capa de nieblas.

Otras veces, al ir declinando el día, he visto desde allí otro cuadro, en cuyo primer término se ostenta la Sabana con sus dos ciudades, sus pueblos y sus caseríos; con sus sembrados, que en algunas partes remedan un tablero; con sus ricas dehesas, sus lagunas, sus marjales y su tortuoso río; y en cuyo segundo término, las nubes del poniente, confundiéndose con las lejanas sierras, hacen indefinido el fondo del paisaje, añadiendo a las poblaciones, a los bosques y a los lagos verdaderos, otros lagos más grandes, bosques altísimos y espesos, y ciudades vastas y misteriosas.

Las faldas occidentales de la serranía, que son

las que en suave declive vienen a confundirse con la llanura, están empradizadas; mas la verde altombra que las cubre parece despedazada en ciertos parajes, y bordada en otros con caprichosas labores. Tales apariencias le dan las vetas de casquijo, las sementeras y los tallares que procuran a su aspecto risueña y pintoresca variedad.

De cierto punto de la sierra arranca, como estribo, una hermosa colina que se extiende hasta corta distancia del río. Y esta colina y la cordillera forma en el sitio en que se tocan un.... un ángulo iba a decir, pero no, no quiero profanar con este nombre matemático y frío aquel que fue en otro tiempo asilo de mi felicidad. Forman un *rincón* en que alguna vez escondí dulces afectos, alegrías inefables y plácidas esperanzas. En aquel sitio repuesto y apacible está una casa pajiza y risueña; debajo de los árboles que le dan sombra ensayaron mis hijos sus primeros pasos. Esa es la que yo llamo y llamaré siempre *mi casa*, cualesquiera que sean los lugares a donde me lleve la inscontancia de la fortuna. En ella querria descansar en mi vejez si Dios me concede larga vida, y en ella querría que viviesen y muriesen mis hijos.

Todos los recuerdos de mis buenos años están vinculados en estos sitios que he probado a describir. ¡Cuántos y cuán suaves son los que se despiertan en mi espíritu al contemplar las líneas invariables y el inmutable aspecto del paisaje que desde los lugares más frecuentados solía contemplar largamente; ¡cuántos al escuchar los apacibles rumores del campo, desde el trinar de las madrugadoras aves hasta el croar de las ranas, que tánto contribuye a llenar de sabrosa melancolía el declinar de la tarde!; ¡cuántas y cuán vivas memorias vienen como a hacerme vivir de nuevo en la edad de las esperanzas y de los amables engaños, cuando aspiro las exhalaciones de los prados humedecidos y de las majadas que se empapan en el rocío de la noche!

Por desgracia, o más bien por desacierto, he embotado en mi ánimo la facultad de gozar con los recuerdos, usando de ellos con intemperancia, y haciendo que la satisfacción se anticipe a la necesidad. Empecé a saborear los míos demasiado temprano, y cuando las penalidades y las inquietudes de la edad madura me han hecho apetecer emociones íntimas y profundas que distraigan mi espíritu y diviertan mis cuidados, me he sentido saciado de dulces memorias.

Si yo volviera a ser niño, ¡con cuánta templanza gustaría de los recuerdos!» [1]

También en poesía nos dejó don José Manuel un testimonio de su amor a *Yerbabuena*:

«Al pie de las colinas más hermosas
De todas las que ciñen la Sabana,
Que con los prados en verdor compiten
Y en la vistosa variedad y gala,

1. Marroquín. Obras. 1875.

En paraje repuesto y escondido
Hice mi alegre y rústica morada;
A su pie se dilata una llanura
Que las mieses y flores engalanan.

Los árboles robustos y frondosos
Dejan caer sus ondulantes ramas
Sobre el techo pajizo de mi choza
Y abrigo ofrecen y su sombra grata.

Pájaros mil que entre su copa anidan
Me despiertan, cantando, a la mañana;
Y en su follaje, al declinar el día,
Suspiran melancólicas las auras.

Un arroyuelo rápido y sonoro
Desde la cumbre de la sierra baja
A ofrecerme sus aguas cristalinas,
Por un lecho de guijas y esmeraldas.

. . . .

Mi esposa tierna, mi sin par esposa,
Disfrutando también bellezas tantas,
Vida les da, y el seductor hechizo
Que para mí sin ella a todo falta.

La esposa tierna, la sin par esposa
A quien adora arrebatada el alma,
Por quien conserva el corazón enteras
Las ilusiones de la edad pasada.

Por la mañana, cuando el sol la cumbre
Empieza a iluminar de las montañas,
Salto del lecho y en el campo aspiro
Frescas y vivas y fragantes auras.

. . . .

Luégo me llevan lejos las tareas
A que su vida el labrador consagra,
Y cuando acaban al caer la tarde,
Me vuelvo a descansar en mi cabaña.

¡Cuánto al que tiene corazón sensible
Es dulce y grato conocer que le aman;
Que, ausente, le recuerdan con cariño
Y que su vuelta con anhelo aguardan!

Llega la noche al fin; oh, cuán hermosas
Son las noches de luna en mi cabaña!
¡Qué plácida tristeza comunica
Su lumbre a las campiñas solitarias!

¡Dichoso asilo si perenne fuera
Tánta risueña amenidad y calma!
¡Dichoso yo si exenta de inquietudes
Siempre pudiera el ánima gozarlas!

Mas, ¡ay! que muchas veces pavorosa
Sobreviene en la tarde la borrasca;
El ánimo conturba, y las campiñas
Despoja de atractivos y de galas.

En los cercanos montes y en los valles
Los desatados huracanes braman,
Y arrastrar en su rápida carrera
Los árboles y chozas amenazan.

Sigue la noche lóbrega; en los campos
Reina siniestra y pavorosa calma,
Y sólo turba el lúgubre silencio
El torrente que ruge en la cañada.

Así también mil veces en mi vida
Exenta de ambición y retirada,
Las negras inquietudes y zozobras
La calma de mi espíritu arrebatan.

Quien no lleva consigo la ventura,
Ora viva en palacio, ora en cabaña,
En vano busca fuéra de sí mismo
El bien supremo de la paz del alma!» [1]

Por algunos años permaneció inédito un libro en que
don José Manuel consignó todos sus recuerdos
de *Yerbabuena* [2]. Deploramos no poder reprodu-
cirlo aqui integramente, contentándonos con dar a
conocer la introducción o prólogo.

«Los recuerdos de la hacienda de *Yerbabuena* son
para mí dulces y caros a par de los que conservo
de mis mayores y de muchas otras personas ama-
dísimas. Y como a todos nos es repugnante la idea

---

1. Marroquín. Obras. 1875.
2. De él hizo una reducida y elegante edición el doctor Marceliano Vargas, hijo político del señor Marroquín.

de que perezca lo que amamos, no es extraño que me haya ocurrido la de perpetuar aquellos recuerdos por medio de la pluma.

Se han compuesto historias de naciones, de provincias y de ciudades; pero no tengo noticia de que se haya escrito historia alguna de hacienda. Así, si la presente carece de interés, de gala y de utilidad, no se le podrá negar el mérito de ser original.

A incurrir en esta originalidad, que con harta razón podría llamarse más bien extravagancia, pueden haberme movido la comezón de contar vejeces, que aqueja a todos los viejos; y la de componer obras, de que adolecemos todos los que tenemos costumbre de escribir.

Sólo el escribir me distrae y aparta por instantes de mi ánimo las fúnebres imágenes que lo acosan desde que Matilde me dejó solo; y en vez de acometer un trabajo para el cual tuviera que hacer prolijas y laboriosas investigaciones, que revolver archivos y que consultar documentos, emprendo uno para el cual todos los materiales están ya acumulado en mi cabeza.

Es cierto que esta mi historia no puede tener interés sino para mí, porque sólo yo miro como interesantes los asuntos que en ella se tocan; pero así y todo, no me puedo resolver a dejar que mis recuerdos mueran conmigo. Tal vez alguno de mis hijos aprenda a saborearlos cuando la vejez y las tribulaciones lo hayan reducido, como me han reducido a mí, a vivir con los muertos y a alimentarse de recuerdos».

Gozando estaba don José Manuel de su solitario retiro, cuando fue llamado con urgencia a Bogotá y se vio envuelto transitoriamente en las luchas políticas que por entonces conmovieron los ánimos.

«¡Gran novedad!, dice don José Manuel en una carta fechada el 12 de marzo de 1896:

Caro se separó del Gobierno (no se sabe por cuanto tiempo), y llamó al designado, General Quintero Calderón. Este me llamó a mí para el Ministerio de Instrucción Pública y no me ha sido posible zafarme. Hoy se posesiona Quintero e inmediatamente nos posesionaremos tres de los nuevos Ministros, los demás están ausentes.

¡Quién hubiera creído posible que yo volviera a salir de mi retiro y para esto!» [1]

Aquel cambio de gobierno no calmó la efervescencia politica de esos días [2]. El señor Marroquín, quien vino a ser intermediario entre el señor Caro y el General Quintero Calderón, se esforzó porque se llegase a un avenimiento.

---

1. Carta dirigida a París al señor José Manuel Marroquín Osorio.

2. DECRETO. . . . por el cual se nombran Ministros del Despacho:

El Designado en ejercicio del Poder Ejecutivo

DECRETA

Nómbrase Ministros del Despacho a los señores que pasan a expresarse: De Gobierno, Abraham Moreno ; de Relaciones Exteriores, José M. Uricoechea ; de Hacienda, Francisco Groot ; de Guerra, Pedro Antonio Molina ; de Instrucción Pública, José Manuel Marroquín.

Comuníquese y publíquese.

Dado en Bogotá, a 12 de marzo de 1896.

GUILLERMO QUINTERO CALDERÓN.

Escribió en este sentido al señor Caro, quien en una
extensa e importante carta política manifestó al
señor Marroquín su resolución inquebrantable de
no consentir en que el señor Moreno se encarga-
ra del Ministerio de Gobierno.

«Si se insiste en eso, dice, tendré que volver a encargarme del poder.... Influya usted, mi buen amigo, con todas sus fuerzas, para que el General
Quintero acepte lo que propongo, y nombre un Ministro de Gobierno que siendo de su confianza, lo
sea también de la mía, y la paz de Dios será con
nosotros».

Insistió una vez más el señor Marroquín en su anhelo
de conciliar los ánimos, pero sin resultado alguno, como se verá por los siguientes documentos :

«Bogotá, 16 de marzo de 1896.

Señor Caro.—Sopó.

Resolución es aguardar señor Moreno y presen-
tarle programa. Si no lo acepta, no se encargará de
Cartera. La política del General Quintero es atraer
el grupo adverso (que se va engrosando) al Gobierno que Vuestra Excelencia preside, pero sin comprometer los grandes intereses de la causa, que, según expresión del mismo General, están radicados
en Vuestra Excelencia.

J. M. MARROQUÍN».

Señor José M. Marroquin.—Bogotá.

El contenido sustancial del telegrama de usted, y el silencio que guarda para conmigo el señor General Quintero, me persuaden de la inutilidad de mis desinteresados esfuerzos, y me obligan a cumplir con mi palabra y con el más penoso de los deberes.

Afectísimo amigo,

M. A. CARO».

De donde resultó que el señor Marroquín se vio libre de aquel compromiso, y pudo escribir lleno de íntima satisfacción :

«Yerbabuena, marzo 21 de 1896.

Señor don José Manuel Marroquín Osorio.—París.

Mi pensadísimo José Manuel:

.... ·.....................

En mi última carta te participé mi nombramiento de Ministro de Instrucción Pública, esperando causarte con ello un pasmo igual al que te podria producir la noticia de que estaba mandando un vapor de guerra en el Estrecho de los Dardanelos.

Pero mi elevación duró, gracias a Dios, lo que el Gobierno de Sancho Panza. El General Quintero llamó al Ministerio de Gobierno a don Abraham Moreno; Caro temió que esto fuera peligroso, y determinó reasumir el mando. La administración del General Quintero duró cinco días.

Estos cinco días estuvieron llenos de felicitaciones, de aplausos y de las manifestaciones de entusiasmo que atrae todo lo nuevo. En ellos se trabajó activamente en el politiqueo: los adictos a Caro trabajando por hacerle tomar la resolución que al fin tomó; otros (y yo el que más), por conciliar los ánimos y los intereses.

Estoy, pues, otra vez en mi centro. ¡Bendito sea Dios!

Tu amantísimo,

JOSÉ MANUEL».

Volvió, pues, el señor Marroquín a *Yerbabuena*. Desde aquel apartado sitio contemplaba de lejos la encarnizada lucha política de esos dias. El Partido conservador se hallaba hondamente dividido, y la proximidad de las elecciones había profundizado aquella división, y agitaba extraordinariamente los ánimos. Al señor Caro, jefe del Gobierno, se le atacaba y se le combatía desde distintos puntos y con diversas armas. Sus adversarios políticos llegaron a acusarle de haber entrado en combinaciones con los enemigos de la Iglesia, lo que hizo que el señor Marroquín saliera a la defensa del amigo, y dio origen a las dos cartas que en seguida reproducimos:

«Yerbabuena, mayo 22 de 1897.

Excelentísimo señor don Miguel Antonio Caro.

Muy respetado y querido amigo:

Quise al principio de la presente lucha electoral ignorar sus lances y peripecias. Mi aversión a la política se ha avivado en los últimos tiempos, y me he expedido el diploma de ciudadano que no tiene ya otra cosa que hacer que descansar y que prevenirse para el trance final, que no puede tardar mucho.

Pero no he podido taparme los oídos bastante bien, y han llegado a ellos algunos de los ruidos del combate. Entre éstos ha habido uno que me ha hecho conocer que todavía hay calor en mi sangre. He sabido que se le acusa a usted de andar en tratos con los enemigos de la Iglesia Católica y que se le califica de renegado.

Como amigo personal de usted me siento obligado a manifestarle que el que a usted se le trate de ese modo, me ha ofendido tanto como si aquella acusación se hubiera dirigido contra mí mismo.

Como católico, oigo la voz de mi conciencia que me dice que con el silencio me haría cómplice de los reos del delito de ingratitud que dejan afrentar al que nunca fue segundo y hoy es el primero entre los laicos que con la palabra y con la pluma defienden a la Iglesia.

Yo me he preguntado: " ¿Si vivieran ciertos conservadores de otro tiempo, que lo eran porque eran católicos, y que eran católicos antes que todo lo demás, qué habrían dicho al oír la acusación que se ha dirigido contra usted?"

A varios de ellos, al doctor Alejandro Osorio, a Ignacio Gutiérrez Vergara, a don José María Saiz, a don Juan Antonio Marroquín y a algunos más me unían los vínculos del parentesco. Otros muchos, eclesiásticos y seglares (y entre éstos cuento con orgullo a don José Manuel Groot) me honraban con su amistad. Me juzgo, por tanto, conocedor del espíritu que los animaba, y puedo asegurar que todos ellos, en la presente coyuntura, habrían hecho la observación de que a los defensores de la Iglesia pueden aplicarse las palabras de Cristo a sus Apóstoles: *«Si me persecuti sunt, et vos persequentur.... Sed venit hora ut omnis qui interficit vos arbitretur obsequium se praestare Deo»*.

Este último texto puede no ser bien aplicable al caso. ¿Entre los que lo calumnian a usted, habrá quien, antes de calumniarlo, o antes de hacer cualquier cosa, se ponga a discurrir si va a hacerle a Dios un obsequio o una ofensa? Lo dudo, en vista de que el que calumnia o injuria públicamente a un prójimo, no da muestras de pertenecer de corazón a la Iglesia, por más que afecte interés por ella. Los que por medio de la prensa escarnecen y denigran dan pie para que los enemigos declarados de la Iglesia digan que en ella no hay más gracias, ni más caridad, ni más enseñanzas moralizadoras que entre los mahometanos o los infieles.

Estos defensores de la Iglesia que injurian y difaman públicamente y que con ello escandalizan al pueblo, a la juventud y a todo el mundo, se asemejan al que, estando peneque, discurre contra el uso inmoderado de los licores.

El partido conservador es el partido de la autoridad. Es lo único que es, y todo lo que es. De amor y decisión por el principio de autoridad, más que con palabras, se dan muestras con la práctica y con el ejemplo. Por eso admira el que haya quien, creyéndose o llamándose conservador, dé ejemplo de desprecio por la autoridad.

Y que no nos vengan con que una cosa es la autoridad y otra las autoridades. Los que hacen esta distinción se parecen a los que admiten un Dios, pero no un Dios personal, los cuales no se miran obligados a acatar ni a obedecer a ninguna deidad.

Y que no nos vengan tampoco con que para refrenar a los que gobiernan es necesario vilipendiarlos. Nadie ignora que las censuras corteses y moderadas son las más eficaces. En quien insulta se supone siempre una pasión; y en quien se muestra arrebatado por alguna pasión no se supone discurso.

¡Que Dios ilumine a los que trabajan por ilustrar y dirigir la opinión, y que a usted le siga dando fortaleza para soportar injusticias! Así se lo pide

Su afectísimo amigo,

J. MANUEL MARROQUÍN».

Señor don José Manuel Marroquín —*Yerbabuena*.

Mi querido señor don Manuel:

Está en mi poder su gran carta.

En ocasiones como la presente es de rúbrica comenzar por dar "un millón de gracias"; pero agradeciendo, como agradezco con todas veras, esa voz de aprobación y aliento, la primera palabra que me dicta el corazón no es de gracias sino de plácemes:

Bien haya tánta nobleza!

Ha hecho usted una obra buena, o diré mejor que la ha coronado gallardamente.

....

Recordando yo ahora los finados compatriotas nombrados por usted, que en nuestra juventud nos honraron con su amistad, y algunos de ellos nos prestaron su apoyo moral y la cooperación de sus luces en nuestras labores de propaganda y de polémica doctrinal, bien creo que la pluma de usted, al expresar los sentimientos que usted abriga, ha sido al mismo tiempo fiel intérprete de conocidas voces de ultratumba. ¡Qué suave y consoladora compenetración, qué fuerte e inexpugnable concierto de afectos y de tradiciones!

Por lo demás, crea usted que esas invenciones absurdas de *polititians*, no me impresionan de modo alguno en lo que a mí toca; antes bien, debo considerarlas como *felix culpa*, pues son ocasión de testimonios públicos para mí sumamente honrosos, y de que los muertos mismos se levanten para defenderme.

....

Los que como usted, con autoridad moral indiscutible, y sin miedo a los que han intentado imponer el terrorismo periodístico, acuden a impedir el engaño, prestan valioso servicio a la sociedad.

Quedo como siempre, suyo afectísimo,

M. A. CARO».

CAPITULO XVI

Las novelas.

LA TORRE DE PROVEDAÑO.— «BLAS
GIL».—«EL MORO».—«ENTRE PRI-
MOS».—«AMORES Y LEYES».—JUI-
CIOS VARIOS.

SI don Ricardo León, el actual novelista español, hubiera tenido ocasión, como la tuvieron muchos otros, de visitar a don José Manuel en *Yerbabuena*, habría tenido una vez más el placer, como él mismo dice, de hallar algunas torres de Provedaño, y de dar con un hidalgo como aquel de *Peñas Arriba:* «En la ciudad y en el campo, en la casa y en el camino, he gozado de amable hospitalidad y de sabrosa compañía; he sentido la pura efusión de la gratitud sin menoscabo del orgullo, y he visto la distancia que existe entre las vidas sencillas y claras, y esas otras existencias vanas y mentirosas». O se habría confirmado en que «aún quedan para dicha y gloria nuestras herederos de aquellas grandes figuras antiguas», y en que «no es raro hallar el rostro cervantesco y un poco aquijotado de un castizo español, y sorprenderle en apartada estancia entre libros y papelotes, o haciendo otros oficios en apariencia mal avenidos con su nobleza de condición» [1].

No fueron, en verdad, estériles para la literatura colombiana los últimos seis años que pasó don José Manuel en *Yerbabuena*, durante los cuales apro-

[1]. Ricardo León. Escuela de los sofistas.

vechó sus ocios y su tranquilidad para escribir
las novelas en cuyo juicio crítico vamos a detenernos en este capítulo, reduciendo nuestra tarea, en su mayor parte, a entresacar de lo mucho que se ha escrito sobre *El Moro, Blas Gil,
Entre Primos* y *Amores y Leyes,* algunos conceptos de escritores distinguidos.

———

Una observación de carácter general en que convie-
ven varios de los escritores que han emitido juicio sobre las novelas del señor Marroquín, es la
semejanza que han creído hallar entre el novelista colombiano y el insigne Pereda.
El que primero habló de aquella semejanza fue don
Miguel Antonio Caro, en memorable carta dirigida a don José Manuel, quien a la sazón vivía
en *Yerbabuena*, y había salido a su defensa:

«En estos tiempos que atravesamos la lectura de
los libros que usted ha publicado ha sido para mí
tan grata como provechosa, porque a vueltas de la
amenidad del estilo y de las bellezas de todo género del narrador cervantino, he considerado que entre nosotros, y aquí muy cerca, en casa solariega
cuyo nombre despierta en mí recuerdos de fradicio-
nal y nunca interrumpida amistad, tenemos u*n* caballero como el señor de la Torre de Provedaño,
pero más accesible y expansivo, que nos enseña a
mirar con serena filosofía las flaquezas de la humanidad y las miserias de la vida.

A esas páginas en que usted retrata caracteres y costumbres, agrega ahora ésta, que retrata el alma de usted, que honra tanto al hombre cuanto las otras acreditan al escritor, y con ellas vivirá» [1].

Porque hay que tener presente que mucho de lo que encanta en aquel famoso caballero de *Peñas Arriba*, lo tiene prestado de Pereda mismo, quien sin saberlo quizás le infundió sus propias cualidades, y principalmente su amor a la tierra, asegurando que el caballero de la Torre de Provedaño «tenía el suelo patrio embebido en la masa de la sangre, y que por dondequiera que andaba con sus imaginaciones y sus discursos iba a parar a él».

Conviene también a Pereda mucho más que a su imaginario caballero lo que decia Neluco a propósito de éste: «De su estilo gallardo, preciso, castellano limpio, neto como la sangre que corre por sus venas; de su modo de ver y de sentir la tierra madre, y de cantar su hermosura, ya se irá usted enterando cuando le admire en sus escritos» [2].

Y de aqui precisamente vienen los rasgos de semejanza entre el novelista montañés y el colombiano: el carácter nacional de sus obras y la corrección y amenidad del lenguaje.

---

1. Carta de don M. A. Caro a don J. M. Marroquín, de 23 de mayo de 1897.

2. *Peñas Arrlba*. J. M. de Pereda.

«Es Pereda, dice don Antonio Gómez Restrepo, tipo acabado del hidalgo español. Así como Valera, sin dejar de ser andaluz de raza, es ejemplar de refinado cosmopolitismo, Pereda, por cualquier aspecto que se le considere, es exclusivamente español, hijo de Cantabria. A su complexión moral corresponde su aspecto fisico, que trae a la memoria el tipo tradicional cervantesco. Delgado, de mediana estatura, de rostro enjuto y avellanado, el bigote y la pera entrecanos, lo mismo que el arremolinado cabello, la nariz aguileña, la mirada perspicaz e investigadora, serio el continente, franco y amable el trato, Pereda nos recuerda un poco a nuestro venerable y querido Marroquín, otro castellano de pura sangre, amante, como aquél, de la vida del campo y de la literatura cristiana y castiza, impregnada de sabor local. No sabemos si Pereda conocerá *El Moro:* si lo lee, estamos seguros de que cautivará su atención» [1].

Hallaron también esta semejanza don José Rivas Groot en su *Juicio sobre Blas Gil* [2]; don Luis Serrano Blanco [3]; don Luis María Mora, quien dice a este propósito:

«Se han encontrado semejanzas literarias y aun tísicas entre don José Manuel Marroquín y don José

---

1. Antonio Gómez Restrepo. *Una carta de Pereda.* Revista Nacional. Junio de 1897.
2. *Revista Colombiana.* Abril de 1896.
3. *Centenario de Ricaurte.* Don José Manuel Marroquín.

María de Pereda. El hecho es curioso y vale la pena de buscar causas que justifiquen y confirmen el parangón. Es el caso que ambos personajes proceden de familias de Santander de España. Pereda es de la ciudad de Santander; la familia de los Marroquines habitó por varios siglos las villas de Laredo y Liendo, confinantes y situadas a la orilla del mar cantábrico» [1].

Uno de los reparos que se han hecho a las novelas del señor Marroquín es que no son novelas, porque según algunos para ser novelista se requiere despertar un palpitante interés en el ánimo del lector y descender a la bajeza de las pasiones humanas sin respeto alguno por la moral y la decencia.

Hace a nuestro propósito recordar aquí que iguales observaciones se han hecho respecto de Pereda, a quien algunos, según dice don Marcelino Menéndez y Pelayo, «posible será que le nieguen alcance y trascendencia, y hasta le disputen (a uno de sus libros) el titulo de novela. Cuestión de nombres, propia de retóricos ociosos. Novela es aunque sea sencilla, y llámese así o de otro modo, no dejará de ser un libro excelente» [2]

Se ha dicho de Pereda «que los tipos femeniles y los diálogos de amor han sido, son y serán siempre la parte más endeble de su armadura de novelista, y que los trata con frialdad y despego. Se le ha censurado que hizo de alguna de sus

---

1. *El Centro.* 1897.
2. Menéndez y Pelayo. Prólogo de *Los hombres de pro.*

heroínas una criatura impasible, estoica y marmórea, cuando al fin era mujer y enamorada» [1].

Y la misma censura ha merecido el señor Marroquín de parte de algunos críticos que, hablando de sus tipos femeninos, los apellidan «figuras de yeso con pasiones dúctiles que toleran restricciones y cortapisas y que no son verdaderamente humanas»; «caracteres que realizan el ideal de la mujer fuerte del Evangelio, pero no el tipo humano de la mujer apasionada y frágil» [2].

«Los novios del señor Marroquín no tienen corazón», ha dicho otro escritor [3]; Y nosotros, dejando a estos críticos la responsabilidad de sus conceptos, hacemos notar solamente este punto de semejanza entre los dos novelistas.

Llama igualmente la atención la semejanza de caminos literarios que recorrieron los dos escritores, pues si ya hemos visto que don José Manuel escribió en sus mocedades no pocos cuadros de costumbres, y vino a parar en novelista, de Pereda dice Menéndez y Pelayo: «Bajo dos aspectos principales puede y debe considerarse a Pereda: como autor de artículos o cuadros sueltos de costumbres, y como novelista. La segunda manera es una evolución natural de la primera, o más bien no es otra cosa que la primera amplíada» [4].

Ni es de extrañarse que haya tales semejanzas entre los dos autores, si se atiende a que bebieron en

1. Menéndez y Pelayo, 1. c.
2. Juicio sobre *Blas Gil.* La *Crónica*, Bogotá, abril 29 de 1897.
3. *La Novela* en Colombia, por Roberto Cortázar. 1908.
4. Menéndez y Pelayo, 1. c.

unas mismas fuentes y modelaron su estilo en
idénticos moldes. Sin entrar aquí en disertaciones literarias que podrían abrir ancho e inexplo-
rado campo de crítica literaria nacional, por temor de alejarnos demasiado de nuestro propósito, sólo haremos notar que el novelista montañés y el autor de *El Moro* fueron en su juventud asiduos admiradores de don Antonio de True-
ba y de Fernán Caballero, «que tiene el mérito
supremo de haber creado la novela moderna de
costumbres españolas, la novela de sabor local,
siendo en este concepto discípulos suyos cuantos hoy la cultivan» [1].

A Pereda se le ha echado en cara que su novela *De
tal palo tal astilla* tiene cierta analogía con la
Sibila de Octavio Feuillet, y *Gloria* de Galdós;
y del señor Marroquín ha dicho algún critico bogotano, hablando de *Blas Gil*, que no auduvo
original en la elección de asunto, porque ya lo
habían tratado Le Sage y el mismo Pereda.

Anotamos la semejanza de critica que se hace a los
dos autores, pero de paso rechazamos el cargo.
Con ese fácil criterio no habría libro original. El
asunto de una novela puede ser el mismo de muchas otras, y lo será necesariamente, porque nada hay nuevo bajo el sol; pero puede tener mucha novedad precisamente en haber nacionaliza-
do la especie, en haber localizado el tipo.

Mas la verdadera aproximación de los dos escritores
está en la corrección, riqueza y amenidad del len-

---

1. Menéndez y Pelayo, l. c.

guaje, por una parte, y por otra en el carácter genuinamente nacional de sus escritos, como ya habíamos tenido ocasión de decirlo.

Pereda «siguió los impulsos de su peculiarísima complexión literaria, sin mostrarse jamás ansioso de teorías y novedades, ni reconocer nunca otros maestros que la hermosa naturaleza que tenía enfrente, y el estudio de nuestros clásicos, de quienes heredó, sin afectación de arcaísmo, el buen sabor de su prosa, tan castiza y tan serrana» [1].

«La frase del señor Marroquín sale siempre limpia y armónica. Palabras o giros no usados por otros son empleados por él, sin asomo de afectación; las exhumaciones de lenguaje no asustan; ninguna frase suya, por anticuada que parezca, tiene el aspecto de un aparecido; su lenguaje huele a nuevo; todo en él es fácil, fluido y espontáneo. La riqueza de lenguaje sólo es comparable a lo acendrado del gusto y a lo correcto y sobrio del estilo. Usa de tal riqueza sin ostentaciones ni alardes, como los ricos que saben que nadie ignora que lo son, y no han menester esfuerzo para comprobarlo». [2]

«Los libros de Pereda son algo tan de nuestra tierra y de nuestra vida, como la brisa de nuestras costas o el maíz de nuestras mieses. Identificado con la tierra natal, de la cual no se aparta un punto; apacentando sin cesar sus ojos con el espectáculo de

1. Menéndez y Pelayo, l. c.
2. *El Correo Nacional*, Bogotá, diciembre 13 de 1898.

esta naturaleza dulcemente melancólica, y descubriendo sagazmente cuanto queda de poético en nuestras costumbres rústicas, ha traído a sus libros la montaña entera, no ya con su aspecto exterior, sino con algo más profundo e íntimo, que no se ve, y sin embargo penetra el alma» [1].

¿No podría decirse otro tanto del autor de *El Moro* y de *Entre Primos;* de quien describe con tanta fidelidad y cariño la antigua Santafé, la sabana de Bogotá, o las montañas y valles de nuestras tierras calientes?

«Londres, 11 de abril de 1899.

Señor don José Manuel Marroquín.

Al leer los libros de usted me parecía estar viendo desfilar delante de mis ojos, como en un panorama animado, muchas escenas familiares de mi vida. Leílos en medio de esta brumosa capital, tan alejada de nuestro país no tanto por la distancia material, cuanto por las diferencias morales y sociales. Teníamos ese día un *fog* o neblina densa y negra. El rumor de la gran ciudad estaba muerto, como parecía muerto también el sol; y junto al fuego crepitante de la chimenea fue alzando el libro de usted la imagen de Bogotá, y aunque las situaciones descritas por usted en sus libros son muchas veces tristes, a la par de ellas venían a mi memoria, por una corriente paralela de recuerdos, muchas cosas bellas

---

1. Menéndez y Pelayo, l. c.

y queridas, y Londres con sus nieblas, sus ingleses
y su inmensidad mareante desapareció por completo. En alas de la robusta prosa de usted me he sentido transportado a mi patria, la he visto pasar delante de mí en muchos de sus aspectos, como si
fuera en un cuadro panorámico, y he visto cómo la
pluma del escritor vence a las sandalias afamadas
de Mercurio, y a aquel tapete oriental de que se nos
habla en *Las mil y una noches*, que trasportaba al
individuo a voluntad a donde él quería.

Su afectísimo amigo,

SANTIAGO PÉREZ TRIANA».

Podemos estar equivocados, pero a nuestro juicio, nadie ha llegado entre nosotros en materia de facilidad de lenguaje y de gracia y amenidad de
estilo, a donde llegó el señor Marroquín; y sus
novelas irán ganando con el tiempo, porque allí
están pintados un pueblo y una raza; por lo *nacional* de sus argumentos, caracteres y descripciones; en una palabra, porque son genuinamente colombianas, como de «quien tenía el suelo
patrio embebido en la masa de la sangre».

———

Cuatro fueron las novelas que dejó el señor Marroquin, escritas todas hacia el fin de su vida.

Blas Gil ocupa cronológicamente el primer lugar, y
fue la más combatida de todas. A propósito de
ella se han emitido los dictámenes más contradictarios, asegurando unos que es allí donde raya

más alto el espiritu observador del autor y su realismo de buen cuño, y despojándola otros de todo mérito, por carecer de originalidad, de trama, de verdad. Quizás el argumento y la intención del libro contribuyeron en mucha parte a que en su apreciación anduvieran mezcladas la funesta politica y las pasiones humanas. Podemos juzgarlo por la siguiente carta [1]:

«Santo Domingo, agosto 29 de 1896.

Señor doctor don Antonio José Uribe —Bogotá.

Mi querido Antonio:

....

Voy a hablarte ahora de literatura. Y es a propósito de *Blas Gil.*

Lo he leído dos veces y media. La primera me entusismó, la media que le siguió me entusiasmó más, y la tercera, no fue ya entusiasmo lo que me produjo, fue fanatismo. Fanatismo, así como suena. Tanto que, rojo y todo, deploro profundamente el que la literatura no tenga inquisición para que chamuscara hasta el tuétano a ciertos herejes que hablan de esa obra inimitable sin el elogio que merece. ¿Dónde tienen el gusto y las entendederas los que así se expresan? ¿Creen que la belleza y el arte estriban únicamente en los procedimientos modernos? No, la estética no puede someterse a preceptos, y así como cabe en todas las escuelas, puede salirse de

---

1. Esta carta nos fue bondadosamente suministrada por el señor doctor Antonio José Uribe.

ellas y señalar nuevos caminos, o volver a los antiguos, por uno a modo de atavismo literario.

Estos conceptos de Pero Grullo me los sugiere la idea de que *Blas Gil* pueda ser tachado de arcaico en el procedimiento. Fuera de esta tacha que me parece especiosa y baladí, el libro es invulnerable. Y digo que la tacha es así, porque ni la escuela moderna es definitiva, ni se va a Roma por un solo camino ni en un mismo vehículo. El naturalismo—o realismo—informa hace algunos años, casi generalmente, al género sintético que se llama novela; pero ese sistema literario no lo constituyen, como piensan algunos, ciertas y determinadas maneras de proceder: lo constituye la verdad de lo escrito. Por lo mismo, el tal sistema no es, filosóficamente hablando, cosa modernísima ni flamante, como pretenden no pocos, sino de todos los tiempos, dado que siempre ha habido algún escritor que pinte y refleje la vida y la humanidad tal cual es. Lo que hay—y esto será el caballo de batalla del modernismo—es que, de toda la balumba de obras que forman una época literaria, sólo pasan a la posteridad las que reflejan lo verdadero, lo humano, tengan la forma que tuvieren.

Blas Gil, de todo tendrá, menos de mentira: es una verdad tan verdad y tan desconsoladora como la humanidad que pinta. Ni un solo tipo, ni una sola escena, ni un solo detalle es falso. Su intriga es de lo más lógico y natural, y ni un solo paso del libro puede tildarse de efectista y forzado. Los personajes todos se sostienen admirablemente, sin con-

tradecirse un ápice. Blas es siempre el ambicioso que
medra y sube por la trampa y la falta absoluta de
vergüenza y de sentido moral; Elisa es la bondad,
la dulzura y el juicio, sin ceder un instante, ni siquiera a los mirajes de un amor casto y delicado,
pero que no logró engañarla respecto del sujeto que
se lo inspiró; es, en una palabra, un nuevo y original ejemplar del eterno femenino. El General Val-
dez sí que es tipo: la hidalguia y la buena fe, con
la inocencia, su eterna compañera. Peregil es el vago de siempre y Magdalena la cursilona y *braca-
monte*, bronca de alma y bonita de cuerpo, de toda
la vida. ¿Y qué decir del Gobierno, de las elecciones, de la asamblea, del congreso y del ministerio; qué de la manera de hacer política de nuestra
raza y del carácter del periodiqueo, que obran en el
libro? ¿No está ahí, en síntesis, toda la fantochada
sangrienta y vergonzosa de nuestra historia politica, y la de todos los países latino americanos? Por
eso me parece *Blas Gil* una grande obra : grande,
porque toma al hombre-colectividad, más que al hom-
bre-individuo; porque señala vicios de razas y de
instituciones políticas inveteradas, no de una familia y de una ley determinadas; porque en la obra no
campean sino la grave imparcialidad y el amor a la
verdad; porque ahí no se predica ningún principio
lírico, sino que se exponen los hechos; y porque el
idioma en que se escribió se ostenta ahí, en toda
su opulencia, en toda su originalísima majestad; porque las gramáticas españolas, que de hoy en ade-

lante se escriban en América, no tendrán que men-
digar a los hablistas peninsulares ni giros, ni léxi-
co, ni pureza.

En nada de esto exagero. Porqué, pues, este libro
lo han visto algunos con cierto airecillo equivoco?
Antes de leerlo había visto algunos juicios críticos en
que, a vueltas de muchas consideraciones más o
menos fundadas y alardeadoras de sabihondeces, se
le arroja a la obra un mendrugo de alabanza, cual
si se tratase de algún gatico pedigüeño. ¿Por qué
esto? ¿ Será que la obra es de aquellas que, a la
vez que admiración, despiertan, desde luego, la envidia, y no como otras que hay que ampararlas
con el manto de la caridad, como cierta que yo me
sé? A veces se me figura que a alguno, si no a
todos, de estos críticos les ha pasado algo semejante a lo del provinciano del cuento. Voy a con-
tártelo. Erase que se era un lugareño, con todo el
atrevimiento de la ignorancia y la riqueza, que determinó viajar y conocer el mundo. Habiéndose jun-
tado con un allegado, que le servía de cicerone, dí-
jole éste que, para que no fuera a denunciar mucho el pelo de la dehesa, como quien dice, era conveniente no admirarse mucho por nada. Andando,
andando vieron maravillas, y el presuntuoso acon-
sejado como si tal cosa. Toparon cierta vez, ante
el *Pasmo de Sicilia*, un grupo de turistas que se vol-
vian lenguas. Uno de ellos, que debía ser algo entre-
metido, viendo el desentendimiento del paleto, se le
acerca y le pregunta: ¿Qué le parece a usted el

cuadro ? Quédase el interpelado fijo en la inmortal pintura, como sacándole la quinta esencia a Rafael Sanzio, y luégo dice: «Está regular».

Sólo así, aconsejados por el cicerone de cierto amor propio, que cree depresivo para sí, el aprobar con entusiasmo las obras ajenas; sólo así puedo comprender la actitud de algunos críticos respecto de una manifestación artística tan notable.

· Hé aquí por qué deploro la falta de inquisición....

TOMÁS CARRRASQUILLA».

A esos juicios—que no sabemos nosotros si serán de-finitivos—contestó el señor Marroquín con *El Moro.*

La gloria literaria del señor Marroquín, dice un autor, reposa sobre dos columnas de gránito: El Tratado de ortografía castellana y *El Moro.*

Es esta novela la más *colombiana*, no solamente de las que escribió su autor, sino de cuantas se han escrito entre nosotros. Notorio despropósito se-ría tachar a don José Manuel de imitador de es-critores ultramarinos, defecto—a nuestro juicio— que ha impedido a muchos ingenios colombianos producir obras de mérito.

El de la novela que nos ocupa consiste, según gráfi-co elogio que de ella hace el Ilustrísimo señor Federico González Suárez, Arzobispo de Quito y gloria literaria de la América Latina, en que «los campos de la meseta de Cundinamarca, sus extensos horizontes, sus tierras labrantías, sus herbosos prados, se ven y se recorren en *El Moro*» [1].

«Ni se crea, dice el doctor Carlos Martinez Silva, que *El Moro* es una obra de mero entretenimiento: en ella encontrarán, aun los campesinos y hacendados, muchas enseñanzas prácticas, sacadas no de obras extranjeras ni de tratados técnicos, sino deducidas por larga experiencia del autor en el manejo de una hacienda en la sabana de Bogotá, patrimonio de sus mayores, en la cual se crió y en la cual ha vivido los más de sus años de una vida apacible, tranquila, piadosa, alternada entre los dos cultivos que más ennoblecen el espíritu y dignifican el carácter: el de la tierra y el de las letras, dedicando, además, no escasa porción de ella a la educación de la juventud, y toda entera, a su patria, a su familia, a sus amigos y a sus hermanos los pobres» [2].

Para otros «el principal mérito de la obra del señor Marroquín consiste en el profundo estudio de la naturaleza animal....

«Un libro original», dice el doctor Carlos Martínez Silva refiriéndose a *El Moro;* mas sin pecar de exagerados, no vacilamos en tenerlo como único en su especie: es la obra reflexiva de un ingenio que siempre se ha distinguido por la originalidad, el aplomo

---

1 *Estudios literarios.* Quito. 1906.
2. **Repertorio Colombiano.** XVI. 2.

y la mesura en el pensar, y más que todo por su inimitable lenguaje» [1].

«Una melancolía tenue, dice otro autor, una tristeza dulce se ha apoderado de nuestro espíritu al terminar la lectura de este precioso libro. No son los grandes conocimientos hípicos del autor, ni la relación de la vida de un animal lo que nos atrae. Es el estilo limpio, pulido y sereno del académico; es el estudio profundamente humano que flota en esas páginas; es la pintura de los hombres representada por caballos.... con la ironía suave de un filósofo cristiano; es la figura austera, benévola y atractiva del autor revelada en cada párrafo de esta obra maestra» [2].

———

Vino después *Entre Primos*. No es esta novela de la misma naturaleza de las precedentes.

«*Blas Gil* es una relación comparativamente sencilla de la vida y milagros de un personaje, en la que el encanto de las descripciones de la naturaleza y de la pasión, y el interés de la trama, se han sacrificado a la intención moral de la obra. El tono general de ésta es demasiado socarrón para que cupieran explosión de sentimientos vehementes y choque estrepitoso de pasiones.

———

1. Eugenio González Mutis. *Revista Nacional*. 1897.
2. Eduardo Zuleta. *Impresiones*. Medellín. 1897.

En *El Moro*, lo humano ha pasado al través de una naturaleza meramente animal, y, por consiguiente, el tema tratado en esta obra no pudo ni debió dar materia para el estudio y exposición de los sentimientos que deben entrar en juego en una novela propiamente tal.

En *Entre Primos*, nuestro autor, deshaciéndose de trabas, tales como las que se dejó imponer por su plan en las dos obras mencionadas primero, se ha espaciado en un campo bastante extenso; ha puesto en acción sentimientos vivos, y aunque sin hacer una trama complicada, despierta aquel género de interés que los más de los lectores buscan en las novelas.

De aquella acción ha tomado pie para pintar y hacer contrastar caracteres y para describir nuestras tierras calientes; así como para dar idea de los trabajos e industrias que en ellas son más comunes, señaladamente la del cultivo y beneficio del café y de la caña de azúcar» [1].

«¡Ah, la tierra caliente! Los que hemos nacido en ella y hemos pasado meses a orillas del caudaloso Cauca, sabemos apreciar el valor de las descripciones de don José Manuel. Esa tierra de árboles seculares y olorosos de copas elevadísimas y anchas, como palios magníficos; la luz incomparable de esos sitios de naturaleza pujante y maravillosa;.... el ruido casi triste de la cáscara seca que se desprende; y

1. *Revista Nacional*. Bogotá. 1897.

las sombras solemnes de la noche que llega, em-
briagadora y deliciosa, nos vienen de nuevo a la
memoria con la lectura de *Entre Primos*» [1].

Difícil sería encontrar más expresivo elogio de este
libro si no pudiéramos añadir a él la siguiente
carta:

«Medellín, agosto 16 de 1897.

Señor don José Manuel Marroquin.—Bogotá.

Muy respetado señor y amigo:
Acabo de dejar de las manos a *Entre Primos* con
los ojos humedecidos como no he dejado sino a *María* y a *Cuore*. ¿Qué mayor prueba del agradecimiento que le debo por el envío de su preciosa y de su
mejor novela?

Como don Jacobo, «yo soy franco», y le aseguro
a usted que soy un antioqueño *hecho de todo el
maíz*, con la cerviz y el corazón muy duros; para
que sus *Primos* puedan sacarme lágrimas tienen que
gozar—como sin duda gozan—de virtud sobrenatural: la del artista que sabe herir lo sensible y lo
justo.

No vacilo en colocar a *Entre Primos* al lado de
María, al menos con el corazón, que es el mejor juez
de esta clase de producciones.

Y cuanto a estilo, tengo que ensancharme más para
buscar una pareja de su delicadísima pluma, y subir hasta Pereda, en quien veo sorprendentes ana-

1. Eduardo Zuleta. *Impresiones*. Medellín. 1897.

logias con usted, empezando por las fisionómicas, hasta acabar por la honradez y la religiosidad.

....

Que viva usted muchos años para que honre las letras patrias, con producciones como las de su privilegiada pluma; y también para solaz y orgullo de sus admiradores, entre los más fervientes de los cuales se cuenta su atento y seguro servidor,

CARLOS E. RESTREPO».

————

La última novela del señor Marroquín, publicada en 1898, fue *Amores y leyes*, libro que muy bien

«pudiera llamarse el drama de la miseria, la tragedia del hambre. Allí se patentizan y ostentan con crueldad y sevicia todos los padecimientos y dolores de la indigencia, no tan sólo los materiales sino los del alma, que son los más patéticos y conmovedores.

Y de esta pintura magistral de la indigencia, de esta deleitación morosa con que ahonda en todas sus angustias y humillaciones, queda una impresión dolorosa pero benéfica, y es el deseo de remediarlas; un grito de conmiseración brota del fondo del alma y con el propósito de ser más caritativos y más humanos. Porque eso tienen todas las novelas de don José Manuel; no solamente son sanas, sino que son buenas; se asemejan a las plantas leguminosas, que no solamente no empobrecen la tierra, siendo como son las más jugosas y pingües, sino que la enriquecen y mejoran.

De las cuatro novelas del señor Marroquín, *Amores y leyes* es la más bogotana, es decir, es en donde se hallan más dilatadas y minuciosas descripciones de la capital de la República. El autor nos lleva a parajes recónditos y malsanos en donde tiene su asiento la miseria, quizá no conocidos de todos los bogotanos, y los describe con nimiedades y detalles, con observaciones y profundidades como pudieran hacerlo Dickens o Zola.

Descripciones de *Amores y leyes* figurarán precisamente en una colección que haya de hacerse de trozos escogidos de literatura colombiana» [1].

No menos expresivo y justo nos parece el elogio que del libro hace el doctor Carlos Martínez Silva:

«*Amores y leyes* no es una novela propiamente dicha, como tampoco lo es acaso ninguna de las otras que dejamos enumeradas, ello en el supuesto de que sea cierto que la novela requiere el desarrollo de pasiones fuertes o complicados enredos; tesis que tiene mucho de convencional y que rebaten con sus obras novelistas tan afamados como Dickens en Inglaterra y Pereda en España.

Ahora, si hubiere de ser verdad que a los cultivadores de este género literario obliga tratar temas filosóficos, sociológicos o psicológicos, como han dado en la flor de hacerlo ciertos modernos novelado-

1. Rufino Cuervo Márquez. *El Correo Nacional*, 1898.

res franceses, muy en boga hoy, el señor Marroquín no podría ser clasificado entre los del gremio, con lo cual nada perdería él y mucho menos sus lectores; pues si hay alguna labor estéril y cargante es la de esos escritores que se proponen fundar teorías y sistemas sociales sobre hechos aislados, siquiera sean estudiados con sapiente prolijidad.

Mas no por ello ha de creerse que el señor Marroquín escribe sólo para entretener a sus lectores con frívolas narraciones; su propósito es más elevado, y más noble el uso que hace de sus dotes de cuentista ameno y regocijado. En todas sus obras persigue un fin moral, que no es otro que el de corregir vicios o malas costumbres nuéstras, usando de la sátira maleante, sin amargura, sin exageraciones caricaturescas y sin salirse un punto de la verdad. En este sentido es el autor de que tratamos eminentemente *realista*, en el buen sentido de la palabra.

Lo es de modo especial en *Amores y leyes*. Hay allí, por ejemplo, cuadros de miseria y de desamparo que llegan al fondo del alma, por lo verdaderos. Pero al tratarlos, con permenores que se conoce bien no han sido inventados, ni sacados de libros extranjeros, sino recogidos en la morada misma del pobre, por quien a menudo la visita con fines de cristiana caridad, el autor no declama, ni filosofa, ni generaliza, ni predica, ni saca tesis para solevantar unas clases sociales contra otras, ni se entrega a ninguna suerte de enfadosas sensiblerías. Describe con naturalidad, con delicada sobriedad, aunque sin omitir

ningún gráfico pormenor, sin recargar de colores la
paleta ni de tinta la pluma, y con impasibilidad tal,
que podría dar lugar a que se le notara de frío, si
el efecto producido en el lector no revelara que todas aquellas páginas han sido inspiradas por un aqui-
latado sentimiento y por un vivo anhelo de buscar
remedio en la caridad a los humanos dolores» [1].

Qué paz de alma y de cuerpo se respira en los libros
del señor Marroquín. Desgraciadamente cuando
acabó de escribirlos, ya empezaban a soplar los
vientos que habían de agitar la atmósfera serena en medio de la cual se deslizaban apaciblemente sus días, y que iban a alejarle de aquel
rincón, en donde se alimentaba de recuerdos, para lanzarlo en medio de la más deshecha borrasca, ya en el ocaso de su vida.

1. *Repertorio Colombiano*, XIX, 3.

CAPITULO XVII

La candidatura.

ACEPTACIÓN Y RENUNCIA DE LA
CANDIDATURA. — REPUGNANCIA
QUE LE INSPIRA AL SEÑOR MA-
RROQUÍN.--LA ELECCIÓN.—PLAN
DE GOBIERNO.

Señor don José Manuel Marroquín Osorio.—París.

Mi querido y pensadísimo José Manuel:

....:..........................

Vaya una cosa curiosa: Miguel Antonio Caro se inhabilitó para ser reelegido y empezaron a llover conjeturas y opiniones sobre candidatos probables. Mi nombre empezó a sonar. El día de mi santo vinieron a verme, como ya te lo había contado en mi anterior carta, algunos personajes de la política. La gente inventó que aquellos señores habían venido a ofrecerme la candidatura. Pero ni Caro ni el Comité han pensado en aquella monstruosidad, ni los que vinieron el día 7 de este mes me dijeron una sola palabra.

Muchos de mis amigos y aun muchos no amigos, han hablado de la cosa con entusiasmo.

Tu amantísimo,

JOSÉ MANUEL» [1]

---

[1]. Estas cartas y las siguientes, que tienen igual encabezamiento, son dirigidas por el señor Marroquín a su hijo, residente entonces en París.

«*Yerbabuena*, **septiembre** 23 **de** 1897.

Mi pensadísimo José Manuel:

....

Lo de mi candidatura para la Presidencia ha vuelto a aparecer, y ahora en forma más seria. Ya se me ha pedido licencia para echar a volar mi nombre. Yo me he resistido decididamente, pero no he logrado que dejen de insistir en arrancarme el consentimiento. Mañana tendré que librar nueva batalla, pues vendrá un comisionado.

Yo sigo entreteniéndome en escribir. Desgraciadamente el asunto de la novela que tengo entre manos no me inspira ni me atrae como los de las tres ya publicadas.

Tu amantísimo,

JOSÉ MANUEL».

———

«Bogotá, **octubre** 12 **de** 1897.

Mi querido José Manuel:

Te había hablado sobre lo de mi candidatura y te había dicho, si mal no recuerdo, que ya esperaba que eso se hubiera desvanecido. Ahora, por desgracia, tengo que contarte que ha venido con más empeño.

Se me ha forzado a consentir en que se lance la candidatura Sanclemente-Marroquín. Pero como el doctor Sanclemente es muy anciano y puede no venir a encargarse del Gobierno, si triunfara esta candidatura, yo correría riesgo de tener que encargarme. Hay que pedirle a Dios que disponga las cosas de modo que, sin detrimento de los bienes de la Iglesia y de la Patria, aparte de mí esa honrosa calamidad.

....

Tu amantísimo,

JOSÉ MANUEL».

————

«Señor don José Manuel Marroquin.—E. L. C.

Tenemos la satisfacción de poner en conocimiento de usted que este Directorio, consultada la opinión de personas muy connotadas del Partido Nacional, y con el beneplácito del Jefe del mismo Partido, ha proclamado hoy candidato para la Presidencia de la República en el próximo período constitucional, al señor doctor don Manuel Antonio Sanclemente, y a usted para Vicepresidente.

No dudamos que esta proclamación será bien acogida por los pueblos, dados los antecedentes de probidad, ilustración y talento de ambos candidatos, y los servicios que han prestado a la civilización y progreso moral de la República. Con su aceptación vendrá usted a adquirir nuevo título al aprecio y gratitud de sus conciudadanos.

Somos de usted respetuosos servidores, amigos y compatriotas,

MARCO F. SUÁREZ, BELISARIO AYALA, IGNACIO NEIRA, JOSÉ ANGEL PORRAS, MARCELIANO VARGAS».

«Bogotá, octubre 16 de 1897.

Señores Marco F. Suárez, Belisario Ayala, Ignacio Neira, José Angel Porras, Marceliano Vargas.

Estimados amigos y compatriotas:

Después de manifestar a ustedes lo mucho que me obligan los términos altamente honrosos y lisonjeros para mí que se han servido emplear al comunicarme que la Corporación que ustedes forman, consultada la opinión de personas muy connotadas del Partido Nacional, y con el beneplácito del Jefe del mismo Partido, ha proclamado candidato para la Presidencia de la República al señor doctor Manuel A. Sanclemente y a mí para Vicepresidente, digo a ustedes que acepto esta candidatura, a pesar de los vivos temores, que como lo he asegurado privadamente a varios amigos, abrigo de que llegado el caso de tener que entrar en ejercicio del poder, lo escaso de mis aptitudes me impida corresponder dignamente a la inmerecida y altísima distinción con que yo me vería favorecido, si los votos de la mayoria de mis conciudadanos me elevaran a la Vicepresidencia de la República.

Sobre estos temores ha prevalecido en mi ánimo el deseo de secundar las patrióticas miras de los autorizados amigos que, al proponer las candidaturas de dos ciudadanos alejados de la política militante, han esperado asegurar la paz y calmar la agitación pública.

Me fortalece también la esperanza de que en vista de mi buena intención y del sacrificio que pudiera algún día tener que imponerme de mi reposo y de mis aficiones, Dios ha de prestarme los auxilios que necesite para procurar el bien de mi patria.

De ustedes atento seguro servidor y amigo,

JOSÉ MANUEL MARROQUÍN».

————

«*Yerbabuena*, octubre 25 de 1897.

Mi pensadísimo José Manuel:

....

Lo de la candidatura ha cundido y se ha enseriado. Ya llueven telegramas y adhesiones de casi todas partes.

El estado de mi ánimo es indescriptible y nada envidiable. A medida que se va haciendo más fundado el temor de verme encaramado, se me van presentando las inmensas dificultades en que puedo verme y me voy sintiendo más chiquito. Como otros hacen esfuerzos por adquirir una virtud, yo los hago por incurrir en el pecado de la ambición, a fin de sentirme halagado y fortalecido; pero nada: lo único que me provoca es que Dios disponga las cosas del modo más favorable para la Iglesia y para la Nación, sin que yo tenga que salir de la obscuridad. Esto es lo que hay que pedirle.

Tu amantísimo,

JOSÉ MANUEL».

«Hacienda de *Yerbabuena*, noviembre 15 de 1897.

Señor don Marco Fidel Suárez.

Muy estimado amigo y señor:

Estoy informado de que próximamente se consti-
tuirá una Junta que ha de trabajar por restituir su
armonía a los elementos de que en mejores tiempos
se compuso el partido político a que usted y yo hemos tenido la fortuna de pertenecer.

Esa noticia me ha llenado de satisfacción. Yo, que
que conocí ese partido fuerte y concorde y he visto
siempre en su triunfo el de los principios salvadores de la sociedad, y que al mismo tiempo he presenciado con ánimo sereno los sucesos que lo han
despedazado, no he podido menos de contristarme
previendo la ruina de toda patriótica esperanza y de
alentarme y consolarme al poder concebir la de que
cese la funesta división de que tántos males se han
seguido, y de que tántos otros, aún más temibles e
irremediables, podrian seguirse.

Bien conocido me es el patriotismo de muchos de
los ciudadanos que verosimilmente han de componer la Junta; y esto me hace esperar que, en sus
deliberaciones, se echarán en olvido rencillas y agravios antiguos y recientes, y se contemplará que el
principio católico es en definitiva el único que hizo
nacer nuestro partido y lo ha sostenido y vigoriza-
do por largos años; y que es un monstruoso con-
trasentido el que dentro de él se deje oír la voz de
las pasiones y se olviden en la práctica las máximas evangélicas.

¿Cómo no ha de pensarse también que los momentos presentes son los últimos en que puede atenderse el clamor de los innumerables colombianos que, harto abrumados ya por la calamidad de los procelosos tiempos que corren y ajenos a las contiendas políticas, no aspiran sino a ver asegurada la tranquilidad pública y a entregarse a labores pacíficas y fecundas?

Como en la Junta que ha de formarse se tratará principal, y acaso exclusivamente, de la cuestión electoral que agita al país, juzgo oportuno declarar, como sinceramente lo declaro, que, si para el logro del mil veces laudable objeto de conciliar intereses y opiniones, ha de convenir que mi nombre deje de sonar en el debate electoral, estoy dispuesto a renunciar el alto honor que muchos de mis conciudadanos han querido dispensarme proponiendo mi candidatura para la Vicepresidencia de la República.

Si se prescinde de mi nombre, no sólo no se me dará que sentir, sino que se hará cesar la inquietud que me perturba desde que miro como no imposible el que caiga sobre mí la carga del Gobierno con sus inmensas responsabilidades. ´

Muchos días há, declaré estas mismas cosas en carta dirigida a uno de nuestros más autorizados amigos.

Harto notorio es que carezco de ambición. Ahora quisiera haberla sentido para que esta declaración mía fuera un sacrificio meritorio hecho por el bien público, y un ejemplo saludable de patriótica abnegación.

Ignorando por qué conducto deba dirigirme a la Junta, me permito suplicar a usted, que con tánta benevolencia me ha favorecido en sus recientes escritos, le haga presente lo que le expongo en esta carta.

Soy como siempre, de usted afectísimo amigo y seguro servidor,

JOSÉ MANUEL MARROQUÍN».

————

«*Yerbabuena*, 18 de noviembre de 1897.

Señor don Miguel Antonio Caro.

Muy respetado y querido amigo:

Al oír hablar de arreglos iniciados, he vuelto a vislumbrar la esperanza de verme fuera del debate electoral. Aprovechando la ocasión, le ruego a usted encarecidamente haga cuanto sea posible para que mi esperanza se realice. Sin que ello me coja de nuevo, estoy viendo ahora lo que es el tal debate electoral. Los subalternos no hacen caso de las órdenes superiores, y el público hace responsable a quien gobierna de todo lo que aquéllos hacen. Por este arte se me van ocurriendo consideraciones que debí tener presentes antes de aceptar mi designación; con lo cual y con ver que la tormenta, en vez de calmarse se ha embravecido, estoy en la más lastimosa situación de ánimo.

Usted perdone a su verdaderamente inútil servidor y amigo,

JOSÉ MANUEL MARROQUÍN».

Señor don José C. Borda.

....

Como se malograron los esfuerzos intentados para conseguir un avenimiento, creo que ya no tendrían importancia mis respuestas a las preguntas contenidas en el pliego que usted me incluyó. Pero voy a exponerle otras de las razones que tengo para no manifestar por ahora mis opiniones.

La exposición de ellas parecería arbitrio empleado por mí para captarme sufragios y para hacer competencia a otros candidatos; y yo al admitir la candidatura para la Vicepresidencia me propuse dejar obrar a los demás sin intervenir yo mismo.

Toda palabra que suelte un candidato es ineludiblemente mirada como promesa, y yo, inexperto como soy en el manejo de la complicada máquina político-gubernamental, tiemblo de hacer ciertas promesas que no sé si podré cumplir. Se entiende que en el número de éstas no se incluye la de proceder rectamente y en cuanto sea dable, a contentamiento de todos los buenos patriotas, cualquiera que sea su filiación política.

Me suscribo de usted afectísimo seguro servidor y amigo,

JOSÉ MANUEL MARROQUÍN».

Bogotá, 1.º de diciembre de 1897.

Señor don José Manuel Marroquín —*Yerbabuena.*

Muy estimado señor y amigo:

He leído con sumo interés la carta dirigida por usted a la junta que debía reunirse en la capital, con el propósito de tratar de ciertos arreglos respecto de las candidaturas para la Presidencia y Vicepresidencia de la República, en el próximo período.

Le presento mis más sinceras felicitaciones por tan importante documento: el patriotismo, la buena fe y la elevación de las ideas, que en él se revelan, son garantía de una política de benevolencia a la vez que de orden y de progreso, para el caso en que usted éntre a encargarse de la dirección del Gobierno.

Si se busca desinteresada y honradamente la unión de los defensores de las instituciones ¿quién mejor que usted podría efectuarla? Si se desea que el culto católico y el sacerdocio sigan gozando del respeto y de las garantías que la Constitución les otorga, y a que tienen perfecto derecho en una sociedad cristiana, ¿quién con más títulos que usted podria continuar haciéndolos efectivos?

No se puede hablar en sentido más digno y desinteresado de lo que usted lo ha hecho, y no dudo de que a tan sanos propósitos corresponderán nuestros compatriotas, elevándole al puesto de Vicepresidente de la República, que honrará usted con su talento y su probidad.

Cuente con su afectísimo amigo´y humilde seguro servidor, q. b. s. m.,

F. DE P. MATÉUS.

Mi pensadísimo José Manuel:

....

Toda es ahora raro. Los liberales han lanzado por fin candidatos propios. Son don Miguel Samper y Foción Soto. Los han lanzado advirtiendo que pueden aun retirarlos y entrar en algún arreglo. Yo hubiera podido hacerlo con sólo pronunciar una palabra; es decir, dando alguna idea de cuál será mi conducta si llego a ser elegido y a gobernar. Pero no quiero hacerlo, porque de hablar alguno, debería hacerlo primero el doctor Sanclemente y porque no quiero presentarme trabajando personalmente por mi elección.

....Tu amantísimo,

JOSÉ MANUEL».

———

•Señor Director de *El Nacionalista*.

Ruego a usted se sirva insertar en su apreciable periódico las siguientes líneas:

Agradezco al señor General Reyes y a los señores miembros del Directorio Conservador las benévolas expresiones con que me han favorecido en importantes documentos que recientemente han visto la luz pública, en que se recomienda mi candidatura para la Vicepresidencia de la República. Agradézcoles igualmente la generosidad con que han hecho tal recomendación, sin exigir nada de mí.

Reconozco que se procedió de manera laudable al hacerla, para contribuir al mantenimiento de la paz y para hallarles solución patriótica a las cuestiones que traen agitado el país.

Pero me ha sido sensible que, puesto que había de tomarse esta determinación, no se hubiera aprovechado coyuntura tan propicia para entrar de una vez en la vía de la reconciliación.

Consiguientemente me ha desagradado que, al recomendar mi candidatura, se haya manifestado que ese paso se da a fin de evitar que el señor Caro continúe en el poder.

Cuando el Directorio Nacionalista, con el beneplácito del jefe del partido, propuso la candidatura del señor doctor Sanclemente y la mía, entendí, y nunca he dejado de entender, que con plena buena fe se trataba de ofrecer a todos los colombianos una prenda de reconciliación y de paz.

Creo de justicia declarar, como en efecto declaro, que en el curso del debate electoral me han dado pruebas irrefragables de su sinceridad cuantos han sostenido las mencionadas candidaturas; y que, mediante el conocimiento que tengo del Excelentísimo señor Caro, con quien por largos años me ha unido estrecha amistad, lo juzgo incapaz de tomar parte en la supuesta maquinación que se ha aducido como motivo para adoptar mi candidatura.

J. MANUEL MARROQUÍN.

Bogotá, 24 de enero de 1898».

«*Yerbabuena*, mayo de 1898.

Señor don Olegario Rivera.

....

Lleno de temores y zozobras, considerando posible el caso de que caiga sobre mí el peso del Gobierno, tengo que poner todas mis esperanzas (después de Dios) en los auxiliares de que pueda rodearme. Estos auxiliares han de ser hombres probos y capaces, no cargados de odios ni muy reteñidos con los colores que han distinguido a los bandos políticos que han tomado parte en la reciente lucha. Usted es de esos hombres y como tal le suplico que si llega el caso apuntado arriba, venga a ayudarme a llevar la carga.

Bien veo que esto es convidarlo no al Tabor sino al Calvario; pero cuento con su patriotismo, y me atrevo, aunque esto parezca petulancia imperdonable, a aducir el ejemplo que yo mismo he dado, al exigirle el sacrificio de su reposo y quizás de su salud.

Yo acepté la candidatura para la Vicepresidencia conociendo que con ello me arriesgaba a perder lo que más quiero: la vida de familia, la tranquilidad y la ventaja inapreciable de verme estimado por todos mis paisanos, con seguridad de acabar ya mis días sin que contra mí se hubiera escrito o hablado.

He admitido el cargo considerando que mis cualidades negativas me podrian en efecto servir para procurarle al país la tranquilidad de que tánto necesita.

Y este sacrificio lo he hecho sin olvidar que a mi edad, ya no puedo contar con que me queden años en que me sea dable recobrar los bienes que me he expuesto a perder.

Deseo que usted se mantenga en buena salud, y quedo aguardando respuesta favorable.

De usted siempre afectísimo seguro servidor,

JOSÉ MANUEL MARROQUÍN.

―――

«*Yerbabuena*, mayo de 1898.

Señor don Abraham Moreno.—Medellín.

....

Creo que mi deber, si llego a gobernar, es echar mano de los hombres idóneos de todos los colores. Yo quisiera dar con algunos cuyo nombre no sirviera de guante para provocar a combate a alguna parcialidad politica y que no estén oliendo mucho a la pólvora que se ha estado quemando hasta ahora. Esto es talvez utópico, y quizás todos mis planes lo son; pero entre las utopías y la rutina, me decido por las utopías. Alguna ventaja he de sacar de la circunstancia de ser talvez el primer gobernante que sube al poder con ganas de que lo derriben de él.

Deseo que usted se mantenga sin novedad y mande a su afectísimo,

JOSÉ MANUEL MARROQUÍN».

«*Yerbabuena*, junio de 1898.

Señor don José Antonio Pinto.

....

Habiéndose propuesto mi candidatura con miras conciliativas y siendo yo un hombre que ha de entrar a gobernar tan exento de compromisos como si acabara de caer de las estrellas, debo y quiero procurar la reconciliación y la unión de todos los elementos.

Esto sería bueno y patriótico en todo caso, pero en las actuales circunstancias es, además, forzoso. Llegará el tiempo de las elecciones, y si los liberales nos hallan divididos, las ganarán indefectiblemente. Quedará el recurso de hacer trampas y de emplear la violencia; pero yo preferiría a todo eso entregarles el mando a los radicales, y creería no sólo cumplir con un deber sino ejecutar una acción honrosísima.

Esta idea de la unión es utópica; pero las cosas buenas humanamente irrealizables se pueden convertir en realizables mediante la intervención de la Divina Providencia, y en ella hemos de confiar.

A la dicha unión no se puede aspirar sino haciendo tomar parte en el Gobierno a hombres de todas las parcialidades; pero a hombres socialmente respetables, no sólo probos sino tenidos por probos. Y aquí está la dificultad. Muchos respetables son ineptos; muchos hábiles son pícaros o chisga-

rabises; muchos respetables y hábiles han salido
oliendo a pólvora de la reciente lucha.

....

Me es grato suscribirme de usted afectísimo, seguro servidor,

JOSÉ MANUEL MARROQUÍN».

————

«*Yerbabuena*, mayo 24 de 1898.

Querido José Manuel:

....

Muchos me suponen entregado a profundas meditaciones y a complicadas maniobras políticas. Esto
me hace reír mucho, pues a lo que estoy entregado, desde que estaba en *Quebradagrande*, es a hacer jeroglíficos. Cuando vengas encontrarás gran número de ellos.

JOSÉ MANUEL».

————

«San Vicente, junio 4 de 1898

Señor don José Manuel Marroquin.—Bogotá.

Mi muy estimado señor y amigo:

Al dirigir a usted la presente me complazco en
saludarlo con la debida atención y desearle el más
completo bienestar.

Considero un deber de amistad personal y política comunicar a usted, con las reservas del caso,
que habiendo hablado en la semana próxima anterior con el doctor Sanclemente, puedo afirmar que

no llegará la ocasión de encargarse él del Gobierno a causa del estado de su salud, la cual, si es satisfactoria en este clima, sufriría graves quebrantos en el de la altiplanicie; y como no cree conveniente ejercer fuéra de la capital por las dificultades que sobrevendrían en la administración, tocará a usted echar sobre sus hombros la ponderosa carga.

Por razones que usted comprende, el señor doctor Sanclemente desea mantener su resolución en reserva hasta el próximo mes, en que la hará conocer del señor Caro y del público.

Deseo que usted se conserve bueno, y me es honroso suscribirme su atento amigo y seguro servidor q. b. s. m.,

PEDRO ANTONIO MOLINA».

————

«*Yerbabuena*, junio 22 de 1898.*

Mi querido José Manuel:

....

Ya tengo noticia cierta de que tendré que encargarme del Gobierno. Para no tener que aguantar las visitas politicas aqui en *Yerbabuena*, pienso irme para Bogotá. ¡Qué adiós tan sentido y tan amargo daré a *Yerbabuena!* No me queda otra esperanza de volver a pasar aqui dias semejantes a los de estos últimos seis años, que la de que el Congreso nombre un Desigrrado a quien yo pueda considerar como a otro yo; y eso no es nada probable. Lo probable es que tenga que resistir en Palacio aunque me enferme y aunque lluevan capuchinos de bronce.

....

Tu amantísimo,

JOSÉ MANUEL».

————

«ACEPTACIÓN DE LA VICEPRESIDENCIA DE LA REPÚBLICA

Señores Presidente y miembros del gran Consejo Electoral nacional.

He tenido el honor de recibir el telegrama en que ustedes se han servido participarme que el gran Consejo, en sesión de ayer, me declaró electo Vicepresidente de la República para el periodo constitucional de 1898 a 1904.

Miro este aviso como solemne intimación que se me hace a nombre de la Providencia y a nombre de mis conciudadanos de que, cualesquiera que sean las funciones que me toque desempeñar en calidad de Vicepresidente de la República, debo consagrar mi vida y mis escasas facultades al servicio de la patria.

Al aceptar el cargo, me asalta el temor de no poder trabajar provechosamente en bien del pais; pero al mismo tiempo mi confianza en la Providencia y en la buena voluntad de mis compatriotas me hace esperar que no he de mostrarme indigno de la inmerecida y altísima distinción con que se me ha honrado.

Dios guarde a ustedes.

JOSÉ MANUEL MARROQUÍN».

Yerbabuena, julio 5 de 1898.

————

Señor don José Manuel Marrroquín.—Bogotá.

Mi respetado señor y estimado amigo:

Ocasión se me presenta hoy, y la aprovecho, para saludar a usted de la manera más atenta y afectuosa y expresarle el deseo que abrigo porque usted disfrute de cumplido bienestar.

....

Motivos de salud me han obligado a decirle al Senado que no pudiendo encargarme por ahora del Poder Ejecutivo, lo llame a usted a ejercerlo, y me anticipo a comunicárselo para que se prepáre a tomar posesión del empleo y a todo lo demás que él requiere.

Respetando como debo la voluntad popular y considerándome en el deber de manifestar que la estimo en todo lo que vale, me he abstenido de excusarme en absoluto; y si así como ahora no pudiere ir después, no me inquietaré por esto, porque sé bien que usted, distinguido patriota y dotado como está de todas las condiciones que el ejercicio del poder demanda, gobernará la Nación mucho mejor de lo que yo lo hiciera.

Confío por otra parte en que el Congreso, acaso de acuerdo con usted, nombrará un Designado competente y de reconocido patriotismo, caso en el cual mi personalidad no hará falta en el Gobierno, como le dije en mi primera carta.

Que Dios le dé a usted cumplido acierto en todos sus actos y que éstos satisfagan a la Nación, son los deseos de este su respetuoso amigo seguro y pronto servidor,

MANUEL A. SANCLEMENTE».

————

«*Yerbabuena*, 27 de julio de 1898

Señor Presidente de la Corte Suprema.

He tenido el honor de recibir la atenta nota, fecha 22 del corriente, en que Su Señoría se ha servido comunicarme que el señor Ministro de Gobierno le ha trascrito a ese despacho la nota oficial que le dirigió el Presidente del gran Consejo electoral para .participarle que en la sesión del 4 del presente mes declaró elegidos Presidente y Vicepresidente de la República, para el próximo sexenio, respectivamente, al señor doctor Manuel Antonio Sanclemente y a mí.

Igualmente me dice Su Señoría que si acepto el empleo, debo presentarme a tomar posesión de él ante la Corte Suprema el día 7 de agosto próximo.

En contestación manifiesto a Su Señoría que acepto el empleo y que me presentaré a tomar posesión el 7 de agosto a la hora que Su Señoría se sirva señalarme.

Dios guarde a Su Señoría.

JOSÉ MANUEL MARROQUÍN».

———

«*Presidencia del Senado.—Bogotá, julio 29 de 1898.*

Señor don José Manuel Marroquín

Por medio de memorial fechado en Buga el 9 de los corrientes, el señor don Manuel A. Sanclemente, elegido Presidente de la República para el próximo período constitucional, manifiesta al Senado que motivos de salud le impiden ocurrir el 7 de agosto venidero a encargarse de aquel alto puesto, por lo cual se ve obligado a hacer uso del derecho que le concede el artículo 284 de la Ley 149 de 1888.

En virtud de esta excusa, el Senado resolvió que oportunamente se le llamara a usted, para que en su carácter de Vicepresidente electo, éntre a ejercer el mando supremo de la República.

Con especial complacencia doy cumplimiento a lo acordado por esta Cámara, y me es grato reiterar a usted mis protestas de estimación y respeto con que me suscribo su muy atento y seguro servidor,

JUAN DE DIOS ULLOA».

Mi pensadísimo José Manuel:

Esta será, a lo menos en bastante tiempo, la última carta mía que recibas fechada en *Yerbabuena*. De hoy en ocho días, 7 de agosto, tomaré posesión de la Vicepresidencia ante la Corte Suprema primero y luégo ante el Congreso.

No puedo ponderarte bastante cuál es la agitación de mi ánimo y cuáles son los embarazos y perplejidades en que me hallo. Como creo habértelo dicho, el Congreso ha estado lejos de obrar de modo que se me prepare bien el terreno para producir la reconciliación que deseo.

Hoy me voy para Bogotá definitivamente y voy a lanzarme de lleno en el torbellino.

....

Tu amantísimo,

JOSÉ MANUEL»

---

1. Véase el Mensaje del señor Marroquín al Congreso Nacional de 1904 (Páginas 4 a 6).

CAPITULO XVIII

Los ochenta días.

DISCURSO DEL 7 DE AGOSTO.
LAS RELACIONES CON ITALIA.
CONCEPTOS DEL SENADO Y DE
LA CÁMARA DE REPRESENTAN-
TES SOBRE LA POLÍTICA DEL SE-
ÑOR MARROQUÍN.—LA RENUN-
CIA ANTE EL SENADO.—EL MEN-
SAJE DE REFORMAS.—DON MI-
GUEL SAMPER.—EL 3 DE NO-
VIEMBRE DE 1898.

«**E**XCELENTISIMO señor: Alumbrado por la fe cristiana, como felizmente lo estoy, penetro lo que vale y lo que significa el poner a Dios pública y solemnemente por testigo de mis intenciones, y por lo mismo no he podido prestar el juramento que acaba de salir de mis labios sino haciendo un acto de entrega de todo mi sér a la Patria y a sus intereses: de hoy más pertenezco a mis conciudadanos más que a mí mismo y más que a mi familia. Ojalá que el sacrificio que he hecho al dejarme sacar de la obscuridad y del sosiego en que he vivido le procure algún bien a Colombia.

Vuestra Excelencia me ha dispensado el honor de invocar el testimonio de mi vida pasada como garantía de que cumpliré fielmente mis nuevos deberes. Los que sobre mí van a pesar desde hoy exceden tanto en gravedad a los de la vida privada que, cualesquiera que sean mis antecedentes, creería no poder cumplirlos sino contando con la ayuda de la Providencia, y con los auxilios que Vuestra Excelencia me promete.

....

Habiéndose propuesto la candidatura del preclaro patricio que es hoy Presidente titular, y de quien con justicia ha hecho Vuestra Excelencia grato y honroso recuerdo, y mi propia candidatura, con el patriótico fin de procurar un acuerdo entre diferentes parcialidades políticas, me juzgo obligado a promover la reconciliación de cada una de dichas parcialidades con las otras; y aunque este deber no me ligara, mi índole, mis antecedentes y mis convicciones me impulsarían irresistiblemente a trabajar por la concordia. Miro este bien como fuente y principio de todos los demás a que puede aspirar el patriotismo.

Y entiéndase que mi anhelo no es únicamente el de ver reintegrado el partido cuyas fracciones me favorecieron con sus votos. Yo quisiera ver unidos a todos los colombianos, ya que no en opiniones acerca de principios, que esto no es posible ni acaso sería ventajoso en una democracia, sino en el loable propósito de trabajar, cada uno en su esfera y según su posición y sus facultades, a fin de que nuestra Patria goce de una paz estable y de que, a su benéfica sombra, puedan estudiarse y debatirse con serenidad los asuntos de interés público, estimularse las labores útiles y productivas y hacerse prosperar las empresas de común provecho.

....

Tengamos la vista fija en nuestra historia para aprender lo que son y lo que cuestan las divisiones intestinas; pero arranquemos y echemos al fuego aquellas páginas suyas que pueden servir para mantener y avivar los rencores.

Si mi voz fuera bastante autorizada, yo me atrevería a invitar a todos mis conciudadanos, y señaladamente a aquellos en cuyas manos está la suerte del pais, a que juraran olvidar lo pasado y no mirar sino a lo por venir para conjurar peligros y para procurarle a la Patria días de ventura.

Yo desearía que mi administración fuera tiempo de tregua. Los pueblos, como todos los organismos, necesitan descanso, y las estériles luchas que nos han agitado recientemente han agotado las fuerzas del país.

....

Dios me es testigo de que a desear que mis compatriotas aparten la atención de la política no me mueve el temor a las censuras que puedan dirigirse a los actos de mi Administración. No me desagradará oír todas las opiniones; antes bien, espero que las que se emitan me den luz para acertar en el ejercicio de mi cargo.

....

A que la nueva Administración pueda ser tiempo de tregua, espero que contribuya el hallarse al frente de ella un hombre cuyos días están contados; que nada ambiciona; que, gracias a la obscuridad en que ha vivido, no tiene enemigos, y que cuenta con no tener en adelante otros que los que lo sean de la Patria.

Tiempo de tregua quiero que sea el de mi Administración. Nadie más que yo apetecería dar lustre a Colombia. Cuando abrí los ojos, ráfagas de gloria cruzaban todavía nuestra atmósfera recién conmovída por el estruendo de gloriosas batallas. Mamé con la leche la admiración por los hechos de nuestros padres, y aprendí temprano a enorgullecerme de tener en mis venas sangre suya. Nadie más que yo ha soñado con grandezas para la Patria. Los años han depositado nieve en mi cabeza, pero no me han enfriado el corazón.

Y sin embargo, hoy, hoy que, elevado a la primera Magistratura, pudiera verme tentado a procurarle a Colombia lustre y gloria, no apetezco para ella sino calma restauradora y saludable descanso.

Entre las palabras con que Vuestra Excelencia ha procurado infundirme aliento y esperanzas, son para mí de las más eficaces las que se refieren a la Religión y a la Iglesia. Nuestra fe nos enseña que la Providencia interviene en el gobierno y en la suerte de los pueblos, y nos hace esperar su ayuda poderosa para hacer el bién. Nuestras relaciones con la Santa Sede Apostólica están hoy bien cimentadas y son las más cordiales. Nuestro Santísimo Padre el Papa León XIII mira a Colombia con especial predilección. Gran consuelo es que, si nuestro horizonte se ve obscurecido por nubes negras, nuestra situación en lo que mira a la Religión y a la Iglesia sea como un trozo de cielo despejado y luminoso.

Mis ideas y mis propósitos concernientes a los ramos administrativos de que no he hecho mención especial son los que, según creo, abrigaria quien, hallándose en el puesto en que me veo colocado, no tuviera otra aspiración que la de sentir tranquila su conciencia el último día de su Gobierno» [1].

Cámara de Representantes.—Septiembre 2 de 1898.

La Cámara de Representantes se complace en reconocer los propósitos patrióticos de que se halla animado el Excelentísimo señor Vicepresidente de la República encargado del Poder Ejecutivo, y está dispuesta a prestarle apoyo eficaz en todas las medidas que exija la buena marcha de la Administración pública.

Dios guarde a Vuestra Excelencia.

CARLOS CUERVO MÁRQUEZ».

Cámara de Representantes.—Septiembre 13 de 1898.

Dígase al Excelentísimo señor Vicepresidente que la Cámara de Representantes ha visto con patriótica satisfacción, el decreto y resolución ejecutivos en que se declaran rotas las relaciones diplomáticas de Colombia con el Gobierno de Italia, en guarda de la dignidad nacional ultrajada por los actos de violencia de aquel Gobierno contra esta República.

Dios guarde a Su Excelencia.

CARLOS CUERVO MÁRQUEZ».

----

1. Discurso del señor Marroquín ante el Congreso de 1898, al tomar posesión de la Presidencia de la República.

Señor don José Manuel Marroquín.

Muy respetado y estimado amigo:

Se dice que usted renunciará irrevocablemente la Vicepresidencia, en algún caso que no se me ha precisado.

Aunque afiliado yo en partido que ha sido el adversario del suyo, creo que de patriota a patriota se pueden considerar cuestiones como la presente sin tener otra mira que el interés de la patria. Por eso me atrevo a manifestarle que en mi opinión no podría llegar para usted otro caso de retirarse que el de perder la confianza que en usted tiene hoy depositada la mayoría numérica del Congreso y la gran masa de la opinión nacional.

Siendo tan contingente la presencia y la permanencia del Presidente en el ejercicio de sus funciones, en usted se finca la esperanza de que se lleven a efecto las reformas, ya sea en las sesiones ordinarias del Congreso, ya en las extraordinarias a que debiera ser convocado.

No se le puede ocultar a usted el peligro que correría la paz pública al llegar el caso de faltar los dos supremos Magistrados, y ponerse en tela de juicio el título con que el Designado entrara a reemplazarlos. Mucho menos cuestionable fue el del doctor Márquez en 1840, y eso sin que a su administración se le pudiera hacer cargo alguno de conducta. ¿Qué podría suceder ahora? Retirado usted en absoluto se perdería toda esperanza de rectificar el régimen actual por las vías pacíficas.

Su afectísimo amigo y seguro servidor,

MIGUEL SAMPER.

————

República de Colombia.— Senado.— Presidencia.— Bogotá, septiembre 21 de 1898.

Excelentísimo señor:

De manos del señor Ministro de Gobierno tuve la honra de recibir el mensaje por medio del cual presenta Vuestra Excelencia ante el Senado renuncia del puesto de Vicepresidente de la República, encargado del Poder Ejecutivo; y al ponerlo en conocimiento de esta corporación, en la sesión secreta de ayer, se acordó por unanimidad de votos que el referido mensaje pasara a una comisión, para que ésta redacte los términos de una respuesta negativa dentro del plazo de diez días.

Muy atento servidor,

INDALECIO SAAVEDRA ».

————

Cámara de Representantes.—Septiembre 26 de 1898.

Excelentísimo señor:

Tengo el honor de transcribir a Vuestra Excelencia la proposición aprobada por unanimidad por esta honorable Cámara en su sesión de la fecha.

25

«La Cámara de Representantes ha visto con patriótica satisfacción que el Excelentísimo señor Vicepresidente de la República haya retirado la renuncia de su cargo, que tenía presentada ante el Senado, porque finca grandes esperanzas en que las virtudes y patriotismo del actual encargado del Poder Ejecutivo lograrán dominar definitiva y satisfactoriamente las dificultades que se presentan en la hora actual, para el funcionamiento regular de la República.

Dios guarde a Vuestra Excelencia.

BARTOLOMÉ RODRÍGUEZ P.»

« MENSAJE

del Excelentísimo señor Vicepresidente de la República al Congreso de 1898.

Honorables Senadores y Representantes.

Responsables los poderes públicos de la marcha tranquila de la Nación, mediante la armónica acción de las instituciones, la conformidad de miras entre los cuerpos legislativos y entre éstos y el Poder Ejecutivo, sobre ser precioso elemento de estabilidad política y firme garantía de acierto en el ejercicio de sus funciones, imprimirá mayor autoridad a todos los actos de las Cámaras y del Gobierno.

En solicitud de aquel apetecido concierto, y teniendo como norma de mi política el dar ordenada y amplia satisfacción a los anhelos de la opinión pública plenamente justificados, creo conveniente exponer las ideas del Gobierno relativamente a aquellos problemas de actualidad que con mayor y ahincada persistencia son el objeto preferente de vuestras deliberaciones.

Aspirando el Gobierno a apoyarse sobre la ancha y firme base de la opinión pública por medio del riguroso y severo cumplimiento de la Constitución y de las leyes, no teme desprenderse de aquellas facultades que hizo indispensables la anormalidad de las circunstancias para dar mayor vigor y respeto a la autoridad. Por lo mismo, y confiando en que la acción de los partidos habrá de ejercitarse dentro de una órbita estrictamente legal con la observancia, por parte de las autoridades, de un régimen amparador de todos los derechos, y por la de los asociados, de respeto y acatamiento a esa misma autoridad, el Gobierno desea la abolición de la ley sobre facultades extraordinarias, como en nombre de él tuvo ya ocasión de manifestarlo el Ministro de Gobierno en reciente sesión del Senado.

La pureza en el sufragio, raíz y origen de los poderes públicos en todos los Estados organizados dentro del moderno régimen constitucional, debe ponerse al amparo de leyes de ejecución eficaz y que garanticen la fiel expresión de la voluntad popular como resultado del voto de los ciudadanos, a fin de que todos los elementos politicos de la Nación alcancen en las corporaciones públicas y en el Gobierno la representación que les corresponda. Encaminada a este objeto la labor de las Cámaras, en lo concerniente a la expedición de una buena ley electoral, encontrará decidido y firme apoyo de parte del Gobierno.

La independencia e imparcialidad con que deben ejercer las Cámaras sus atribuciones constitucionales, ora en relación con el Poder Ejecutivo, ora en lo que concierne a los intereses generales de la Nación, aconsejan la derogación de la ley llamada de incompatibilidades, para que el principio consignado en el artículo 109 de la Constitución sea la norma única de gobierno en este importante punto del Derecho público colombiano. Asímismo, la ley que faculta al Gobierno para trasladar Magistrados de un tribunal a otro, debe ser abolida, porque siendo ocasionado el ejercicio de esa facultad a perturbadoras providencias en la altísima misión que le está atribuida al Poder Judicial, la conveniencia pública y los derechos civiles de los colombianos exigen eliminar de nuestra legislación aquel estatuto, que virtualmente ha estado en desuso por consecuencia de la repugnancia con que el Gobierno lo ha mirado.

Habiendo estado acostumbrados los colombianos por largo tiempo al imperio de otras Constituciones, el ensayo del sistema de la responsabilidad de la prensa puede decirse que apenas ha empezado, sin que se haya logrado todavía fijar en este delicado y grave asunto un orden de ideas perfectamente admisibles por la generalidad de los ciudadanos, aunque en principio parece admitido por las grandes colectividades políticas del país el canon constitucional que declara libre la prensa, pero responsable.

Y como en la solución satisfactoria y acertada del problema relativo al modo de llegar a la realización de este principio entran elementos de grande importancia moral y religiosa que deben ser protegidos y defendidos como esenciales factores del orden social, las reformas que se intenten en este punto deben ser objeto de maduro estudio y adoptadas con sabia prudencia, para no dejar sin el amparo del Estado los derechos de conciencia de la mayoría de los colombianos y los de la Iglesia, que tan poderosamente contribuyen a la formación del carácter nacional, no menos que a la tranquilidad pública.

Mirada la prensa en el punto de vista de su acción moralizadora, y, si se quiere, fiscalizadora de la conducta de las autoridades, el Gobierno juzga que puede y debe adoptarse el sistema de la libertad, aunque corregido convenientemente y por medidas eficaces, cuando por medio de ella se atente contra uno de aquellos principios fundamentales de las instituciones, reconocidos y aceptados como garantía de una buena organización del Estado.

Complemento de las reformas expresadas vendrá a ser la que se refiere a la organización del Tribunal llamado a vigilar y juzgar el manejo del tesoro nacional. Proponiéndose el Gobierno mantener severamente el principio de la pureza en el manejo fiscal y la inexorable regla de hacer efectiva la responsabilidad de los empleados que intervienen en el ramo, para que la Nación pueda saber cómo se administran sus intereses, y deseando, sobre todo, que sus actos sean juzgados con la más completa libertad de acción, solicita de vosotros la aprobación del proyecto que sobre la materia presentó en el Senado, y por lo que toca al nombramiento de los miembros de la Oficina general de Cuentas, que sea hecho por vosotros mismos y por el más alto Tribunal de Justicia de la República.

En documentos de la naturaleza del presente no es posible entrar en pormenores y detalles que irán surgiendo de la discusión, y podrán ser tratados, si vosotros así lo creyereis conveniente, con la cooperación de los Ministros del Despacho.

Tengo profundo convencimiento de que, adoptadas las reformas expuestas, y mediante el desarrollo del plan de economías ya iniciado, y en el cual se han reducido hasta hoy los gastos nacionales en la suma aproximada de cinco millones en el bienio, la República entrará en un período de vida sosegada y tranquila, de modo de traer a los ánimos el reposo de que tánto se necesita, y permitir a los encargados del Poder la consagración más completa al cumplimiento de los deberes de la Administración, que deben ser el objetivo de sus esfuerzos.

Honorables Senadores y Representantes.

JOSÉ MANUEL MARROQUÍN.»

«Excelentísimo señor Presidente:

El trascendental Mensaje que habéis pasado a esta Cámara en la sesión de ayer, relativo a las ideas del Gobierno sobre los más importantes problemas públicos de actualidad, ha sido recibido con júbilo patriótico por esta rama del Cuerpo Legislativo, como que satisface altas aspiraciones de los colombianos y revela los propósitos de un Gobierno solícito de los mandatos de la ley y de los dictados de la opinión.

....

Vuestra Excelencia ha elegido el criterio gubernativo verdaderamente científico, cuando ha proclamado el mutuo respeto del pueblo por el Gobierno y de éste por la opinión; sólo consagrándose la autoridad al logro del bien que encarnan las instituciones y las leyes, y a atender el querer general de los asociados, cumple su elevada misión; y sólo sometiéndose el pueblo al imperio de aquéllas y acatando la autoridad, coopera a que esa misión se cumpla positivamente en su propio bien.

Esta Corporación considera el Mensaje aludido como un obsequio precioso a la opinión general de los colombianos y como la consagración importante de un criterio benéfico de gobierno; felicita a la nación porque el primer mandatario, en hora de ansiedad, haya proclamado que marche en armonía con ella, y reconoce que el patriótico procedimiento de Vuestra Excelencia traerá nueva vida a Colombia.

Dios guarde a Vuestra Excelencia.

J. N. VALDERRAMA.

A Su Excelencia el Vicepresidente de la República encargado del Poder Ejecutivo».

«*Senado de la República.—Septiembre 28 de 1898.*

Excelentísimo señor:

Tengo la honra de participar a Vuestra Excelencia que el Senado, en la sesión de ayer, resolvió que por mi conducto se diera respuesta en los siguientes términos a los dos Mensajes en que Vuestra Excelencia presentó y retiró, respectivamente, renuncia del alto puesto de Vicepresidente de la República encargado del Poder Ejecutivo:

"El día 20 del actual, la Corporación que tengo el honor de presidir, se impuso con sorpresa y con pena del importante Mensaje que tuvisteis a bien dirigirle en esa misma fecha, haciendo renuncia del cargo de Vicepresidente de la República, a que fuisteis llamado, teniendo en consideración vuestros relevantes méritos, por el voto nacional.

Por dicha vuestro Mensaje de 24 de este mismo mes ha borrado aquella penosa impresión, como que las razones que os habéis servido exponer para desistir de tal propósito, y el retiro que hacéis de vuestra renuncia, han sido motivo de particular satisfacción para el Senado, que reconoce y aplaude el sentimiento de patriotismo que os ha guiado.

Hay razón para que así suceda. La política de tolerancia, de paz y de concordia que habéis preconizado y empezado a desarrollar tan venturosamente, os coloca en la alta y serena región de la imparcialidad, a donde no llega el flujo y reflujo de las pasiones políticas, sino las aspiraciones nobles de los partidos y la influencia de sus progresos, cuando los realizan en favor del engrandecimiento y prosperidad de Colombia.

De aqui que el Senado haya adquirido la creencia de que, libre de odios y de enemistades, aspiráis a gobernar no con un partido sino con los hombres capaces y meritorios de todos los partidos; que no queréis ser jefe de ninguno de ellos, sino sencillamente gobernante leal de la República; que deseáis ensayar en la gobernación del país medios suaves que mermen y dulcifiquen las asperezas de las inevitables cuanto deplorables luchas políticas, y que deseáis atender con afectuoso interés a las necesidades del Estado y al afianzamiento de una paz sólida y fecunda, que haga posible la alternabilidad de los partidos en el poder, sin que se corra el riesgo de que ninguno de ellos tenga que desgarrar el seno de la patria para conseguirlo.

....

Siendo la política ciencia experimental y siendo también muy dudoso que puedan existir leyes eternas que no sea preciso reformar de acuerdo con la experiencia adquirida y con las necesidades de cada época, para el Senado ha sido motivo de viva satisfacción la lectura de aquel nuevo Mensaje que tuvistéis a bien dirigir al Congreso con fecha de ayer, referente a las reformas legales que actualmente se discuten, las cuales, contando con la importante colaboración del Gobierno que tan dignamente presidis, serán pronto leyes de la República, como que el Senado ha formado la resolución de ocuparse en su estudio de preferencia a todo otro asunto.

Las dificultades que prevéis para dentro de poco tiempo no son en concepto del Senado insuperables, y antes bien considera que las Cámaras Legislativas, amaestradas por larga experiencia, serán, a pesar de las conmociones que suele producir el laboreo de las ideas, colaboradoras infatigables de toda política encaminada a hacer el bien y evitar el mal.

Animado por estos sentimientos, el Senado, por unanimidad de votos, resolvió no aceptar la renuncia que tuvisteis a bien presentar, lo cual me autoriza no solamente para declararla retirada, sino también para hacer votos por que la República cuente siempre con el concurso de vuestro·patriotismo.

Dios guarde muchos años a Vuestra Excelencia.

INDALECIO SAAVEDRA».

———

«El Mensaje de las reformas fue recibido con extraordinario regocijo en todas las clases sociales, puesto que él marca éra nueva en la historia de la República. Concluida la lectura del Mensaje en la Cámara de Representantes, la mayoría de este Cuerpo se dirigió al Palacio de Gobierno a felicitar al señor Vicepresidente y a ofrecerle su concurso y entusiástico apoyo. Muy significativo fue en esta ocasión el discurso del Representante liberal doctor Rafael Uribe Uribe, quien ratificó en nombre de su partido la felicitación de la mayoría de la Cámara "por haber el señor Vicepresidente, con su interesantísimo Mensaje, establecido definitivamente la paz de la República."

Con este mismo motivo se convocó para el domingo 2 de octubre a un mitin de los comerciantes, para felicitar al señor Vicepresidente, y en el cual debía llevar la palabra el señor don Miguel Samper.

No sólo los comerciantes se dieron por invitados a esta reunión: a ella asistió una inmensa concurrencia de ciudadanos de todos los partidos y de todos los gremios y clases sociales. Bogotá no había presenciado nunca un espectáculo más cívico, más patriótico y más hermoso que éste.

La circunstancia especialísima de haber sido orador y vocero del mitin el señor doctor Miguel Samper, candidato del partido liberal en la lucha pasada, dio a esta manifestación valor tan alto que hace concebir fundadas esperanzas de que hayamos entrado al fin en una época de normalidad y de educación política que permita el juego racional de los partidos dentro de las paz y de las instituciones.

Tomamos del discurso del señor don Miguel Samper los siguientes párrafos, que lo sintetizan y condensan:

"Los ciudadanos aquí presentes venimos a presentaros el respetuoso homenaje y la expresión de nuestra gratitud por el Mensaje que habéis pasado a las Cámaras Legislativas el 26 del pasado mes. Incluí-

mos en esta manifestación a los señores Ministros
que han suscrito ese memorable documento, dejando con ello honrosa prenda de su adhesión a los principios en él consignados, el primero de los cuales es
que 'la norma de vuestra política es dar ordenada
y amplia satisfacción a los anhelos de la opinión pública plenamente justificados.'

....

Perdonad, Excelentísimo señor, la inusitada extensión de esta manifestación de nuestros sentimientos
en gracia de lo inusitada que también ha sido esa
norma de vuestra política a que he aludido al principio, y a la cual debemos la confianza con que hemos venido a rodear el antes solitario dosel de la
Magistratura suprema, y agitarlo con el suave soplo
de la opinión pública que aplaude vuestro patriotismo y os estimula con su apoyo."

La contestación del señor Marroquín, sencilla y
modesta como todo lo que sale de su pluma y de
sus labios, se caracteriza en el siguiente párrafo:

"Al mostrarme partidario de las reformas que habéis enumerado, no creo haber contraído mérito alguno. Tales reformas, fuéra de tener bondad intrín-
seca, han sido indicadas y aconsejadas patentemen-
te por la opinión pública; yo considero que la sumisión a la opinión pública es uno de los deberes elementales de quien rige los destinos de un pueblo, y
al mismo tiempo la práctica que más facilita el ejercicio del poder supremo"» [1].

---

1. El Repertorio Colombiano, Bogotá, octubre de 1898.

«Bogotá, octubre 3 de 1898.

Mi querido Manuel:

Te felicito con todo mi corazón por todo lo que has hecho y por lo que te propones hacer en favor del "buen gobierno." Dios sostenga tu valor y tu brazo. He creído en ocasiones ver las manos del señor don Juan Antonio dirigiendo tus pasos en favor de esta patria que él amó tánto.

Te abrazo,

RAMÓN GUERRA AZUOLA».

———

Cámara de Representantes.—Octubre 24 de 1898.

La Cámara de Representantes se ha impuesto con patriótico júbilo de las importantes comunicaciones verbales que acaba de hacerle, en nombre del Excelentísimo señor Vicepresidente de la República encargado del Poder Ejecutivo, Su Señoría el Ministro de Guerra, como que ellas indican la firme y honrada voluntad que hoy abriga el Gobierno de restaurar las prácticas republicanas en el país y de proceder de acuerdo con la voluntad de la Nación.

Dios guarde a Vuestra Excelencia.

JOSÉ VICENTE CONCHA».

«*El Chicó*, 9 de noviembre de 1898.

Mi pensadísimo José Manuel:

Te escribo del *Chicó* porque desde el día 3 estoy aquí. El doctor Sanclemente vino. El día 3 señalado para la posesión hubo una agitación terrible. Una muchedumbre inmensa y hostil a Sanclemente ocupó las calles inmediatas a su casa y tomó la actitud más amenazadora. Hubo negociaciones con la Cámara y muchas idas y venidas de comisiones y de particulares. Era imposible que la muchedumbre dejara salir al doctor Sanclemente, y se resolvió que la Corte Suprema se trasladara de su local (Palacio de San Agustín) a la dicha casa del doctor Sanclemente. Un batallón formó calle y la Corte Suprema pasó y dio la posesión.

Inmediatamente se expidió el nombramiento de Ministros, y como éstos fueran los mismos que yo tenía, la agitación empezó a calmarse algo. Cuando supe que ya el doctor Sanclemente había tomado posesión, me vine para el *Chicó*, a las cinco y media de la tarde....

Tu amantísimo,

JOSÉ MANUEL».

«*El Chico*, noviembre 4 de 1898.

Señores Felipe F. Paúl, Olegario Rivera, Pedro Antonio Molina, Tomás Herrán y Luis María Mejía Alvarez.—Bogotá.

Muy estimados señores y amigos:

Con infinito placer me he enterado de que ustedes están ya nombrados Ministros del Despacho. Reciban ustedes mi felicitación por la justicia que les han hecho tanto el Excelentísimo señor Presidente de la República como la parte del público que se ha mostrado satisfecho al ver publicado el nombramiento de ustedes.

Su siempre afectísimo y agradecido amigo y servidor,

JOSÉ MANUEL MARROQUÍN».

————

«*El Chicó*, noviembre 4 de 1898.

Al Excelentísimo señor doctor don Manuel Antonio Sanclemente.—Bogotá.

Muy respetado amigo y señor:

Reciba Vuestra Excelencia mis felicitaciones por haberse encargado del mando, y sírvase recibir igualmente el testimonio de mi adhesión personal y la expresión de mis esperanzas de que bajo su administración se asegure la paz y prospere nuestra amada patria.

Quedo de Vuestra Excelencia afectísimo amigo y seguro servidor,

JOSÉ MANUEL MARROQUÍN».

«Bogotá, noviembre 5 de 1898.

Señor don José Manuel Marroquín.—*El Chicó.*

Muy estimado señor y amigo:

....

Al señor Sanclemente lo aguardé en Palacio y le leí el discurso que usted me dejó con ese fin. El doctor Molina leyó la respuesta, y entiendo que ambas piezas serán publicadas.

Quedo de usted afectísimo amigo y seguro servidor,

LUIS M. MEJÍA ALVAREZ».

———

«Excelentísimo señor Sanclemente:

Bienvenido seáis a este Palacio en que para que abunden pruebas de que en las democracias hasta los ciudadanos menos beneméritos pueden ser llamados al ejercicio del poder supremo, me he honrado considerándome como el primero de los servidores · de la patria.

Me separo del mando con la conciencia tranquila y favorecido por la benevolencia de la generalidad de mis conciudadanos, sin que pueda atribuir el logro de tan grandes bienes más que a la voluntad que me ha animado de obrar con rectitud.

Vos que la abrigáis como yo, y que además estáis dotado de prendas que os hacen idóneo para el ejercicio de la primera Magistratura, saldréis de aquí, si como lo espero, recibís los auxilios de la Providencia Divina, no sólo satisfecho sino contando con el amor de vuestros conciudadanos.

Ni pudiéramos, conociéndoos, dejar de abrigar tan grata esperanza.

Principiasteis vuestra carrera en tiempo en que el respeto a la ley, fuéra de ser costumbre arraigada, era una especie de religioso sentimiento; en que los abusos de autoridad, el peculado, el prevaricato y otros excesos propios de nuestra época y comunes hoy hasta en las naciones más cultas, si no eran desconocidos, eran mirados con horror. Yo os vi descender de las gradas de este solio acompañando a un ciudadano lleno de fe sincera en los principios republicanos a la par que en los de la moral evangélica. Os habéis visto en elevados puestos, en los que vuestro nombre no se ha manchado, y no venís desprovisto de experiencia a ocupar éste a' que se os ha llamado.

¿Cómo no esperar, pues, que la Administración que vais a presidir ofrezca satisfacción cumplida a las aspiraciones de cuantos deseamos ver a Colombia libre, feliz y próspera; y al mismo tiempo aseguradas la paz, la tranquilidad y la concordia entre todos los que, profesando distintas opiniones, desean sincera y desinteresadamente el bien de la patria?

Todo, Excelentísimo Señor, hace esperar que coronéis gloriosamente vuestra carrera y que el 3 de noviembre de 1898 sea contado entre los días faustos de Colombia» [1].

---

1. Discurso del señor Marroquín dirigido al doctor Sanclemente.

«Bogotá, noviembre 8 de 1898.

Señor don José Manuel Marroquín.—*El Chicó.*

Muy respetado y muy querido amigo:

....

A mí también me llegó la hora como sucedió a usted de dar un paso decisivo para retirarme del puesto que desempeño, pues considero que talvez la eliminación de mi nombre en el rol de la política actual, podrá aplacar las animosidades de algunas gentes interesadas en provocar agitaciones.

Respecto de lo que usted me dice hablaré al doctor Sanclemente luégo que haya desaparecido el accidente que lo mantiene en cama desde anteayer.

Su sincero y afectísimo amigo,

PEDRO ANTONIO MOLINA».

——

«A pesar de las complicaciones internacionales, que amargaron el principio de mi Administración, con la consiguiente agitación intestina y la presencia amenazante de una escuadra italiana en nuestras costas; a pesar de dificultades y graves cuestiones pendientes cuando entré a ejercer el mando, aquella época parecía ser el principio de días de paz y de prosperidad para Colombia. Estaba yo lleno de esperanzas viéndome rodeado y apoyado, no sólo por la generalidad de los hombres públicos, sino especialmente por todos los miembros de la Legislatura; y cuando más tarde, algunos de éstos parecieron oponerse a mi política, presenté al Senado mi renuncia de la Vicepresidencia de la República. Viniéronme entonces calurosas manifestaciones de habitantes de la capital y de los departamentos, en que se me instaba que retirara tal renuncia, y ésta no me fue admitida por la misma honorable Corporación a la cual la había presentado, y de cuyo seno habían salido aquellas voces de desacuerdo que me obligaron a presentarla.

Las mismas causas que me indujeron a dicha renuncia, fueron parte también para que yo apoyase el llamamiento que se hizo al Presidente titular, ausente entonces de la capital de la República, para que viniera a encargarse del Gobierno [1]. Amigos políticos míos y enemigos de aquel alto Magistrado, ya del seno de las Cámaras, ya de fuéra de ellas, tomaron empeño en que no se posesionara él de su cargo, y ocurrieron a mí a fin de que, por medios violentos, impidiera su posesión, y de que yo continuara ejerciendo el poder: neguéme a esto constante y rotundamente, y cuando el 3 de noviembre de 1898, se trató de impedir aquel acto por medio de tumultos y motines, yo mismo, valiéndome de mi autoridad oficial y de la fuerza pública, hice que se consumara, y permaneci en la capital y en ejercicio de mis funciones hasta que tuve conocimiento de que el señor doctor Sanclemente había entrado en pose-

---

1. Cuando el doctor Sanclemente llegó a Bogotá, el señor Marroquín lo obsequió con un banquete en el Palacio de San Carlos.

sión de la Presidencia de la República y nombrado Ministerio [1].

Dejé entonces el mando con satisfacción tan grande cuanto grande había sido mi repugnancia a tomarlo, esperando no tener ya que volver al puesto en que había experimentado lo grave y lo amargo de las fatigas, de las penalidades, de los desengaños y de las·zozobras que no pueden dejar de torturar al que lo ejerce en este país.

Un año después sobrevino la revolución, estando el Gobierno en manos del señor doctor Sanclemente y hallándose éste ausente de la capital [2].

1. «Al señor Marroquín le dejaron entrever alguna parte del proyecto y él los desahució enérgicamente. Si hubiera sido preciso, él se habría presentado personalmente al ejército para prestar el apoyo de que necesitó ese día el Excelentísimo señor Sanclemente.

En comisión del señor Marroquín fui yo a la casa del doctor Sanclemente, poco más o menos a la una de la tarde; regresé a poco tiempo al Palacio de San Carlos a dar aviso al señor Vicepresidente de la resolución irrevocable del doctor Sanclemente de tomar posesión en ese día de la Presidencia de la República.

El alarma crecía, la excitación fermentaba instante por instante, y en ese momento se supo que la casa del señor doctor Aparicio Perea, residencia del doctor Sanclemente, era amenazada por las turbas. El señor Marroquín midió la gravedad de la situación, y erguido, con tono enérgico, me dio esta orden:

"Busque usted inmediatamente al señor Ministro de Guerra y al Comandante en Jefe del Ejército, y dígales que en el acto dispongan la salida de los batallones a prestar garantías al doctor Sanclemente, y poner en seguridad su persona y su casa"....

El señor Marroquín me ordenó que fuera en su coche, que esperaba en la puerta del Palacio presidencial, a trasladar la Corte al lugar convenido.... Fue después de que los cañones en la plaza principal proclamaron con sus retumbos el reconocimiento que hacía el ejército del nuevo Magistrado, cuando el señor Vicepresidente se retiró de la ciudad».

(Relación del señor Luis María Terán, Edecán del señor Marroquín. *La Crónica*, Bogotá, 21 de enero de 1899).

2. Mensaje al Congreso de 1904.

CAPITULO XIX

Segunda Administración.

CAMBIO DE GOBIERNO. — SUS
CAUSAS. — LA GUERRA. — ES-
FUERZOS DEL SEÑOR MARRO-
QUÍN POR CONSEGUIR LA CON-
CILIACIÓN Y LA PAZ.

«**D**URANTE veinte meses no tuve parte en la Administración pública sino en mi calidad de Presidente del Consejo de Estado, ni me incumbian otras funciones que las correspondientes al puesto que ocupaba; y en la politica sólo intervine dos veces: una cuando dirigí a todos mis compatriotas la manifestación publicada el 11 de noviembre de 1899, sobre la obligación en que estaban de prestar su apoyo al Gobierno ¹, y otra cuando, accediendo a indicaciones del Ilustrísimo señor Arzobispo de Bogotá y del señor Ministro del Ecuador, me dirigí,

---

1. *Manifestación del Vicepresidente de la República.*—Consultado por muchos individuos sobre si se debía en las presentes circunstancias prestar apoyo al Gobierno, les he manifestado que están obligados a hacerlo. Se me ha asegurado que, a pesar de esto, no falta quien afirme que yo me he abstenido estudiadamente de exponer mi dictamen sobre tan grave punto. Siendo conocidas mis opiniones y especialmente la convicción, de que he dado pruebas, de que la legitimidad ha de ser acatada y defendida en toda ocasión, nadie ha debido dudar de que yo profeso, ahora como siempre, el principio de que a todo buen ciudadano obliga contribuir, según sus facultades y la posición que ocupe, al sostenimiento del Gobierno legítimamente constituido, al de las instituciones, y al restablecimiento del orden público cuando sea turbado. Así lo declaro, deseando que esta manifestación sea parte a remediar los males que afligen a la patria, y a hacernos gozar a todos los colombianos, dentro de breve término, de los bienes que el orden y la paz traen consigo.—Bogotá, 11 de noviembre de 1899.—*José Manuel Marroquín.*

junto con ellos, a algunos caballeros liberales a fin de que fuesen en una misión de paz a entenderse con los principales jefes de su partido que en el norte de la República sostenían la lucha armada desde el mes de octubre del año mencionado.

La guerra que había principiado en octubre de 1899, continuaba al año siguiente desolando la República, a pesar de brillantes aunque costosísimos triunfos obtenidos por las fuerzas del Gobierno, los cuales no impedían que el espíritu revolucionario fuera extendiéndose por todas partes y cobrando cada día nuevo vigor. La opinión pública atribuía esta desgracia a que el Gobierno, atento más a la consecución de fines políticos que a la buena organización del Ejército y a una sabia y activa dirección de las operaciones militares, no adoptaba las medidas urgentes y necesarias que la salvación de la patria y la pacificación del territorio hacian indispensables en aquellos críticos momentos.

La continuada permanencia del señor doctor Sanclemente en un lugar distante de la capital de la República y su separación de algunos de los Ministros del Despacho, que sí residían con más frecuencia en ésta, trajeron consigo, como era natural, la dislocación del Gobierno, la falta de unidad en los planes administrativos y militares, el desconcierto en las filas sostenedoras de las instituciones, y la consiguiente preponderancia del elemento rebelde.

La situación no podía ser más crítica, y el descontento que con tal motivo reinaba entre las gentes sensatas conocedoras de aquellos planes y de la pujanza de la revolución, hizo ver como indispensable un cambio político que produjera la anhelada unidad en el Gobierno, la residencia de todos sus miembros en un punto fijo de la República, la conveniente organización de los aprestos bélicos para la defensa, y la confianza en los jefes militares y civiles que, sin preocuparse de otro móvil político, contrajeran toda su atención al desarme de los contrarios y a la pronta pacificación del territorio.

Así fue como tuvo origen el cambio en el personal administrativo que tánto y de tan diversas maneras ha sido comentado, quizás con sobra de apasionamiento, o más bien de ignorancia de los hechos que lo motivaron. Un movimiento irresistible de la opinión pública que desconoció al Presidente, dejándolo sin medios efectivos para sostenerse, para gobernar y para mantener y hacer eficaz su autoridad gubernativa, me obligó a asumir el mando supremo el 31 de julio de 1900, no sin que yo lo hubiera rehusado porfiadamente.

Aquella situación imprevista, excepcionalmente anormal y sobre todo erizada de peligros, no sólo para la Nación misma, sino de manera muy especial para las instituciones y para el partido que las sostenía, exigia un procedimiento rápido, que aunque no hubiera sido ajustado rigurosamente a la letra del canon fundamental, que mal podía prever un caso tan excepcional y peligroso, como no lo previene Constitución alguna, sí sería justificado por una necesidad suprema.

Para entrar en ejercicio del poder en la fecha mencionada estaba facultado por el precepto constitucional que habla de faltas accidentales o absolutas del Presidente de la República, y establece el modo de llenarlas. Era notorio que existía la primera desde hacía ya bastante tiempo, y que el mando supremo no se hallaba efectivamente en sus manos sino en otras que autorizaban de manera irregular los actos públicos de mayor gravedad y trascendencia. De aquí que el absoluto desconocimiento de la autoridad presidencial del señor doctor Sanclemente llegara a ser un hecho irrevocable. Los acontecimientos que se siguieron inmediatamente al movimiento político así lo comprobaron. En aquella emergencia, todo hubiera podido suceder, menos que el señor doctor Sanclemente continuara en el mando; porque si yo hubiera seguido rehusándolo, si hubiese declarado definitivamente que no me encargaba de él, habría resultado infaliblemente la acefalia completa de la Nación, es decir, que ésta habria permanecido sin gobierno, hasta que, por ausencia del Designado residente en el extranjero, cualquier militar de los más prestigiosos hubiera querido asumir la dictadura, o, lo que es más probable, que la revolución, triunfante al fin sin seria resistencia, hubiera formado su gobierno.

Creo firmemente que mi resolución de encargarme del Poder Ejecutivo preservó la Nación de la anarquía, atajó el desastre inevitable que amenazaba las instituciones y la sociedad, y, por más que otra cosa se diga, salvó el principio de autoridad en Colombia [1].

....

La Corte Suprema de Justicia expidió a poco un acuerdo en que, con lujo de argumentación hermenéutica, declaró regular y válida mi vuelta al solio

---

[1]. «Bogotá, 31 de julio de 1900, a las 7 p. m.—Excelentísimo señor Vicepresidente de la República.—S. M.—Todos los cuerpos del Ejército acantonados hoy en esta plaza, todos los miembros del Partido conservador, rebosantes de entusiasmo, exigen del patriotismo de Vuestra Excelencia que os encarguéis esta misma noche del Poder Ejecutivo, con el fin de hacer cesar así la situación profundamente perturbadora que atraviesa la República de meses atrás.

Estamos resueltos a no deponer las armas por ningún motivo hasta presentarlas a Vuestra Excelencia.

Salvad, Excelentísimo señor, la causa por la cual se han hecho tan cruentos sacrificios; afianzad la paz y devolved la confianza y el entusiasmo a vuestros copartidarios y a todos los colombianos.

Somos de Vuestra Excelencia muy respetuosos y adictos servidores y amigos,

Guillermo Quintero Calderón, Carlos Martínez Silva, Jorge Moya Vásquez, Jaime Córdoba, Francisco Antonio Gutiérrez, Luis Martínez Silva, Emiliano Isaza, Francisco de P. Gaitán».

«Bogotá, 31 de julio de 1900.—Señores Guillermo Quintero Calderón, Carlos Martínez Silva, Jorge Moya Vásquez, Jaime Córdoba, Francisco Antonio Gutiérrez, Luis Martínez Silva, Emiliano Isaza y Francisco de P. Gaitán.—He recibido la apreciable comunicación de ustedes, en que me participan que todos los cuerpos del Ejército y todos los miembros del Partido conservador exigen de mi patriotismo que me encargue esta misma noche del Poder Ejecutivo, con el fin de hacer cesar la situación perturbadora que atraviesa la República de meses atrás.

Una vez que el movimiento que ha dado lugar a la resolución de ustedes se ha verificado de una manera pacífica, y una vez que es notorio que presidencial, como también válidos y exequibles los decretos legislativos expedidos por mí en ejercicio de las atribuciones constitucionales y legales que corresponden al primer Magistrado de la Nación [1].

....

ha llegado el caso de dar cumplimiento *al* artículo 124 de la Constitución, digo a ustedes que convengo en hacerme cargo del Gobierno Ejecutivo.

Mañana, cuando haya sido posible hacer uso de la imprenta, manifestaré a la Nación lo mismo que he tenido el honor de expresarles a ustedes.

Ustedes mismos me excusarán el que no me preste, por el momento, a ser objeto de aclamaciones ruidosas, que me son repugnantes y que en ningún caso son convenientes.

Suscríbome de ustedes muy atento, seguro servidor y compatriota,

José Manuel Marroquín».

1. «La Corte Suprema de Justicia, única entidad que tenía facultad legal en este caso para interpretar la Constitución y las leyes, y decidir el punto de acuerdo con ellas, dictó el siguiente Acuerdo:

....

CONSIDERANDO

....

12. Que no existiendo disposición ninguna en la Constitución que permita al Presidente de la República ejercer indefinidamente el Poder Ejecutivo fuéra de la capital, sino en el caso citado del ordinal 9.° del artículo 120; y no habiendo ocurrido ese caso, la ausencia del Presidente, de la capital, debe considerarse como falta que ha de llenarse por el Vicepresidente, de conformidad con lo dispuesto en el artículo 124 de la misma Constitución; y

13. Que a esta Corporación corresponde llamar al funcionario que debe reemplazar, según la Constitución, al encargado del Poder Ejecutivo, lo que implica forzosamente facultad para resolver y declarar cuándo es el caso de hacerlo,

ACUERDA:

La Corte Suprema de la Nación declara que el Vicepresidente de la República, en virtud del título de que está investido, ha podido asumir, por derecho propio, el Poder Ejecutivo para ejercer las atribuciones de Presidente, y que en consecuencia, el decreto número 46, de 24 de agosto último, es exequible.—Comuníquese a quienes corresponda».

Me permito insertar a continuación, suplicándoos muy encarecidamente su lectura, la extensa y brillante exposición dirigida a nuestros Agentes diplomáticos por el Ministro de Relaciones Exteriores, señor doctor Carlos Martínez Silva:

....

«Como Usia sabe muy bien, apenas se encargó de la Presidencia el señor doctor Manuel Antonio Sanclemente, el 3 de noviembre del año antepasado, tuvo que ausentarse precipitadamente de esta capital, por causa de una grave indisposición de salud, ocasionada a su vez por su avanzada edad y la naturaleza de este clima, y se trasladó a la población de Anapoima, donde encontró alivio a su dolencia, aunque no la apetecida curación.

Comprendió entonces el señor doctor Sanclemente la imposibilidad de volver a ejercer el Gobierno en la capital de la República; y con honradez que le enaltece reconoció también que ese hecho le impedía cumplir debidamente los deberes del cargo que la Constitución le imponía. En tal virtud solicitó del Senado licencia para separarse del destino, la cual le fue concedida, dejando a su discreción el uso que de ella hubiera de hacer.

Fue el ánimo del señor doctor Sanclemente retirarse a su hacienda situada en el Departamento del Cauca, y a ese efecto dictó las oportunas providencias; pero influencias extrañas impidieron que el Presidente llevase a cabo su honrado propósito.

Consecuencia de aquella intriga fue que desde entonces el Presidente fijara su residencia oficial en Anapoima, y más tarde en Tena y en Villeta.

Dislocado así el Gobierno, rota la unidad administrativa y política, ya se comprenden las consecuencias que hubieron de sucederse. Los Ministros del Despacho Ejecutivo, residentes en Bogotá, careciendo de la fuerza directiva que comunica la presencia del Presidente, quedaron de hecho desligados unos de otros, ejerciendo muchas veces facultades presidenciales delegadas, y cada cual obrando con independencia y sin responsabilidad efectiva. Esto era ya la anarquía y el más perturbador desconcierto en la Administración pública.

....

En un régimen presidencial como el que impera en Colombia, la presencia del Jefe del Estado en la capital, centro obligado de todos los negocios públicos, es indispensable; y jamás se habia visto entre nosotros, ni creo que en pais alguno regido por instituciones republicanas, el hecho de que el conductor supremo residiera de modo permanente lejos de la ciudad capital, separado de sus Ministros, del Cuerpo Diplomático, de los jefes de los servicios administrativos, de la Comandancia del Ejército, de los empleados subalternos, de los amigos, de los adversarios, de todo lo que, en una palabra, implica concurso, colaboración, luz, queja y correctivo.

....

Para completar los datos ya apuntados, agregaré uno de singular importancia. La firma autógrafa del Presidente señor doctor Manuel Antonio Sanclemente no figura acaso en ningún documento público o privado emanado de él desde hace muchos meses, quizá desde que se encargó de la Presidencia. Uno o más sellos con su firma en facsímile, manejados por los allegados al Presidente, ha sido la única garantía de autenticidad de los más altos documentos oficiales, desde las leyes y tratados públicos hasta los contratos y simples órdenes dictadas en el servicio ordinario. No se permite en ninguna parte procedimiento semejante a un notario o siquiera a un alcalde de parroquia; y sin embargo, se ha creído aquí lícito que los actos del primer Magistrado de la Nación, que pueden afectar intereses no sólo de particulares, sino de toda la comunidad social, no tengan otra fianza o seguridad que un simple sello, que bien puede ser contrahecho o estar manejado por los interesados directamente en cada asunto especial.

....

Tal era la situación en que se encontraba el Gobierno cuando estalló la guerra civil que actualmente aflige a la República. Creyóse entonces que en vista de las circunstancias, ante la premiosa necesidad de dar unidad, concierto y vigor a la Administración pública, el Presidente se apresuraría a trasladarse a la capital o a retirarse siquiera accidentalmente del ejercicio del Poder. No sucedió así, sin embargo; y lejos de ganarse nada en compactación y fuerza moral, creció el desconcierto. En el mismo Gabinete fueron continuas las disenciones, y frecuentes han sido también los cambios en él efectuados de una manera inesperada.

....

El mal había venido a ser tan grande, la queja tan honda, el desaliento tan intenso, que de todos los puntos del pais llegaba un clamor irresistible pidiendo un cambio fundamental en el personal del Gobierno, para dar término a la guerra y salvar la patria de irreparable catástrofe.

Estos antecedentes, sumariamente recogidos, bastan para explicar el movimiento que se efectuó en esta capital el 31 del pasado julio. Aquel día una gran masa de ciudadanos proclamó al Vicepresidente de la República como encargado del Poder Ejecutivo.

....

El Vicepresidente de la República, don José Manuel Marroquín, ciudadano eminentemente civil, ajeno a toda ambición de mando, amante de la vida retirada y modesta, se resistió al principio a encargarse del Gobierno; pero cuando se convenció de que el movimiento era incontenible, y de que su negativa iba a ser causa de un grave conflicto, dada la actitud del pueblo y del ejército, hizo saber que asumía las funciones de Vicepresidente de la República encargado del Poder Ejecutivo. El cañón anunció a la ciudad a las once de la noche del citado día tan fausto acontecimiento, y a la mañana siguiente quedó constituido el Ministerio con este personal:

En el Despacho de Gobierno, encargado del de Guerra, el señor General don Guillermo Quintero Calderón.

En el de Relaciones Exteriores, el señor doctor don Carlos Martinez Silva.

En el de Hacienda, el señor doctor don Pedro Antonio Molina.

En el de Instrucción Pública, el señor doctor don Miguel Abadía Méndez.

En el del Tesoro, el señor don Alejandro Gutiérrez.

Si alguna prueba más hubiera necesidad de aducir aquí en apoyo de las antecedentes consideraciones, sería el hecho muy significativo y quizás único en los anales patrios de que el cambio del 31 de julio se efectuó sin derramamiento de una gota de sangre, sin un acto de violencia, sin un soborno, sin un halago indebido; cosa tanto más digna de tomarse en cuenta, cuanto hallándose

el pais en enconada guerra civil y teniendo el bando revolucionario numerosos parciales en esta capital, no hubo uno sólo de ellos que pretendiese sacar partido de
las circunstancias en provecho de su causa».

——

«MANIFIESTO

Conciudadanos:

Aunque ajeno por mis antecedentes a toda ambición de mando, y antes bien deseoso de rehuir la
ponderosa carga del Gobierno, me he visto hoy en
la imperiosa e ineludible necesidad de no desatender
la potente voz de la opinión pública que de tiempo
atrás viene clamando por el restablecimiento de un
Gobierno justiciero, probo y enérgico para el bien,
que por medios rápidos y adecuados procure la terminación de la pavorosa guerra que hoy desangra y
postra a la República.

Incapacitado el primer Mandatario para residir en
la capital de la República y para dirigir los negocios
públicos por sí mismo y con la atención y consagración que demanda la acción ejecutiva en todos los
países, y señaladamente en los regidos por un Gobierno netamente presidencial como el que nuestras
instituciones consagran, la opinión pública venía clamando de tiempo atrás por el restablecimiento de la
normalidad legal. La situación por extremo azarosa
que ha atravesado Colombia en los últimos meses,
mi aversión al ejercicio del Poder y la persistente re-
nuencia con que hasta ahora había resistido a los
clamores de la opinión y a las exigencias de los ami-

gos de las instituciones, han sido parte a retardar este cambio, al cual me presto hoy cediendo a una nueva manifestación encabezada por representantes de lo más selecto y autorizado de diferentes clases, estados y condiciones; y al hacerlo, imploro la protección del Altísimo para mi Patria, y para mí las luces, el acierto y el valor que he menester.

Entro a desempeñar la primera Magistratura en circunstancias difíciles, en las que no he de poder, a lo menos por algún tiempo, consagrarme, consultando siempre la opinión pública, a trabajar por la prosperidad y el engrandecimiento de la Patria, y establecer el reinado de la concordia entre todos los colombianos.

Una guerra sangrienta los divide. Yo querría hacerla cesar mediante la promesa que hago solemnemente de respetar y hacer que se respeten los derechos civiles y políticos de todos. Espero que se reconozca la sinceridad con que hago esta promesa, pues he dado pruebas de no proponerme en el Gobierno otra mira que la de labrar la felicidad de la Patria, sin que en lo mínimo me muevan intereses personales míos o ajenos.

Espero asimismo que en el ánimo de los que combaten el orden político establecido obre la consideración de que ya se ha derramado bastante sangre de hermanos y de que la ruina y el atraso en que se hallaba el país antes de comenzar la guerra, llegarán, si ésta se prolonga, a un extremo tal, que nuestros nietos no alcanzarán a ver remediados los males que nos afligen.

Si tal promesa y tales consideraciones no fueren poderosas a desarmar a aquellos de mis conciudadanos que se han alzado en armas contra un Gobierno que ya no existe, me veré en la penosa, penosísima necesidad de continuar la guerra y de hacerla con la energía que está obligado a mostrar todo el que se halla en un puesto como el que yo ocupo y en defensa de los principios salvadores que encarna la actual Constitución. Pero en cuanto de mí dependa, y en cuanto lo permitan las leyes y exigencias de la guerra, ésta seguirá haciéndose tal como se hace en los paises cristianos y cultos y con las consideraciones debidas a quienes han visto la luz en un mismo suelo.

A colocarse bajo la bandera de la constitucionalidad y de la legitimidad llamo a todos los colombianos que, amando a su Patria, estén penetrados de que para ella no puede haber bien alguno mientras no imperen el orden, basado en la justicia, y la paz.

Cuando Dios y la buena voluntad de mis compatriotas nos restituyan estos bienes, yo haré cuanto en mi mano esté para merecer el dictado de gobernante justo, imparcial y desinteresado.

Bogotá, agosto 1.º de 1900.

JOSÉ MANUEL MARROQUÍN» [1].

---

1. «Comprenderéis fácilmente cuán difíciles son las circunstancias en que entro a ejercer el Poder. Atendiendo solamente a graves consideraciones de conciencia y de patriotismo, y por evitar males trascendentales que juzgué ineludibles, eché sobre mis hombros, ya debilitados por más de un motivo, tan ponderosa carga, confiando en que el auxilio divino, la pureza y recti-

«Una vez encargado del Poder Ejecutivo, toda mi atención hubo de dirigirse a poner término a la guerra. Esta tarea era mucho más difícil que lo que han sido todas las de la misma naturaleza que gobernantes de nuestro país, y aun de todos los de la América, hayan tenido a su cargo [1].

....

Propúseme sin embargo, no sólo al principio de mi nueva Administración, sino durante largo tiempo, poner fin a la guerra y restablecer el orden público echando mano, más que de la violencia, de medidas conciliativas. Mi primer acto fue ofrecer un indulto amplio y general para todos los revolucionarios que, deponiendo las armas en determinado plazo, prome-

---

tud de mis intenciones y el apoyo de todos los buenos patriotas me proporcionen los medios de salir con felicidad de tan ardua empresa».

(Fragmento de un discurso del señor Marroquín pronunciado el 7 de agosto de 1900).

[1]. «Sólo puedo alegrarme de lo que aquí ocurrió el 31 de julio por la esperanza que puede abrigarse de que Dios, que suele valerse de instrumentos viles para realizar grandes y misericordiosos designios, haya procedido así en este caso. Por lo que hace a mi persona, no me ha dado motivo sino para vivir en una penosísima lucha enteramente desproporcionada a mis fuerzas y contraria a mis hábitos y a mis inclinaciones.

No sabrán nunca los colombianos, ni aun los que están aquí a mi lado, cuál es el cúmulo de dificultades invencibles y de amarguras de que está rodeado mi Gobierno».

(Carta al doctor ignacio Gutiérrez Ponce, mayo de 1901. Archivo del señor Marroquín).

tieran someterse al régimen legal [1]. Aunque estaba yo investido de todas las facultade que da el Derecho de Gentes y que confirma nuestra Constitución para reprimir el alzamiento, esperaba poder darle término sin adoptar los medios rigurosos que para ello se me ofrecían, y por eso procuré muchas veces hacer penetrar en el ánimo de los revolucionarios la segura esperanza de que, acogiéndose al indulto, nada tendrían que temer ni para sus personas ni para sus propiedades. En este sentido hice manifestaciones oficiales y públicas, y me valí también de la intervención de individuos particulares, para conseguir la pacificación del país sin ocurrir a medios más violentos que a los ineludibles que consisten en combatir las fuerzas de los que desconocían la autoridad del Gobierno. Pero habiéndose visto la ineficacia de

---

1. «Yo no puedo ofrecer a los enemigos armados del Gobierno otras cosas que las que ya les tengo ofrecidas: garantías completas para sus personas y para sus intereses y retirada honrosa para los jefes. También les tengo hecha y les repetiré siempre a ellos, como a todos mis conciudadanos, la de que mi Gobierno será justo, honrado y exacto cumplidor de la Constitución y de las leyes; que apenas se restablezca la paz, dispondré que se efectúen las elecciones, empleando cuantos medios estén en mi mano para que ellas sean puras y legales; que reuniré el Congreso y que acataré sus disposiciones.

El Gobierno cumplirá sus promesas; y yo quiero hacer ahora presente, para que se reconozca la fidelidad con que está cumpliendo las relativas a garantías, que por los lugares públicos de esta capital y de otras poblaciones se ve andar con toda libertad a muchísimos individuos que, habiendo pertenecido a guerrillas o a ejércitos revolucionarios, han depuesto las armas y presentádose a las autoridades».

(Contestación dada a un memorial por el Vicepresidente de la República. 1902. Imprenta Nacional. Véase el decreto de indulto de 12 de junio del mismo año).

tales medios y viéndose crecer de día en día el encarnizamiento de los combatientes, la desolación en que iba quedando la República, la destrucción de la riqueza, la paralización de las industrias agrícola y pecuaria y de todo comercio interior y exterior, con lo que la miseria y el hambre amenazaban ya a todas las clases sociales; viéndose propagar de manera pavorosa las epidemias engendradas por la guerra y la desmoralización que hacía prever la ruina total de la República, me vi forzado a ocurrir a medios rigurosos, haciéndome a mí mismo violencia, no mucho menos dolorosa que la que creí de mi deber emplear con algunos de los jefes de la rebelión.

Como es sabido, las dichas medidas y la energía, la actividad y buen acierto en las operaciones militares, dieron al fin el resultado apetecido, disponiendo a los revolucionarios a reconocer la autoridad del Gobierno y a deponer las armas, como en efecto lo hicieron por los arreglos celebrados en Panamá, Santander y Magdalena a fines de 1902.

Ellos han tenido que reconocer la sinceridad y la buena fe con que el Gobierno les había ofrecido todo género de garantías para el día en que se sometiesen: ellos quedaron inmediatamente después de aquellos arreglos en condición igual a la de los ciudadanos más pacíficos.

La fe que se tuvo en la disposición del Gobierno a cumplir su promesa y en lo inviolable de la palabra oficial, hizo que muchos de los principales jefes de la revolución se reunieran voluntariamente en la capital de la República y muy poco después de haber depuesto las armas, gozando en ella de la misma libertad y la misma seguridad de que gozaran los mejores defensores del Gobierno.

Los hechos se encargaron de demostrar que, al colocarlos en aquella condición, suspendiendo amenazas y medidas represivas, procedió el Gobierno con acierto, pues cesaron las hostilidades, y la tranquilidad y el trabajo renacieron como por encanto.

....

Habíase conseguido el restablecimiento del orden y la completa pacificación del territorio, merced al heroico denuedo de nuestros soldados, y más que todo, a la visible protección de la Providencia Divina, que permitió al fin, después de cruento y rudo batallar y después de cuantas desgracias de todo género había traído consigo la guerra, que volviera a reinar la tranquilidad y comenzaran en breve a sentirse los benéficos efectos de aquel bien inestimable. Y sólo a la intervención todopoderosa de la Divina Providencia, se debió sin duda el que un anciano como yo, pacífico por su índole y por sus hábitos y no avezado a luchas de ningún linaje, hubiese podido debelar la más pujante y prolongada de las revoluciones; y entregar intacto a su sucesor en el Gobierno el credo politico de que se le constituyó depositario, e intactas asímismo las instituciones fundamentales que juró defender al posesionarse de la primera Magistratura.

Mi primer acto, para volver a la vida republicana; para cumplir la palabra oficial solemnemente empeñada en más de un documento público; para ver de satisfacer las infinitas necesidades creadas por la guerra; para buscar pronta solución a complicadísimos problemas de vital importancia, uno de los cuales será materia de la última parte del presente Mensaje; y muy señaladamente para tener yo a quién dar cuenta de mi conducta como Magistrado, fue disponer lo necesario para que se verificasen las elecciones de Senadores y Representantes conforme a las leyes vigentes, y convocar en seguida el Congreso a sesiones extraordinarias.

Reunióse éste el 20 de junio de 1903.

....

Anhelaba por que mi Administración fuese por lo menos tiempo de tregua. El país sabe que mis actos en los primeros días en que estuve encargado del Gobierno, en 1898, tendieron, como siempre, a la satisfacción de esos anhelos, los que en parte empezaron a verse realizados.

Dos años después mis esperanzas y mis ilusiones estaban ya desvanecidas: cuando volví al Poder en 1900, había estallado la guerra entre el Gobierno y sus sostenedores con el Partido liberal; la división era ya demasiado profunda, y no se podía pensar siquiera en un acuerdo entre los contendientes; ni yo podía hacer otra cosa que someter a los rebeldes, después de que me hube convencido de la ineficacia de los medios pacíficos para lograr aquel acuerdo.

Ya que no me era posible hacerme centro de todos los colombianos, dirigí mi esfuerzo a unir las diferentes fracciones del antiguo Partido conservador, y declaré pública y solemnemente este propósito.

Llamé a puestos civiles y militares a ciudadanos de aquellas diversas fracciones, muchos de los cuales se habían declarado enemigos políticos míos y de mi Gobierno. Ningún resentimiento, así como ningún afecto personal obraron en mi ánimo, como no han obrado nunca, al hacer la elección de servidores públicos.

....

En tratándose del bien público, he dado al olvido ofensas, ingratitudes y negras deslealtades.

....

Para terminar lo tocante a mi politica de conciliación y de concordia, os haré notar que he sido el único Jefe del Estado, después de la implantación del régimen vigente, que ha llamado a su Ministerio a distinguidos miembros del Partido liberal, y esto a raíz de la revuelta que había ahondado la división y apasionado los ánimos.

....

Sin odiar a nadie entré al Poder, y de él salgo sin odiar a nadie. A haceros las precedentes observaciones no me mueve, pues, en manera alguna, ningún resentimiento, ni mucho menos un recelo de lo que de mi conducta como Magistrado pueda decirse en adelante: cuento con los fallos favorables de mi conciencia y de la historia. Todo lo que pudiera inventarse contra mí, ha sido dicho ya por la prensa, a la cual he dejado la libertad más absoluta para juzgar mis actos como gobernante. Ni creo que entre los colombianos pueda haber imitadores del déspota oriental que osó violar las tumbas de los Faraones.

CAPITULO XX

Documentos importantes.

ANHELOS DE CONCORDIA. — LA
REELECCIÓN.—EL PROBLEMA DEL
CANAL.—EL TRATADO HERRÁN-
HAY.—EL CONGRESO DE 1903.
CIRCULARES SOBRE ELECCIONES.

« ACEPTÉ la ponderosa carga a que mis hombros no estaban acostumbrados, sacrificando mucho de lo que más amo y (lo que se me representaba como más amargo que todo) previendo que en mi nueva posición había de experimentar por primera vez lo que es verse difamado y aborrecido. Hasta preví que muchos amigos cuyo trato endulzaba mi vida habían de tornarse en enemigos. La acepté con la esperanza de que, no abrigando rencores de los que suelen agitar a los hombres públicos y no siendo objeto de ninguno, todas las parcialidades políticas llegaran a ver en mí un amigo común y en mi Gobierno una especie de campo neutral en donde pudieran entenderse. Con aquella risueña esperanza subí al solio presidencial sin contraer compromisos de linaje alguno con ningún partido o círculo político. Como otros han subido al Poder aspirando a dejar vinculado su nombre a grandes y monumentales obras, yo he venido a él aspirando a la gloria de servir de instrumento para producir la concordia. Mil veces me he abstenido de dictar medidas aconsejadas por la prudencia, justas y laudables en sí mismas, y convenientes para la tranquilidad y el orden públicos, únicamente por no oponer dificultades mayores que las que ya existen para la fusión de parcialidades y para la reconciliación tan apetecida.

Si por muchos conceptos valgo menos que casi todos aquellos de mis compatriotas que pueden figurar en esferas elevadas, reconozco en mí las ventajas que me proporciona el no haber venido al puesto que ocupo para disfrutar de las dulzuras del mando, dulzuras que no conozco, sino a ocuparme únicamente en hacer todo el bien posible, respetando y consultando la opinión general y particularmente la de los hombres a quienes juzgo más imparciales, mejor intencionados y más ilustrados por la experiencia.

No se ha realizado mi esperanza de alcanzar el único timbre de gloria a que aspiraba. Las pasiones se han opuesto a ello, y cada parcialidad política ha seguido creyéndose única depositaria de la verdad y árbitro único de la suerte del país. Espero que al presente cada una de ellas renuncie generosamente a sus pretensiones, viendo de cerca el abismo a que nos empuja la discordia.

Quienquiera que venga a mi lado con el propósito de cooperar a la consecución de los bienes porque suspira la Patria, hallará en mí, no sólo amigable acogida, sino sincero reconocimiento.

Entre los males que afligen a Colombia, entre las sombras que oscurecen el horizonte de la Patria y hacen temblar por el porvenir, nada se encuentra comparable con la desunión y el desconcierto que reina entre todos los ciudadanos, y especialmente entre los que se ocupan de la cosa pública. ¡Cuánto menos desgraciados fueron aquellos tiempos en que, divididos los colombianos únicamente en dos grandes partidos, cada ciudadano conocía su bandera y acudía a defenderla sabiendo quién era su caudillo, cuáles eran sus armas, quiénes sus compañeros, cuál el campo en que había de juntarse con ellos, y cuál el resultado del triunfo que alcanzara!

No en los campos de batalla, ni en las calles de las ciudades, ni en círculos y grupos, que con estériles disputas nos mantienen en funesta agitación, es donde la lucha por principios y por derechos ha de ser fecunda: en las Cámaras Legislativas es donde, representadas las diversas colectividades politicas, han de ventilarse con provecho las cuestiones cuya solución interesa a la República.

Verlas reunidas es mi mayor anhelo; al juicio de ellas ansío someter mi conducta, y de ellas espero remedio para nuestros quebrantos y sabias medidas para promover la prosperidad de Colombia.

Bogotá, julio 1.º de 1901.

JOSÉ MANUEL MARROQUÍN» [1]

---

[1]. Fragmento del folleto *El Vicepresidente de la República a los colombianos.*

«Nada he amado tánto como el partido a cuyo nombre me habláis ahora y cuyos principios me fueron inculcados en mis primeros años por los seres que más he venerado. Haberme hecho acreedor a la gratitud y al aplauso de ese partido es la mejor de cuantas coronas pudieran ceñir mis sienes al fin de mi existencia.

Infinitamente satisfactorio me es el ver jóvenes llevando la voz de esta multitud de amigos que representa a mi partido. ¡Qué doloroso sería para los pocos representantes de él que lo conocimos en su edad de oro, el contemplar que en pos de nosotros no quedara quien guardase sus santas y nobles tradiciones! Dios, que vela por él, por ser el defensor de su Iglesia y de los principios sanos, ha permitido que, aun entre la atmósfera pestilente que hoy envuelve a las naciones, nazca y se forme una juventud digna de recoger la herencia de los varones insignes que dieron vida e inmortal lucimiento a nuestro partido.

El mérito que pueda atribuirse al documento a que habéis hecho referencia, no se deberá sino a que, al escribirlo, me esforcé, como me esfuerzo siempre, en tomar la opinión de mis conciudadanos como norma de mi conducta. Vosotros mismos, los que me honráis con esta soleme manifestación, me habéis inspirado los conceptos que con tánta benevolencia y con tánto calor aplaudís.

Vosotros habéis pensado, como han pensado también muchos millares de compatriotas nuestros que no pueden estar aquí presentes, que el Gobierno, hostilizado y desconocido por adversarios armados, no puede, ni en beneficio de la paz ni por interés alguno, abdicar su autoridad, renunciar a sus derechos ni desistir del sostenimiento de todos los principios y de todas las instituciones que hemos mirado como sagrados e intangibles.

¡Gran bien es la paz, pero mayor bien es la honra!

La paz es digna de las bendiciones divinas y de las de los hombres, cuando es aquel estado en que reinan sin contradicción la justicia, el derecho, la libertad, el orden, el trabajo y el espíritu de progreso. No sería un bien la paz que consistiese en la silenciosa sujeción a los hombres o a partidos que pretendieran minar la sociedad por sus bases y hacer imperar el desorden.

Vuestra opinión es, y es asimismo la de todo nuestro partido, la de que la autoridad debe sostenerse con firmeza a fin de dejar ilesos los principios y las instituciones, y emplear para ello los medios rigurosos que son permitidos por el derecho. Así os hace pensar vuestro amor a aquellas instituciones y a aquellos principios. Pero, al mismo tiempo, los sentimientos que abrigáis como cristianos y como hombres cultos os hacen discurrir que la Suprema Autoridad debe ofrecer olvido y fraternal abrazo a los compatriotas extraviados que desistan de combatirla.

Me complazco profundamente en reconocer que vostros opináis como yo he opinado siempre.

Incomparables son la satisfacción y la honra de que me colmáis en estos momentos; pero ambiciono todavía otra recompensa, no diré para mis servicios a la Patria, que ningunos son, sino para mi buena voluntad: la de que se me haga servir de centro para la unión de las fracciones en que, en mala hora, se dividió el partido que vi, unido, caer honrosamente en 1861 y levantarse, unido, en 1886.

Por bien empleadas tendré las labores, las fatigas y las penas innarrables a que me ha sometido esta lucha que he estado sosteniendo, si al cabo de ella puede declararse que he cumplido las promesas que quise hacer cuando, lleno de patrióticos anhelos y esperanzas, anuncié que me proponía ser Supremo Magistrado, no de un partido sino de los colombianos.

A tener esta gloria he aspirado; pero también, en momentos en que, haciéndome culpable de falta de fe en la Providencia y en la pujanza de nuestros ejércitos, he dudado de la salvación de nuestra causa, he pensado que podía dejar limpio mi nombre imitando a Calvo y a Gutiérrez Vergara, de cuyas manos sólo la fuerza pudo arrancar la bandera que la Patria les había confiado» [1].

---

1. Discurso del señor Marroquín en la manifestación pública organizada para felicitarlo por la respuesta dada a un memorial que le dirigieron algunos liberales de Bogotá —Mayo 8 de 1902.

«Bogotá, mayo 6 de 1902.

Excelentísimo Señor don José Manuel Marroquín.

Muy querido amigo:

Con el interés con que siempre leo todo escrito emanado de la pluma de Vuestra Excelencia, he leído la contestación dada por Vuestra Excelencia al memorial que recientemente le dirigieron varios liberales importantes de esta capital. Dígnese Vuestra Excelencia aceptar mis felicitaciones por tan notable documento, y recibirlas muy especiales por haber reiterado en él los espontáneos ofrecimientos y propósitos de Vuestra Excelencia, ya en orden a los enemigos armados del Gobierno, brindándoles medio de deponer honrosamente las armas, ya también a la línea de conducta que Vuestra Excelencia habrá de seguir al restablecerse la paz.

La declaración de que el gobierno de Vuestra Excelencia será justo, honrado y exacto cumplidor de la Constitución y de las leyes, es la más sencilla y al mismo tiempo la más valiosa palabra que puede dar a sus conciudadanos un mandataria recto y bien intencionado. Ella prepara días de paz y de prosperidad a todos los colombianos; y tan envidiable gloria es la que más ardientemente deseo que ilumine y colme de honor los dias de Vuestra Excelencia.

Soy de Vuestra Excelencia atento, seguro servidor y afectísimo amigo,

RAMÓN GONZÁLEZ VALENCIA».

«Señor Director de *El Colombiano*.

Muy distinguido amigo:

En el número 210 de su bien inspirado periódico, apareció un *suelto* en el cual se habla de una carta dirigida por el señor Marroquín a «algunos caballeros que se permitieron proponerle que aceptara la candidatura presidencial», etc. Con el objeto de que el público conozca el honroso documento a que se refiere la publicación aludida, me es grato enviárselo, después de haber obtenido el asentimiento de su respetable autor para la publicidad; mas como la carta del señor Vicepresidente tiene antecedentes, me permito relatárselos, a fin de que ella sea mejor apreciada.

Después de la sangrienta lucha que durante tres años agitó el país y lo conmovió hasta sus más hondos cimientos, natural es que los partidos lidiadores, así el vencedor como el vencido, hayan quedado tan destrozados como los antiguos atletas cuando, después del combate, se retiraban del circo; de aquí la necesidad de recoger los miembros dispersos y volverlos a juntar al rededor de la cabeza que representa la unidad. Este procedimiento es tan elemental, que acaso instintivamente lo han adoptado los partidos vencedores en todas partes. Así lo atestiguan en nuestra historia las reelecciones de Bolívar, Santander, Márquez, Mosquera, Murillo y Núñez. Fuera de nuestras fronteras, los ejemplos son abundantes.

Inspirado en estas ideas, un grupo de ciudadanos—entre los cuales se encontraban algunos de los verdaderos héroes de nuestra causa en la guerra que termina—discutimos la conveniencia politica que habria en que el señor Marroquín fuera *propuesto* como candidato presidencial (no *impuesto*), agregando a su nombre el de otro eminente ciudadano para la Vicepresidencia. Como resultado de aquella discusión, en la cual todos estuvimos acordes, se convino en que se explorase la voluntad del señor Marroquín.

Comisionado para ello el que esto escribe, por la respetable junta de caballeros de que se ha hablado, obtuvo, después de una conferencia verbal, la respuesta que comporta la carta adjunta. Tal vez la decisión del señor Marroquín politicamente no sea la más atinada, pero en todo caso será para su persona un alto titulo de honor.

La administración del señor Marroquín en los ochenta días *de paz* fue tan benéfica, que su programa de reformas propuestas al Congreso de 1898 ha sido una de las bases principales de los convenios que han puesto término a la revolución. Proponer su nombre para la nueva elección presidencial, significaba en esta ocasión ofrecer a los colombianos una prenda efectiva de conciliación, puesto

que las ideas políticas del candidato están acepta-
das por el adversario.

....

Su afectísimo amigo,

GERARDO PULECIO.

Diciembre 12 de 1902».

————

«S. C., diciembre 2 de 1902.

Señor doctor Gerardo Pulecio.—E. S. M.

Muy estimado amigo:

Bien estudiado y meditado tenía yo el asunto de
que hablamos ayer; y ya sobre él había formado
opinión y resolución inquebrantable.

El tratar de candidaturas para la Presidencia y
Vicepresidencia de la República en circunstancias
como las actuales, es dar motivos para nuevas disensiones en nuestro partido.

Seria de desearse que las candidaturas no fueran
propuestas sino a última hora: las agitaciones elec-
forales que hubieran de durar mucho más de un año
serían funestísimas.

Y no sólo es de desearse sino que es lo más preciso y lo más regular, que para adoptar las candidaturas se tome en cuenta la opinión de los miembros del Congreso, a quienes debemos reputar como
verdaderos representantes de la opinión general.

El que hayan de elegirse un Presidente y un Vicepresidente con probabilidades de que sólo uno de los dos haya de ejercer el mando, es cosa delicada, peligrosa y ocasionada a fatales complicaciones. Para el señor Caro fue muy difícil y penoso gobernar teniendo encima al doctor Núñez; para mí lo fue mucho más teniendo encima al doctor Sanclemente. Es preciso alejar la posibilidad de que haya otro Vicepresidente que se halle en la situación en que nos hemos hallado el señor Caro y yo. Yo querría que todo el plan eleccionario se redujera a la elección de un Presidente de quien pudiera esperarse que gobernara los seis años, y de un Vicepresidente destinado a llenar las faltas imprevistas del Presidente.

Ya les he escrito a varios Gobernadores y a muchos amigos exponiéndoles estas ideas, y yo quedaría mal con ellos y pasaría por hombre doble y artificioso si ahora adoptara una opinión diferente.

Esto en cuanto a la cuestión tomada en abstracto; en cuanto a lo que se refiere a mi persona, diré a usted que agradezco muy de veras a usted y a los otros amigos que hayan proyectado una cosa que me honra y que halaga mi amor propio extraordinariamente; pero que, conociéndome mejor que mis amigos, no puedo aceptarla.

Por muy obligado que me sienta a servir a la Patria y a nuestra causa, creo haber ya cumplido todos mis deberes para con ellas. Admití la candidatura para la Vicepresidencia, haciendo un sacrificio el más doloroso, renunciado a una vida que puedo llamar feliz, conforme con mis hábitos y con mi carácter, condenándome a mí y condenando a mi familia a continua intranquilidad, echando sobre mis hombros fatigosísimas tareas y responsabilidades abrumadoras, y exponiéndome a vivir entre agitaciones penosísimas, capaces de privar de la vida o del juicio a hombres de la más privilegiada constitución.

En mi primera administración mi anhelo de unir nuestro partido me mantuvo en la lucha incesante, no con enemigos, sino con amigos que pugnaban unos con otros, cada uno de los cuales se empeñaba en obligarme a proceder según su dictamen y favoreciendo sus interes políticos; de modo que yo no podía dar paso ninguno de grande o de pequeña importancia sin descontentar a muchos amigos ni sin promover resistencias.

En mi segunda administración mi tarea ha sido debelar la rebelión más poderosa y más tenaz de cuantas han afligido a los países americanos.

¿Habiéndose conseguido el triunfo sobre ella, no habré satisfecho todas mis deudas para con la Patria y para con nuestro partido?

No he intervenido de un modo directo en la dirección de la guerra ni he tomado parte en los combates: agentes escogidos por mí han tenido a su cargo aquella dirección, y han combatido; pero para escoger esos agentes, para sostenerlos en sus puestos y para conservar entre ellos la necesaria armonía, he sostenido luchas continuas, más serias y penosas, si cabe, que las que han sostenido nuestros soldados en las batallas.

Gracias a todo esto he perdido la estimación de gran número de compatriotas míos y el cariño de infinitos amigos; y en vez de esperar, como antes lo esperaba, que después de mis días mi memoria fuese cara para muchos y que los más de mis compatriotas, ignorando mi nombre, nada tuviesen qué pensar ni qué decir contra mí, me veo ahora lleno de enemigos y de detractores.

La Patria y nuestra causa lo merecen todo, y yo me creería aún obligado a su servicio, si mi edad y mi salud me permitieran seguir por mucho tiempo consagrado a tareas como las pasadas, como las presentes y como aquéllas a que tendré todavía que estar dedicado durante cerca de dos años. Setenta y siete tendré cuando termine el período para que fui elegido, y a esa edad, sobre todo en nuestro país, nadie conserva en vigor las facultades mentales y físicas indispensables para desempeñar debidamente los deberes de gobernante y para soportar mortificaciones tan violentas como las que acarrea el ejercicio de la primera Magistratura.

No terminaré sin hacerle observar a usted que la palabra *reelección*, desde época no muy lejana, ha quedado sonando mal en los oídos de los colombianos.

Espero que usted me haga el favor de hacer conocer el contenido de esta carta a los amigos de quienes me habló ayer.

Quedo de usted como siempre, afectísimo amigo y estimador,

JOSÉ MANUEL MARROQUÍN».

——

«A mi Gobierno se le ha presentado este dilema: o deja que nuestra soberanía padezca detrimento y renuncia a ciertas ventajas pecuniarias a que, según la opinión de muchos, tenemos derecho, o mantiene rigurosamente nuestra soberanía y reclama de un modo perentorio la indemnización pecuniaria a que nos podamos considerar acreedores.

En el primer caso, esto es, en el de consentir en el menoscabo de nuestra soberanía y en el de no poder aspirar a una cuantiosa indemnización, si llega a abrirse el Canal por Panamá, se satisfarán los justos deseos de los habitantes de ese Departamento y los de todos los colombianos, exponiéndose el Gobierno a que luégo se le haga el cargo de que no defendió debidamente nuestra soberanía y el de que sacrificó intereses de la Nación.

En el segundo caso, si el Canal no se abre por Panamá, se le increpará al Gobierno el no haber dejado que Colombia consiga ese bien, que es mirado como principio y condición de nuestro engrandecimiento.

Ya he dejado entender mi deseo de que el Canal Interoceánico se abra por territorio nuéstro. Pienso que, aun a costa de sacrificios, debemos no oponer obstáculos a tan grandiosa empresa, así porque esa es una gigantesca mejora material para nuestra tierra, como porque, una vez abierto el Canal por los americanos del norte, estrecharemos y ensancharemos nuestras relaciones con ellos, con lo que ganarán incalculablemente nuestra industria, nuestro comercio y nuestra riqueza.

Felizmente para mí, la inmensa responsabilidad que ha de pesar sobre quien decida esta cuestión, toca asumirla al Congreso, que es quien, en definitiva, ha de aprobar o desaprobar el convenio propuesto por el Gobierno norteamericano» [1].

————

«Honorables Senadores:

La revolución más potente de cuantas han conmovido a nuestro país ha sido debelada durante mi Administración. De ello pudiera yo envanecerme; pero, atribuyendo a la Providencia Divina el triunfo de nuestras armas, sólo tengo que gloriarme de haber sido escogido por Ella, como humilde instrufrumento para la realización de sus designios. La gloria que me pertenece, lo que me da titulos al apre-

————

1. Alocución del 1.º de enero de 1903.

cio de mis conciudadanos, consiste en que me haya tocado ejecutar, convocando el Congreso, el acto que más palpablemente hace sentir el retorno a la normalidad legal, que es la vida de la República. Por esto os saludo con toda la efusión de mi alma.

Entre todos los Congresos que se han reunido en esta ciudad desde el 22 de diciembre de 1810 hasta el presente, ninguno ha habido a quien la Providencia haya confiado una misión más alta que al de este año; ninguno llamado a resolver cuestiones más arduas; ninguno que de una manera más absoluta haya tenido en sus manos la suerte de la Patria, que éste que, con inefable satisfacción, veo instalado en esta fecha que, según es de esperarse, vendrá a ser una de las más faustas y memorables de cuantas ha de registrar nuestra historia.

Los primeros Congresos de la Gran Colombia y de la Nueva Granada tuvieron que crearlo todo en materia de administración pública; la tarea del presente es más ardua porque, como lo enseñan la experiencia y la historia, siempre es más dificil reformar que fundar.

La reforma que más nos urge no es la de determinadas leyes: con las que nos han regido hemos podido vivir y habríamos prosperado a la sombra de la paz. La reforma necesaria es la de nuestras costumbres y prácticas políticas; y ésta consiste en que, adoptándose un camino distinto del que hemos seguido por largos años, nos propongamos todos los que hemos de intervenir en la cosa pública no de-

jarnos guiar por sentimientos que no sean los del
más acendrado patriotismo. ¡Que ni intereses personales, ni intereses de partido, ni intereses de determinada sección de la República prevalezcan sobre
el interés general! ¡Que ni la ambición, ni los rencores, ni la memoria de pasados disturbios agiten
los ánimos de aquellos en cuyas manos han puesto
su suerte nuestros compatriotas! ¡Que queden desterradas de entre nosotros las ruines intrigas, y que
las ambiciones mezquinas dejen lugar en nuestros
pechos al anhelo por lo noble, por lo que da gloria y fama! ¡Que reine aqui esa serenidad que, si
es indispensable para el estudio y el manejo de los
negocios particulares de un individuo, lo es desmedi-
damente más para el estudio y el manejo de los de
una nación entera!

El primero de los bienes que hemos de proponer-
nos alcanzar, así para afianzar la paz como para entrar en el camino del progreso, es la unión. La concordia y la tolerancia patriótica y cristiana traerán
consigo todos los bienes que nos faltan.

Espero que escuchéis con benévola deferencia la
voz de un anciano compatriota vuéstro que ha estado en situación harto propicia para observar y descubrir las causas de nuestras desventuras y de nuestra decadencia, y que ya no espera gozar de otra
satisfacción que la de ver que para su Patria em-
piecen a lucir dias serenos, ni ambiciona más que
un retiro en que pueda preparar la cuenta que, acaso muy en breve, ha de rendir ante el Dominador
de los que dominan a las naciones.

Grandes son las esperanzas que en vuestro patriotismo finca Colombia. Grandes serán vuestros merecimientos y muy señalado será el lugar ocupado por vuestros nombres en la historia, si dejáis colmadas aquellas esperanzas. Si ellas no quedan frustradas, este Congreso, con más razón que el de 1830, será apellidado el *Congreso admirable*.

Yo me orgullezco al considerar que, por haberos convocado, he de participar del honor y del aplauso que os ganaréis vosotros; y por eso es indecible la satisfacción con que cumplo el deber de declarar, como declaro, abiertas las sesiones extraordinarias del Senado de la República» [1].

———

«Una de las mayores necesidades era la de que la Legislatura nacional se formara y se reuniera; pero a esa necesidad no pudo atenderse durante la guerra, porque muchos de los Municipios de la República estaban ocupados, unos de continuo y otros a breves intervalos, por fuerzas rebeldes, sin que en ellos pudiesen permanecer ni funcionar autoridades legítimas.

Facultado estaba yo para convocar un Congreso a sesiones extraordinarias; pero ni había Diputados elegidos para la Cámara de Representantes, ni el número de Senadores estaba completo. Siendo tales las circunstancias, resolví, no bien cesaron o se hicieron

---

1. Discurso del señor Marroquín al instalar el Senado de 1903.

insignificantes los combates, disponer que se procediese a verificar las elecciones para miembros de las Asambleas departamentales y para Representantes, señalando para cada uno de los actos prescritos por las leyes electorales, fecha diferente de la fijada por ellas.

Al hacerlo me movió la consideración de que el Congreso que debiera su existencia a aquella disposición, no podría dejar de aprobarla, y la de que la cuestión relativa a la apertura de un canal interocéanico por el Istmo de Panamá exigía solución más pronta que la que pudiera dársele en el Congreso que debe reunirse el 20 de julio de 1904. Hasta era posible que el diferir la resolución que el Gobierno de los Estados Unidos esperaba del de Colombia equivaliera a desechar definitivamente el proyecto de contrato.

Ni habría podido yo dejar de convocar el Congreso, habiéndolo ofrecido en varias ocasiones solemnes y en documentos importantes, y habiéndose contraído el propio compromiso a nombre mío, por agentes tan autorizados y respetables como los que firmaron las capitulaciones al fin de la guerra.

Al mismo tiempo que he esperado que la Legislatura, en las sesiones de este año, resuelva esa cuestión, he deseado y esperado también que resuelva otras de suprema importancia, y que dicte providencias que remedien los infinitos males ocasionados por la última guerra y que preparen y abran para Colombia una éra de engrandecimiento, de bienestar y de sosiego.

El Ministro de Relaciones Extériores os presentará el proyecto de convenio propuesto por el Gobierno de los Estados Unidos de América, os expondrá los antecedentes y dará las explicaciones que, en orden al convenio sobre el Canal, puedan parecer interesantes.

Creo inoficioso manifestaros que, una vez que he dejado recaer sobre vosotros toda la responsabilidad que trae consigo la decisión sobre este asunto, no pretendo hacer pesar mi opinión acerca de él. Siempre que he dado instrucciones a nuestros representantes en Wáshington, les he ordenado que expresen terminantemente mi resolución de someter el estudio y la decisión de este gravísimo asunto, en su esencia y en sus detalles, al Supremo Congreso» [1].

‹MANIFIESTO DEL GOBIERNO A LA NACIÓN

En medio de una guerra civil cuyos efectos se sienten todavía, se inició la actual Administración, con el cuantioso legado de necesidades que le dejaron las anteriores, aumentado por las naturales exigencias de aquella honda perturbación del orden público.

En aquel crítico estado de descomposición, cuando los colombianos esperaban de la acción del Go-

---

1. Fragmento del Mensaje al Congreso de 1903.

bierno el remedio para los males que sobre ellos pe-
saban, el Jefe del Ejecutivo procuró sin demora la
cesación de todo procedimiento personal contra sus
enemigos del día anterior; hizo el llamamiento del
pueblo a elecciones; devolvió a la prensa la más completa libertad; restituyó a los colombianos el ejercicio de los derechos y garantías que la Constitución y las leyes les otorgan; declaró inmediatamente
que fue oportuno el restablecimiento del orden público; determinó la reunión del Congreso, y, en una
palabra, puso cuanto estaba de su parte, aun a riesgo de darles armas a los conspiradores, por que im-
peraran en el pais la Constitución y las leyes y se
hiciera efectiva la inviolabilidad del derecho.

La palabra oficial empeñada en ocasión solemne;
el deseo manifestado por la opinión pública de que
se volviera a la normalidad y se expidieran actos
legislativos que procurasen algún bienestar al país;
las grandes necesidades creadas en todos los ramos
por la guerra civil, y el anhelo vehemente de procurarse en la representación nacional un colaborador
activo y eficaz, tales fueron los móviles que obraron en el ánimo del Gobierno para hacer la convocación del Congreso a las sesiones extraordinarias
que acaban de clausurarse.

Al hacer aquel llamamiento se abrigaban por parte del Ejecutivo fundadas esperanzas de que tan sólo
el sentimiento patrio y el espíritu de concordia ante
las necesidades generales, presidirían a las deliberaciones del Cuerpo Legislativo, y que su labor, si no

conseguía remediar todos los males y dar provechosa solución a todos los problemas, sí traería consigo algún bién para la Nación y un poco de desabo-
go al Gobierno para el desempeño de sus funciones.
Aquellas esperanzas, vivamente manifestadas en el
acto de la instalación de las Cámaras, y el llamamiento a la unión de todos para la obra común de
reparación, no eran la expresión de las personales
aspiraciones de un jefe de partido ni del deseo de
darle lustre a una Administración cuyo período constitucional estaba próximo a expirar: eran la manifestación de los deseos de los colombianos que aspira-
ban a disfrutar en medio de la paz del goce efectivo de todos sus derechos, bajo el amparo de leyes
protectoras y adecuadas a las necesidades actuales.

Hoy el Cuerpo Legislativo, cuya reunión despertó
tan vivo interés en el ánimo de todos, acaba de dar
por terminadas sus labores.

El asunto de mayor importancia, el único si se
quiere, entre los que determinaron la reunión del Congreso era el Tratado para la apertura del Canal interocéanico, que fue sometido a su consideración en
los primeros días de las sesiones. El Senado, después de debates en que se hizo sentir demasiado el
espíritu de oposición al Jefe del Gobierno, negó su
aprobación al Tratado, y determinó que una Comisión de tres de sus miembros, consultando en lo posible la opinión de la otra Cámara, estudiase la manera de satisfacer el anhelo del pueblo colombiano

tocante a la excavación del Canal, en armonía con los intereses nacionales y el respeto a la legalidad.

Como la reunión de las dos Comisiones no produjera resultado alguno, la del Senado presentó un proyecto de ley "por el cual se ratifica una improbación y se dan autorizaciones al Ejecutivo para la apertura del Canal interocéanico." Aprobado este proyecto en primer debate, pasó al estudio de una nueva Comisión, y ésta lo devolvió con un informe en que manifestaba que dicha ley no era constitucional, y que, además, era inconveniente, innecesaria y prematura. Observó que, como punto fundamental, debía decidir el Congreso previamente sobre la validez de la prórroga concedida a la Compañía Nueva del Canal en 1900. Concluía el informe de la Comisión pidiendo la suspensión indefinida del proyecto de ley de autorizaciones y presentando uno nuevo aprobatorio de la citada prórroga.

Acogió el Senado la resolución con que terminaba el informe, y resolvió, en consecuencia, suspender indefinidamente el mencionado proyecto de autorizaciones.

Quedó, pues, ampliamente discutido y definitivamente resuelto en el Congreso el asunto principal que motivó su convocación, o sea lo relativo al Tratado sobre construcción del Canal interocéanico.

Sin embargo, siendo de vital interés para la República, y especialmente para el Departamento de Panamá, la apertura del Canal, se comunicaron a nuestro Encargado de Negocios en Wáshington las de-

cisiones del Senado, a fin de que las participara al
Gobierno de los Estados Unidos. Se le instruyó para
manifestarle que el de Colombia, atendidos los conceptos del Congreso que acaba de cerrar sus sesiones y la opinión nacional, ajustaría nuevas negociaciones sobre bases que juzga serán aceptables por el
próximo Congreso; de suerte que si el Gobierno norteamericano persiste en el propósito de abrir el Canal, lo cual es de presumirse porque nada ha dicho
ni ejecutado en sentido contrario, es de esperarse que
la magna obra sea al fin llevada a cabo por territorio colombiano.

....

Es de lamentarse que el Senado de la República,
posponiendo los intereses generales a conveniencias'
políticas de carácter accidental y transitorio, haya tratado aquellos asuntos de mayor importancia para el
país, no ya en su fondo ni desde el punto de vista
de la conveniencia nacional, sino en sus relaciones
con la persona del Jefe del Ejecutivo, o las de sus
agentes inmediatos.

1.º de noviembre de 1903».

«CIRCULAR

Bogotá, febrero 8 de 1904.

Señor Gobernador:

El carácter que ha tomado la política en Colombia ha hecho que las dos Cámaras que forman el Congreso no sean, como se habían propuesto los autores de la Constitución, dos elementos armónicos, de cuya acción resulte el acierto en los procedimientos y la consecución del fin a que deben concurrir los actos de los poderes públicos, esto es, a la tranquilidad general, al bienestar y al progreso de la Nación.

Ya desde épocas anteriores se había notado la tendencia al antagonismo entre las dos Cámaras, y en los años de 1898 y 1903 la hostilidad de una Corporación contra la otra ha sido decidida, y los efectos de ella han sido los más deplorables y trascendentales.

De aquí ha resultado que las arduas y gravísimas cuestiones a que el Congreso ha debido aplicar su atención, o han sido pasadas por alto, o han sido resueltas sin el estudio necesario, sin madurez y sin serenidad, y la pasión politica, ocupando el lugar de la razón y del sano criterio, ha sido frecuentemente el móvil que ha impulsado a los legisladores a resolver aquellas cuestiones en determinado sentido.

Si siguiera observándose tan funesta práctica, vendria a hacerse imposible el ejercicio del poder legislativo en la forma en que ha de verificarse según la Constitución vigente, y según todas las Cartas fundamentales que han atribuido funciones a las diferentes Cámaras legislativas.

De esta imposibilidad tendria que resultar la anarquia y la falta de una entidad que, teniendo presentes las necesidades que con el curso de los tiempos va experimentando el país, y las mejoras que pueden ir introduciéndose en todo lo que es objeto de la legislación, procure a la República los bienes, la prosperidad y los adelantamientos de que en muchas otras naciones se disfruta, gracias a una política y unas prácticas más razonables que las que entre nosotros se observan.

Los males y los peligros sobre que acabo de hablar no pueden remediarse ni conjurarse sino por un Congreso compuesto de hombres que, exentos de ambiciones y de preocupaciones, y atentos únicamente a la salvación de Colombia, sean capaces de estudiar imparcial, serena e inteligentemente los asuntos y las cuestiones cuya solución es urgentísima, y nos hagan entrar en un camino que nos conduzca a la prosperidad y al engrandecimiento a que hemos visto llegar a muchos países menos provistos que el nuestro de riquezas y de todos aquellos elementos que se consideran necesarios para que una nación sea feliz y poderosa.

He hecho a Usia todas estas observaciones con el fin de disponerlo a cumplir el encargo de trabajar activamente y valiéndose de todos los medios que, como magistrado y como particular tenga en su mano, para que en ese Departamento sean elegidos miembros de la Asamblea y de la Cámara de Representantes ciudadanos que, por la madurez de su juicio, por su acrisolada probidad política, por su inteligencia, por su imparcialidad y por sus otras dotes, ofrezcan completa seguridad de que han de seguir un camino diferente del que en las últimas Asambleas y en los últimos Congresos han tomado algunos individuos que han querido sacrificar la paz y la tranquilidad de la República, la buena y regular marcha de la Administración y los intereses positivos del país, al triunfo de las ideas de la fracción a que pertenecen y a la satisfacción de sus propias pasiones.

No necesito declararle a Usia que a hacerle este encargo no me mueve interés personal alguno. Dentro de poco volveré a la vida privada, y volveré a ella sin otro deseo que el de hallarme tan alejado de los negocios públicos cuanto me habitué a estarlo durante los primeros años de mi vida. La autoridad que creo tener para hablarle a Usia en los términos en que lo he hecho viene del gran conocimiento de nuestras cosas y de nuestros hombres que no he podido dejar de adquirir en los años que me ha tocado gobernar la República, años en que, más que todos mis predecesores, he tenido que estudiar y que tratar todos los asuntos relativos al Gobierno, y en que he palpado los males y los inconvenientes que hay que evitar, y descubierto claramente cuáles son los bienes que más falta nos hacen y que a costa de cualquiera esfuerzo debemos procurarnos.

Para la designación de los futuros Senadores y Representantes debe hacerse caso omiso de antiguas disensiones politicas y no atender más que a la competencia y al patriotismo.

Anhelo por terminar mi Administración viendo llenados mis deseos y los del país entero a este respecto.

Dios guarde a Usia.

JOSÉ MANUEL MARROQUÍN».

———

«Estimadísimo amigo:

He prometido repetidas veces hacer cuanto esté en mi mano para que en el próximo Congreso tenga representación el partido liberal, y quiero cumplir mi promesa.

Temo que en los Departamentos haya conservadores que miren como una abdicación o como un paso perjudicial el que el Gobierno procure hacer figurar liberales en el Congreso; y, para desimpresionarlos, deseo que se les haga presente por amigos como usted lo que voy a decirle.

A mí puede creérseme, porque soy de los pocos colombianos que quedan que pueden ser verdaderos representantes del partido conservador católico que existía antes de 1861. El apellido que llevo, la educación que recibí, mis escritos, el empeño que siempre he tomado como institutor y como profesor en inculcarles a los innumerables jóvenes en cuya educación e instrucción he tenido parte los más sanos principios religiosos, y la constancia con que combatí la revolución liberal exponiendo mi cabeza cuando varios conservadores distinguidos juzgaron indispensable poner fin a la guerra por medio de pactos con el liberalismo, son causas que deben autorizarme bastante para con los verdaderos conservadores.

Después de la revolución de 1899, nuestro partido ha quedado casi disuelto y está ya despojado de sus antiguos caracteres, y por consiguiente, para hacerlo vivir, no puede seguirse ya el sistema que hubiera sido conveniente adoptar si los tiempos no hubiesen cambiado; no es posible ya sostener nuestras prácticas políticas y nuestros principios con rigor inflexible: para hacerlo, no se contaría ya con otro apoyo que con el de un reducido círculo de partidarios del antiguo sistema, es decir, del que consistía en la total exclusión de los elementos no conservadores.

La experiencia hecha en todos los paises de gobierno republicano demuestra que un partido no puede mantenerse en el poder excluyendo y dominando de un modo absoluto a sus adversarios sin dividirse y debilitarse ni sin aparejar su propia ruina: la reacción se hace inevitable.

Si los liberales y los miembros de otros grupos políticos que simpatizan con ellos siguen mirándose privados de toda participación en el manejo de los asuntos públicos, el grupo que intente seguir negándoles tal participación vendrá a quedar reducido a una minoría impotente.

Nuestro deber es hoy como siempre trabajar por nuestra causa; pero el modo de favorecerla no puede ser ahora el mismo que por muchos años se ha considerado como el único aceptable; no consiste en mantener todo lo político y lo administrativo en manos de los decididos amigos de aquella causa: tenemos que acomodarnos a la nueva situación a que el país ha llegado.

Sin la presencia de liberales en las Cámaras, no pueden mantenerse la concordia ni el acuerdo entre los miembros de ellas pertenecientes a las fracciones no liberales.

Habrá quien diga que, llamando liberales a las Cámaras, quedan anulados los esfuerzos y los sacrificios consumados por el partido conservador en la pasada lucha; pero precisamente para sacar en lo porvenir el fruto de esos esfuerzos y de esos sacrificios, necesitamos hacer unos nuevos, olvidando agravios y ahogando resentimientos personales. Ya vimos que el Congreso de 1903, en el que no hubo más que un liberal (y éste conforme con nosotros en opiniones), estuvo muy lejos de contribuir con sus trabajos a la consolidación del régimen conservador y a la felicidad del país.

Nuestros partidos políticos, y entre ellos, el liberal, que cayó hace cerca de veinte años, han caído por haber pretendido sostener sus principios y su exclusivismo de un modo extremado y absoluto.

Si los liberales ven obstruidos todos los caminos por donde puedan llegar al término de sus aspiraciones, se prepararán con tesón para la resistencia armada o se concertarán con cualesquiera enemigos no liberales que tenga el Gobierno, para mantener agitado al pais y para hacer imposible la buena administración.

El procurar que los liberales tomen parte en el estudio de los gravísimos problemas sin cuya acertada solución no puede Colombia seguir existiendo, es un deber que tenemos, más grave ahora que nunca, pues más que nunca está contribuyendo a nuestra decadencia la escasez de hombres capaces de resolver atinadamente aquellos problemas, y nos conviene compartir con los liberales las inmensas responsabilidades que han de pesar sobre los llamados a resolverlos.

Mucho esperan de la actividad de usted el Gobierno y la Patria.

Quedo de usted como siempre afectísimo amigo y estimador,

J. MANUEL MARROQUÍN».

«Al dirigiros la palabra por la postrera vez como Supremo Magistrado, os declaro que si los infortunios que han agobiado a Colombia en estos últimos años son como una expiación, y que si ésta ha de traerle bienes proporcionados a los males sufridos, yo me regocijo de que en ellos me haya tocado la parte más dura y rigurosa: así habré servido a mi Patria, ya que no he podido servirle encabezando y llevando a cabo las benéficas y grandes empresas con que soñaba mi patriotismo cuando subí al poder.

Dura y rigurosa ha sido para mí aquella parte, ya porque he tenido que tomarla más que ninguno en todos los reveses padecidos por la Nación, y en muchas de las adversidades que han afligido a conciudadanos míos, ya porque toda mi labor ha tenido que reducirse a evitar unos males y a atenuar otros inevitables.

¡Que a mis sucesores en el Gobierno les sea dado disfrutar de tiempos bonancibles en que puedan consagrar su atención y dirigir todas las fuerzas vivas del país a procurar los progresos que echamos de menos, y el engrandecimiento de Colombia! [1]

JOSÉ MANUEL MARROQUÍN».

1. Alocución del 20 de julio de 1904.

CAPITULO XXI

Opiniones sobre el gobierno del señor Marroquín.

EL MENSAJE DE 1903.—TOLE-
RANCIA.—EL RECHAZO DEL TRA-
TADO.—EL DILEMA DE PANAMÁ.

·

CON todo el interés que tal documento deman- da, hemos leído el Mensaje que el Vicepresi- dente de la República dirige al Congreso Nacional. Es un documento elevado y sereno, como debía serlo; no se leen allí las frases acerbas del político, sino el lenguaje digno del Magistrado: al recorrer sus pá- ginas, escritas después de una de las guerras más largas y cruentas de nuestra historia, no se advier- ten ni el odio del sectario, ni la soberbia del vence- dor; no se insulta alli a los vencidos, llamándoles descastados y delincuentes, como solía hacerse en otras épocas y por otros hombres. Esto acusa un gran progreso en nuestra educación social y política; y al ciudadano que le ha tocado en suerte ponerlo así de manifiesto debe felicitársele a nombre de la Patria y de la civilización. Es de estricta justicia.

Preocupan al señor Vicepresidente, más que los debates de una política ardorosa, como a algunos de sus antecesores, las grandes cuestiones de interés pú- blico. Por eso trata con detenimiento la importante materia de las vías de comunicación que, como bien lo dice el señor Marroquín, "no es ni más ni menos que la necesidad de conservarnos."

En general, la lectura del importante documento que nos ocupa, deja en el ánimo la impresión de que está pasando definitivamente la éra de la discordia y de la violencia oficial, y entramos, siquiera sea con pie inseguro, lento y dolorido, en una época de tolerancia y de serenidad» [1].

«EL SEÑOR MARROQUÍN

Mañana 7 de agosto dejará el señor Marroquín el Palacio de San Carlos.

Cúpole estar al frente de los negocios públicos en circunstancias difíciles, en momentos de angustia nacional; sobrellevó casos de Gobierno excepcionalmente graves. Cualquiera de ellos habría servido como de crisol para rectificar la ley de un verdadero hombre de Estado.

Sin saberse a qué horas, don José Manuel fue arrancado inopinadamente de su silencioso retiro y envuelto en el torbellino de nuestra vida pública.

¡Qué destino, gran Dios! Querer extraño de la suerte el de convertir en hombre público, en la más trastornada época de nuestra historia, a un ermitaño de las letras voluntariamente recogido al "solar de sus mayores!"

1. *El Nuevo Tiempo* (liberal), Bogotá, 23 de junio de 1903.

Caballero de sangre; espíritu en el fondo indulgente; impasible, desencantado y frío; con una acentuada dosis de ironía; en ocasiones volteriano, con un volterianismo superficial, inofensivo, don José Manuel ha dejado de manera visible la huella de su espíritu y de su carácter en todos los actos de su administración, en todas sus palabras de magistrado y de político.

No es posible desconocer su ausencia de amor propio y vanidad, su presencia de ánimo, su serenidad, superior a todo sentimiento sectario. Políticamente el señor Marroquín tiene la condición más valiosa: total ausencia de pasión. En lo moral como en lo físico deja la impresión de un mármol.

Ello es que orilló hábilmente situaciones difíciles, y en todas las muy graves que embarazaron su administración, logró escapar, si no bien, lo menos mal posible.

Incapaz, por natural condición, de profundas impresiones, no ha tenido ni ha inspirado grandes odios ni grandes simpatías. Una ecuanimidad perfecta. Se sirvió durante su gobierno de los hombres según las circunstancias y la fuerza que representaran. Lo dice él mismo en su último Mensaje: "Ningún resentimiento, así como ningún afecto personal, obraron nunca en mi ánimo al hacer la elección de servidores públicos."

Máxima sabia y tolerante.

Se rodeó del círculo conservador que le llevó al poder, mientras los hombres que constituían ese circulo tuvieron raices en el Gobierno y representaron una fuerza. Ese circulo, por la prolongación de la guerra, fue ahogado por otros elementos violentos y más militantes, en esa época talvez más necesarios.

No concluiremos estas líneas sin hacer constar, como ya lo hicimos en escritos anteriores nuéstros, que cualquiera que sea el fallo que la posteridad incorruptible profiera sobre la administración del señor José Manuel Marroquín, mucho tendrá siempre que agradecerle la concordia nacional por su espíritu de tolerancia y de paz.

Bajo su gobierno y a raíz de una guerra de tres años llamó a algunos de sus adversarios de ayer a colaborar en el manejo de las cosas públicas. Fue tolerante con la prensa, y en su último Mensaje no dividió a los colombianos en castas odiosas, ni profirió una sola palabra que hiriera en su desgracia a los vencidos.

Esas condiciones de su espíritu, de impasibilidad y escepticismo, de que hemos hablado antes, si bien pueden haberlo incapacitado para resultar un gobernante de pulso y grande iniciativa, un reconstructor enérgico del arruinado edificio nacional, en cambio, y debido a esas mismas condiciones, fue como pudo mostrarse Jefe de la Nación, no de un partido. Pudo haber renovado las persecuciones del Triunvirato, y prefirió más bien encauzar la política por una vía de civilización, de paz y alta tolerancia.

Mañana abandonará el señor Marroquín la silla de Santander. El trajín del Gobierno y el espectáculo de los hombres, con sus crueles y mezquinas luchas, habrán confirmado el espíritu del Vicepresidente en su dulce escepticismo; volverá al *solar de sus mayores*, más desencantado aún, y al renovar allí sus viejos y queridos recuerdos podrá exclamar como Rabelais en su lecho de muerte:

En fin je vais trouver quelque chose de grand peut-être.

GUILLERMO CAMACHO».

———

«Descendiente de próceres, amó intensamente a la Patria y la sirvió en diversos puestos, entre ellos la primera Magistratura de la República. La presencia de aquel varón de egregia estirpe, de vasta ilustración, de dilatada experiencia, de aristocrática figura; su presencia en el Palacio de Gobierno, a la cabeza de una de estas agitadas democracias, era un timbre de honor para Colombia. La índole mansa y benévola de aquel gran caballero, ajeno a toda ambición, sin un solo rencor, generoso y de vida inmaculada, era garantía para todo ciudadano. La época en que le tocó gobernar fue de tempestad y guerra. Estamos seguros de que la historia imparcial admirará los esfuerzos que, con patriotismo de la mejor ley, con intención purisima, hizo, hasta sacrificarse, para servir dignamente a Colombia y a la causa de la civilización en este hemisferio.

Al verlo que se va, recordamos las palabras que en ocasión análoga pronunció un orador francés: "Las corbatas blancas están desapareciendo en el pais."

Bogotá, septiembre 24 de 1908.

ANTONIO JOSÉ URIBE».

————

«Las dotes de gobernante que tenía don Manuel no deben buscarse en su segunda administración, pues él, hombre esencialmente de paz, durante la guerra estaba fuéra de su centro y más cuando la locura furiosa de los revolucionarios había contagiado a los defensores del Gobierno y quizá a los miembros de éste. Hombre benévolo, dulce, moderado, se vio, por la fuerza de los acontecimientos, al frente de un Gobierno que tenía que repeler con las mismas armas la guerra que a sangre y fuego se le hacía. Pero corramos un velo sobre esos dolorosos acontecimientos, pasados por fortuna, para siempre.

Volvamos la mirada a tiempos más serenos y recordemos los *ochenta días* de la primera administración Marroquín. ¡Qué esperanza de parte de todos los patriotas! ¡Qué entusiasmo de los partidos de oposición! Nunca se había visto que el candidato vencido fuera él mismo a felicitar a su contendor afortunado, y así pasó entonces: el respetabilísimo señor Miguel Samper, verdadero liberal, en el sentido recto y generoso de la palabra, no en el que le han dado las pasiones banderizas, encabezó un *meeting* numeroso de gentes muy respetables en donde se veían representantes autorizados de todos los partidos y gremios.

Los salones del Palacio de San Carlos eran frecuentados por personajes que hacia mucho tiempo no ponían allí los pies. Era el principio de una administración verdaderamente nacional. ¡Ay! que no duró tres meses. La popularidad que tuvo entonces el señor Marroquín entre los liberales, es apenas comparable a la impopularidad con que éstos lo miraban en la guerra y los primeros días de la paz.

Procedió luégo el señor Marroquín a convocar el Congreso y a entrar en la agitada vida eleccionaria. Mejor hubiera sido para el país que no se hubiese reunido tal Congreso de 1903. El Senado no pensaba sino en agredir al Presidente, y por eso y para eso rechazó imprevisivamente el Tratado sobre apertura del Canal de Panamá, siendo así el verdadero responsable de la separación del Istmo, pues ni alli ni en los Estados Unidos aguantaron el desdén con que se trataban sus más vehementes deseos en la Cámara alta.

Consumada, la secesión, el Presidente trataba de recordar la época de los ochenta días y llamó a todo el país a la común tarea que impone el patriotismo. En su Ministerio estaban representados los partidos, pero en cambio, muy pocos ciudadanos depusieron la cólera, y la rabia que los partidos demostraron en la pasada guerra, no pudiendo ya convertirse en matanza, tomó el carácter de odio con todo su cortejo de malas pasiones y con el aditamento de que ahora no se tenía siquiera el valor del combate, sino que se preferían las aviesas artes de la cobarde calumnia.

Dio también el señor Marroquín una prueba de tolerancia llamando a varios puestos públicos importantes, a notables miembros del partido vencido, aunque no escogidos de entre los que tenían todavía las manos tintas en sangre, pues esto, a raíz de la guerra, no habría sido político.

Expresamos nuestros votos por que la posteridad haga la debida justicia al señor Marroquín» [1].

«Entró don José Manuel a ejercer cuando ardía el país en la horrorosa guerra que estalló el 19 de octubre de 1899, y tocóle la época más desastrosa de aquella estúpida matanza; porque resurgió por todas partes, y como por encanto, la hidra revolucionaria, con los peores caracteres de la lucha armada entre salvajes; resurgió la revolución, decimos, con nuevos y poderosos elementos, pues tuvo en su apoyo las invasiones de otros países. De modo que a don José Manuel le tocó lo más recio de aquel rudo batallar, lo más feroz de aquella pavorosa confienda. Y sin embargo triunfó, venciendo a la revolución en todo campo, y conservando en su puesto, para perpetua enseñanza, la Constitución del país y las

----

1. *La labor*, de Tunja. Septiembre 25.

instituciones patrias, cuya caída y eliminación fue la causa eficiente de la terrible lucha.

De manera que en verdad y en justicia, la memoria de don José Manuel como Vicepresidente de la República es acreedora a la gratitud, al respeto y a la admiración de los que en Colombia han defendido los fueros de la gran causa a que él siempre estuvo afiliado y por la cual hizo todo género de sacrificios y ejecutó actos de suprema energía, incompatibles con su edad y con la benevolencia inalterable que había mostrado desde la infancia, pero imperiosamente necesarios para acabar con la guerra y darle vida a la casi expirante causa de la Libertad en la Justicia.

Medellín, 27 de septiembre de 1908.

RUBÉN RESTREPO».

——

«El señor Marroquín empuñó las riendas del Gobierno el 7 de agosto de 1898.

Con excepción de los corifeos del nacionalismo y de algunos impenitentes liberales, la inmensa mayoría de los colombianos aplaudió sin reservas la Administración Marroquín, tan solícita por consultar todas las opiniones y todos los pareceres en lo tocante al arreglo del problema económico principalmente, que desde entonces se presentaba pavoroso, y la guerra que estalló un año después no hizo sino definirlo en toda forma.

De la independencia de Panamá se ha querido hacer responsable a don José Manuel Marroquín; es decir, se ha pretendido colgarle al entonces Presidente de Colombia el sambenito por un hecho que se había pronosticado desde un tercio de siglo antes [1], un hecho en el que tomaron tan decidida participación los americanos del norte, a quienes acabó de decidir no la circunstancia de que el Gobernador fuese don José Domingo de Obaldia, sino el rechazo del Tratado Herrán-Hay, rechazo que se realizó con el beneplácito de todos los partidos [2].

---

1. Y también en épocas posteriores, como puede verse en la siguiente carta que fue publicada:

«Wáshington, marzo 11 de 1902.

Señor don José Manuel Marroquín.

....Si los hombres de influencia política en este país llegan a convencerse, como es posible y aun probable, de que la ruta de Panamá es la que conviene a los Estados Unidos, y si Colombia no se allana en oportunidad a un arreglo relativamente ventajoso, está en la lógica de los acontecimientos que nosotros perdamos definitivamente el Istmo. Y no digo esto al aire: tengo datos serios que justifican mi aserto; y lo más grave en esta materia es que el Gobierno de los Estados Unidos encontrará sin mucho trabajo un punto de apoyo en el Istmo, tanto por la actual situación de guerra allí, como porque los panameños de posición y de recursos pecuniarios no se resignarán nunca de buen grado a que el canal se abra por otra parte que por el Istmo....

Su afectísimo amigo,

Carlos Martinez Silva».

2. «El Tratado Herrán-Hay era el hilo que unía el Istmo de Panamá con el resto de la Nación, y el Senado lo rompió el 12 de agosto de 1903.

....Habia cumplido yo mi deber, satisfecho mis promesas y mi deseo vehemente de que fuera el Congreso colombiano quien, impuesto en la negociación y penetrando la cuestión por todas sus fases, considerara el pacto resultado de aquellas negociaciones, diera remate al asunto y dictara sobre él el fallo definitivo. Pudo caberme a mí responsabilidad en ordenar la conclusión del tratado, responsabilidad que no rehuyo ni declino; el juez más severo no echaría sobre mí ninguna por las consecuencias de la negativa de aquel tratado». (Mensaje al Congreso de 1904).

Creemos, pues, que Marroquín está libre de responsabilidad por la separación de Panamá. Si hay quienes lamenten hoy lo ocurrido el 3 de noviembre de 1903, culpen al soberano cuerpo de Colombia, culpen a la opinión dominante entonces en ese pais, pero no culpen a quien, creyendo conciliar los ánimos, nombró a última hora como su agente en el Istmo a un ciudadano grato a la mayoría de los panameños, quejosos de que se les enviaban gobernadores nativos de otros departamentos. . . .

La vida del ilustre colombiano ofrece para la perpetuación de su nombre una labor inmensa y benéfica como literato y educador, y un alto ejemplo como gobernante ajeno a las intransigencias de círculo, ya que cuando ello fue posible, en plena paz, nombró un Ministerio de transacción, en el que figuraban individuos de todos los matices políticos, y no debe culpársele porque los liberales se negasen a aceptar carteras de tánta responsabilidad como la de Hacienda. Después del 3 de noviembre llamó al Ministerio a otro liberal, el doctor Carlos Arturo Torres.

GUSTAVO ARBOLEDA».

(*El Grito del Pueblo*, Guayaquil, octubre 6 de 1908)

«Queremos que se juzgue con criterio desapasionado y cristiano a este insigne servidor público, víctima expiatoria del encono revolucionario nacido en la más larga y más cruel guerra que ha presenciado el pais.

Aún no se ha extinguido en los liberales, ni se extinguirá pronto quizá, el odio que les produjo el vencimiento en la última revolución, en la cual, más de una ocasión, sintieron tambalear el Gobierno y estuvieron a punto de tener el Poder en sus manos.

En la paz y especialmente en guerra se hace uso de una arma política—y de ella se sirven de preferencia los liberales—que suele causar más estragos que una bomba de dinamita: esta arma es la calumnia.

La primera víctima, la predilecta podemos decir,. de esta perniciosísima arma es el jefe de la Nación. Desde Bolívar hasta el actual Presidente ningún gobernante colombiano ha quedado ileso: más de un dardo emponzoñado ha herido su reputación. El doctor Manuel María Mallarino y don Mariano Ospina, reputados hoy como las más puras y rectas personalidades de que puede vanagloriarse el partido conservador, fueron, especialmente el último, ultrajados por sus adversarios políticos y tratados en los periódicos de una manera acerba y cruel, de tal modo que para muchas personas aquellos dos ilustres gobernantes eran poco menos que monstruos de iniquidad. Puede, si no, consultarse la *Historia de la revolución de 1860*, por don Felipe Pérez.

La posteridad ha venido a hacer justicia colocando a aquellos dos eminentísimos colombianos en la categoría de prototipos de la honradez administrativa y guardianes celosos de la ley.

La posteridad hará también justicia—de ello estamos seguros, y talvez no tardará en hacerla—a don José Manuel Marroquín. Grandes fueron sus esfuerzos por impedir la desmembración de la patria; pero sus enemigos de uno y otro bando, aliados en el Senado y fuéra de él, formaron una corriente impetuosísima que, precipitando los acontecimientos, los puso a donde no alcanza el poder humano. Los amigos del Presidente, muertos los unos, cansados otros por las fatigas de la campaña, corrompidos los más, ninguno podía servirle para detener aquel golpe fraguado en los salones de la Casa Blanca, artera y sigilosamente.

....

Mientras la historia no pronuncie su fallo, estamos en el deber de no dejarnos arrastrar por la pasión innoble y respetar la memoria de aquel eximio ciudadano.

J. B. LONDOÑO».

(*El Conservador*, de Medellín. Junio de 1911).

«Se dice de los fanáticos fundadores de la tercera república francesa que uno de ellos exclamó que no debía llorarse, antes bien, regocijarse por la pérdida de dos provincias si en pago de ellas los prusianos habían derribado un régimen odioso. No es raro que el crítico del porvenir halle en nuestro liberalismo señales de alborozo por la pérdida de Panamá que daba ocasión para poder desacreditar un régimen y un partido.

Quienquiera que a fondo haya penetrado en la cuestión Panamá, que haya estudiado tan intrincado negocio no sólo en los periódicos y hojas murales sino principalmente en los libros y en los archivos, ha de convencerse que constituye el manejo diplomático de ese asunto la página más honrosa de nuestra cancillería; página quizá única. Loor a quienes la escribieron: Carlos Martínez Silva, José Vicente Concha, Luis Carlos Rico, Antonio José Uribe. Tras de ella vino la tempestad, el desastre, la ruina.... cierto es; Colombia era y es muy pequeña para luchar contra el pueblo americano. En siglos pretéritos triunfaba el ideal, el derecho, la justicia; hoy vence el dólar, la fuerza, el acorazado; también es verdad que hacia tal edad era don Alonso Quijano caballero y Sancho Panza escudero; la ironía del tiempo ha trocado los destinos: el egoísmo, repleto y satisfecho, a horcajadas en la opulencia, anda desafiando a todo el que impida sus conquistas, saltando barreras, salvando vallas.

El Gobierno del señor Marroquín hizo lo posible por conjurar el peligro, por salvar un tanto del predio amenazado, por poner un dique a la codicia yanqui para la cual era Panamá la presa apetecida [1]. La opinión colombiana se divorció del Gobierno; contra éste hubo una colición formidable. La única barrera que podía separar la avecilla del buitre fue rechazada. ¿Obró bien la opinión? ¿Obraron bien los que crearon tal criterio? Los hechos ya han dicho que no».

(La Unidad, junio 19 de 1912).

———

«En la sesión del día 2 de junio de 1903 el Ministro de Relaciones exteriores presentó al Senado el tratado Herrán-Hay. El 14 de julio el tratado pasó al estudio de una comisión. Mientras tanto, en el seno del Congreso, en los círculos políticos y sociales de la capital y en toda la Nación, se formaron dos corrientes. El Jefe del Gobierno y sus Ministros, interesados naturalmente en que fuera aprobada la convención Herrán-Hay, encabezaban la más débil; el honorable Senado llevaba la jefatura de la poderosa corriente que rechazó el tratado por unanimidad al ser considerado en primer debate.

Rodeada de obstáculos y problemas la Administración Marroquín entró en la negociación del canal;

———

1. A Colombia no quedaba sino escoger entre estos dos puntos: o compartir soberanía en el istmo con los Estados Unidos, o perderla del todo». (Lucio A. Restrepo, *El Nuevo Tiempo,* 5 de junio de 1904).

negociación no iniciada por ella, como lo comprueban el curso de los sucesos, la historia y la lógica. Fue el Gobierno americano, en su resolución inquebrantable de abrir el canal, el que se dirigió a Colombia para dar cima a sus deseos y finalizar las negociaciones conducentes.

En el *Libro Azul* publicado por orden de la Administración Marroquín se encuentra idea exacta de la complicada, laboriosa y difícil negociación de la convención que se examina. Allí puede verse el esfuerzo del Gobierno, especialmente del Vicepresidente Marroquin, para no festinar la negociación, para salvar los intereses colombianos y no comprometer en lo mínimo, ni la soberanía ni la integridad nacionales.

Cincuenta años antes, cuando aún no se había desatado el imperialismo americano y cuando se conservaba en las relaciones internacionales de Norte América respeto al Derecho, el tratado Herrán-Hay hubiera podido considerarse como inaceptable para Colombia; pero los hechos posteriores, ante los cuales no hay discusión, han demostrado que ese convenio internacional fue el más sabio, oportuno y ventajoso, de cuantos ha celebrado Colombia. Por él merece la Administración Marroquín el aplauso y la gratitud de las presentes y futuras generaciones.

En varias publicaciones, especialmente en una suscrita por el doctor Martínez Silva, se encuentran razones de mucha luz y de mucho peso, que excusaban la introducción de esas cláusulas impuestas por la necesidad, por la índole del tratado, por la exigencia irreductible de los Estados Unidos que parecían dispuestos a ceder en cualquiera otro punto, excepto en el titulado *control*.

Por desgracia estas circunstancias y las enunciadas anteriormente no fueron tomadas en consideración por el Senado de 1903, convocado y reunido por el Vicepresidente Marroquín con el fin especial de considerar el asunto mencionado. Se olvidaron tales circunstancias así como las notas y documentos que el Ministerio de Relaciones exteriores puso a disposición del Senado, en las cuales constaban ellas en parte, junto con el peligro de provocar la separación de Panamá por una rotunda e inconsulta negativa del tratado, porque éste ni siquiera llegó a discutirse ni considerarse: fue negado en primer debate. Es decir, que de acuerdo con el reglamento, el Senado de 1903 resolvió que no convenía legislar sobre la materia.

El Senado por su parte y el Jefe del Gobierno por la suya, procuraban hacer desaparecer la mala impresión que pudiera haber causado en los Estados Unidos el rechazo de la convención por el Senado, con la esperanza de reanudar las negociaciones. En este camino el Gobierno hace ofrecimientos al de los Estados Unidos, y busca para su empresa elementos dentro de su amplia esfera oficial. Es preciso nombrar un Gobernador que sea panameño y querido de los panameños, para tener a éstos gratos con el Gobierno nacional; es preciso que sea amigo del

tratado Herrán-Hay, para dar al Gobierno americano seguridades en los ofrecimientos que le hace el
de Colombia, y por último, debe ser de toda la confianza del Jefe del Ejecutivo colombiano. Fue nombrado el Senador panameño José Domingo de Obaldía, individuo que en el tiempo en que se le hizo el
nombramiento reunía todas las condiciones requeri-
das: hijo de un ex-Presidente de la República, natural de Panamá, representante suyo al Congreso, hombre de importante posición pecuniaria, social y política, y adicto al Gobierno.

Que Obaldia era un amigo convencido del tratado Herrán-Hay, no era un secreto; y justamente fue
ésta una de las condiciones que lo hicieron apropia-
do para Gobernador del Departamento de Panamá.

En el proceso que examinamos no aparece el menor indicio de que tuviera interés en la separación de
Panamá; pero sí resulta demostrado que lo tuvo en
que el tratado Herrán-Hay fuera aprobado primero,
y luégo en reanudar negociaciones con los Estados
Unidos.

El nombramiento de Gobernador se hizo sobre la
fe y sobre la base de que el señor Obaldia iba a
sostener la integridad nacional en el territorio de su
mando, y así se le dijo en la nota de nombramiento: "El Gobierno confía en que usted, con su nunca desmentido patriotismo, pondrá en práctica, al
hacerse cargo de tan importante puesto, cuantos medios le indique su ilustrado y juicioso criterio para
conservar y fortalecer los vínculos que deben ligar

siempre aquella Sección con el resto de la República, a fin de que por ningún motivo padezca menoscabo la unidad nacional." [1]

A pesar de la confianza que el Gobierno Ejecutivo tenía en su agente Obaldia y probablemente sólo
por complacer al Senado y abundar en precauciones, antes de que Obaldía tomara posesión de la Gobernación, fue nombrado para sustituirlo, si así lo
juzgaba él conveniente para la integridad nacional,
el General Juan B. Tobar; nombramiento que satis-
fizo las aspiraciones de los enemigos más ardientes
de la Administración Marroquín, y que debió cerrar
para siempre todá sospecha siquiera de inacción o
indolencia del Gobierno para sofocar los movimien-
tos separatistas de Panamá» [2].

———

«Bogotá, 7 de agosto de 1904.

Señor don José Manuel Marroquín.

Mi querido y respetado señor:

Hoy que deja usted de ejercer el Poder Ejecutivo, quise ir a su casa a manifestarle de palabra lo
que ahora hago por escrito.

———

1. «Obaldia era un caballero, hijo de un ciudadano que había ceñido a
su pecho la banda tricolor. Nada autorizaba una sospecha. El señor Marroquin no estaba autorizado para dudar de Obaldia. Cualquiera hubiera hecho
lo que hizo el señor Marroquín: con una alta prueba de honor, imposibili-
tar a Obaldia para que traicionara a Colombia. Y la traicionó. Y su traición
es peor que la de Huertas» (Discurso del señor don Jorge Holquin en la Cámara de Representantes, 6 de agosto de 1912).

2. *Investigación* sobre *la rebelión del Istmo de Panamá*. Imprenta Nacional. 1913. *Informe de la minoria que estudió el expediente*. J. M. Ga-
llego B.

31

Esta carta la considero como verdadero síntoma o brote espontáneo de algo que realmente existe en toda la nación, y que si hoy no se reconoce a grandes voces, mañana lo hará indefectiblemente la historia imparcial. Me refiero a la pacificación de los espíritus de los bandos politicos que ayer no más se batieron en duelo a muerte en toda la extensión de la República.

La última lucha civil, la más larga, intensa y ruinosa de cuantas ha habido en el país, debió dejar necesariamente odios profundos e inextinguibles, para que no se vieran por todas partes, al día siguiente del triunfo, sino actos salvajes de venganza entre vencedores y vencidos. Sin embargo, sucedió todo lo contrario: aquí en esta ciudad somos testigos de que los jefes de la revolución han gozado no sólo de tolerancia y plenas garantías, sino hasta de ovaciones públicas.

En las sesiones del Congreso reunido a raíz de la pasada guerra no se oyó una sola palabra injuriosa contra el partido vencido, como lo reconoció pública y espontáneamente el Representante liberal doctor Camacho Carrizosa, ni se expidió ley ninguna contra los cabecillas rebeldes.

Estos hechos ejemplares, que hasta ahora no se han visto en ningún otro pais del mundo, hacen el mayor elogio de los principios cristianos que simboliza la bandera que salió victoriosa en los campos de batalla, y son efecto de muchas causas, entre las cuales figura principalmente la conducta de usted como Jefe del Gobierno.

Para que este milagro se realizara, se necesitaba una víctima que cargara con los pecados de todos, sobre la cual recayera el odio acumulado en tres años de lucha, y sufriera las venganzas preparadas para otros. Esa víctima ha sido usted, que aceptó cristianamente el puesto que se le asignó, como lo manifestó por última vez en su bella alocución del 20 de julio.

Su afectísimo amigo,

JUAN EVANGELISTA TRUJILLO».

——

«Neiva, septiembre 7 de 1904.

Señor don José Manuel Marroquín

Lo saludo afectuosamente. Si yo hubiera de consultar su tranquilidad y sus deseos únicamente, lo felicitaría por la terminación de su penosa labor administrativa, que ningún gobernante la tuvo más ruda en Colombia, ni fue más peligrosa que la suya.

Cómo lo he considerado a usted en este azaroso período: qué brega, cuántas contrariedades y molestias, y sobre todo cuánta ingratitud en los que más obligados debían estarle!

El trimestre de 1898, aun con su Cámara discola, el incidente internacional, el 3 de noviembre y los conatos rojos, fue senda de flores comparada con esta otra administración.

Pero si vuelve usted a su casa con el ánimo quebrantado por los desengaños, y la dolorosa fatiga
que le impuso el país, lleva también en la conciencia el deber cumplido, y la satisfacción de haber res-
tablecido el orden en la lucha más sangrienta y aso-
ladora que registran nuestros anales.

De usted amigo afectísimo,

OLEGARIO RIVERA».

CAPITULO XXII

El señor Marroquín y la Iglesia.

CARTA DEL SEÑOR MARROQUÍN
A LEÓN XIII Y RESPUESTA.—AL-
GUNOS CONCEPTOS HONROSOS
DE PRELADOS COLOMBIANOS.
DONATIVO AL SOBERANO PON-
TÍFICE.

A S. S. León XIII.

Beatísimo Padre:

Un deber imperiosísimo me infunde el atrevimiento de dirigirme a Vuestra Santidad.

He sido elegido Vicepresidente de Colombia para un período que debe principiar en agosto próximo y terminar en 1904; y según lo que humanamente puede preverse, tendré que encargarme del Gobierno por una parte de ese período. En todos tiempos han necesitado los Gobiernos cristianos mantener estrechas y cordiales relaciones con la Silla Apostólica; pero nunca tanto como en los presentes, en los cuales, a las dificultades siempre inseperables del ejercicio de la autoridad, se agregan las que oponen los hombres que, siendo enemigos de la Iglesia, lo son de los Gobiernos que la acatan y que reconocen y hacen respetar sus derechos.

Hé aqui por qué yo, al verme próximo a entrar en ejercicio del Poder en esta República, me apresuro a enviar a Vuestra Santidad el testimonio de mi profunda sumisión a la Sede Apostólica, de mi amor a la Iglesia y de mi especial adhesión a la persona de Vuestra Santidad.

Ojalá que este humilde homenaje, tributado a Vuestra Santidad por uno de vuestros más adictos hijos, le sirva de algún consuelo, ahora que tántas contradicciones suscitadas por la impiedad afligen su paternal corazón.

Postrado a los pies de Vuestra Santidad pide su bendición apostólica,

JOSÉ MANUEL MARROQUÍN».

———

«León XIII, Papa.

Al Excelentísimo señor Vicepresidente de Colombia

Amado hijo, salud y bendición apostólica.

Creíste que nos serviría de consuelo la carta que nos escribiste poco antes de tomar posesión del cargo a que te llamó el sufragio de los pueblos. Nos lo dio, en verdad, y no pequeño. En la mudanza actual de tiempos y costumbres, recrea el ánimo que los gobernantes de la República consideren, como es debido, a la Iglesia y a la Sede Apostólica como maestra de la justicia, guardiana de la concordia y protectora principalísima de todo provecho en el orden civil, para defenderlo y acrecentarlo. Te felicitamos, pues, por tu testimonio de respeto, y por la cortesía te damos las gracias.

Y para que, con una prenda especial de nuestra benevolencia, adquieras fuerzas para llevar a cabo los propósitos que abrigas en provecho de la religión y la patria, como auspicio de los favores divinos, te impartimos amantísimamente la bendición apostólica.

Dado en Roma, cerca de San Pédro, el día 1.º de septiembre de 1898, 21 de nuestro pontificado.

(L. S.)   LEÓN, PAPA XIII.

A nuestro amado hijo José Manuel Marroquín, Vicepresidente de la República colombiana.

————

«Medellín, 10 de julio de 1898.

Señor don José Manuel Marroquín.—Bogotá.

Muy estimado señor y amigo:

.... No puedo prescindir de dar a usted las debidas gracias por haberse valido de mí en esta ocasión.

Tampoco puedo resistir al deseo de decir a usted cuánto bién me han hecho dos cartas suyas a otro amigo mío que reservadamente me las ha manifestado. Volví a leer, procedentes de quien va a mandar la República, las ideas que mamé con la leche. ¡Me parecian cartas de ultratumba! de nuestro tío Ignacio Gutiérrez, o de don Pedro Madrid, o del doctor Mallarino; en fin, me trajeron recuerdos de otras épocas, y lo que es mejor, esperanzas que no llamaré sino halagüeñas, pero que encierran un mundo. No soy político, pero abrigo la persuasión de que nuestra pobre tierra no necesita sino la realización del plan de gobierno contenido en esas cartas, para respirar, vivir en paz honrosa, y conservar las actuales instituciones, las cuales son excelentes pero si se cumplen por todos (gobernantes y gobernados) y para todos.

Estoy cumpliendo mi oferta de encomendarlo mucho a Dios. Diariamente en mi misa pido por usted.

De usted amigo y seguro servidor afectísimo,

JOAQUÍN,
Obispo de Medellín».

———

«Venimos en nombre de la Iglesia de Colombia a presentaros un respetuoso saludo y a felicitaros en el día solemne en que os habéis encargado del Gobierno de la República.

....

El apostolado de la educación por Vuestra Excelencia tan fructuosamente ejercitado; los trabajos en defensa de la causa católica, y la práctica de las obligaciones de hijo fiel de la Iglesia, no pueden menos de ser óptima escuela para formar magistrados capaces de llevar a buen puerto la nave del Estado. Por lo mismo confiamos en que vuestro Gobierno, atento a los graves deberes que le incumben, solícito por el bien moral y material de los pueblos, continuará dando protección a la Iglesia y respetando los derechos legítimos de todos» [1].

....

———

1. Discurso del Ilustrísimo señor Arzobispo el 7 de agosto de 1898.

«Ilustrísimo y Reverendísimo señor:

Mis conciudadanos me han exaltado al puesto que ahora ocupo porque han creído hallar en mí, a falta de otros títulos y merecimientos, la calidad de hijo fidelísimo de la Iglesia católica, y como a tal se ha dignado Vuestra Señoría Ilustrísima hablarme en la presente ocasión.

Esto me impone la obligación de mostrar la sinceridad y solidez de mis creencias en todos los actos de mi Gobierno.

Mas para que yo forme el propósito de hacerlo así, no se necesitaría que me ligara un deber imperioso. Dios ha permitido que ni en medio de las borrascas juveniles, ni cuando la soberbia y el espíritu de nuestra época han hablado más alto dentro de mí, flaqueen por un instante las santas creencias que me fueron infundidas por mis mayores. Todos mis sentimientos y mis hábitos me ligan con la Iglesia; y espero que con la ayuda y las luces de lo Alto nada me sea más fácil y placentero que contribuir a que reine la armonía entre la potestad eclesiástica y la civil, y a que las dos se presten el apoyo recíproco que tánto les conviene.

....

Quiera Dios que la paz que de mí ha huido desde que acepté esta alta magistratura, repose sobre Colombia y que así se cumplan los deseos y esperanzas que se ha servido manifestarme Vuestra Señoría Ilustrísima, de cuya boca no puedo recibirlos sino como una bendición y como feliz pronóstico».

Señor don José Manuel Marroquín.

Mi estimado amigo:

En el actual paréntesis e interregno político en que lo veo airoso y sobreseguro, tengo el gusto de dirigirle mi saludo y felicitaciones adhiriéndome a las que justamente oigo por acá, y desde luego abundarán por allá. Los sucesos de última hora, aunque con media faz desagradable, han dado a conocer que la situación le debe a Dios, y a usted como medio, su normalidad, en que espero continuará con aumento desde que vuelva a empuñar el bastón que hábilmente levantó y sostuvo en la Nación, que le vive y vivirá reconocida. No muy tarde aguardamos tomará camino de Palacio y sellará, Dios mediante, lo que tan felizmente inició.

Su afectísimo amigo y servidor,

JOSÉ BENIGNO,
Obispo de Tunja».

«LEY 26 de 1898

por la cual se rinde homenaje a Jesucristo y se ordena la erección de un monumento.

El Congreso de Colombia,

DECRETA:

Art. 1.º La República de Colombia, al terminar el siglo en que comenzó 'su vida de Nación libre y soberana, cumple el deber de reconocer de una manera explícita la divina autoridad social de Jesucristo y de agradecerle los beneficios que de El ha recibido, y así lo hace por medio de la presente ley.

Art. 2.º En testimonio de ese reconocimiento, como símbolo de la gratitud nacional y para perpetuar la memoria de este acto del Congreso, con el cual se expresa el sentimiento más firme y profundo de los pueblos de Colombia, se erigirá un monumento que, previo acuerdo con la autoridad eclesiástica, será colocado en la Catedral de Bogotá.

Art. 3.º Una copia de esta ley será presentada al Excelentísimo señor Delegado Apostólico en Bogotá, y otra enviada a la Santidad de León XIII por conducto de la Legación de la República ante el Vaticano, en señal de adhesión de los colombianos al Vicario de Jesucristo.

Art. 4.º Declárase incluida en el Presupuesto de Gastos de la próxima vigencia la cantidad necesaria para el cumplimiento de lo dispuesto en el artículo 2.º de esta ley.

Dada en Bogotá, a 4 de noviembre de 1898.

El Presidente del Senado, INDALECIO SAAVEDRA. El Presidente de la Cámara de Representantes, JUAN B. VALENCIA.—El Secretario del Senado, *Alejandro Posada.*—El Secretario de la Cámara de Represen tantes, *Gerardo Pulecio.*

——

Gobierno Ejecutivo.—Bogotá, noviembre 8 de 1898.

Publíquese y ejecútese.

(L. S.)   · MANUEL A. SANCLEMENTE

El Ministro de Guerra, Encargado del Despacho de Gobierno, PEDRO ANTONIO MOLINA [1].

---

1. Aun cuando esta ley no lleva la firma del señor Marroquín, bajo su administración se aprobó, como se corrobora con la siguiente nota:

«Bogotá, 15 de octubre de 1898.

Excelentísimo señor:

Tengo el honor de enviar a Vuestra Excelencia la exposición del Episcopado colombiano con el proyecto de ley que Vuestra Excelencia conoce. Va en doble, a fin de que Vuestra Excelencia la pueda pasar a los señores Presidentes del Senado y de la Cámara de Representantes. Yo les hablé y están muy dispuestos a secundar los deseos de Vuestra Excelencia.

Tengo el honor de repetirme de Vuestra Excelencia, con la más alta consideración,

A. ARZOBISPO DE FILIPOS,
Delegado Apostólico».

Por otra parte, el día 3 de noviembre se separó el señor Marroquín del Gobierno, y el día 4 se firmó y aprobó la ley.

DECRETO NUMERO 820 DE 1902

(18 DE MAYO)

por el cual se dispone la celebración de una solemnidad religiosa

El Vicepresidente de la República, Encargado del Poder Ejecutivo,

CONSIDERANDO:

Que es un deber del Gobierno poner medios de todo linaje para conseguir la pacificación de la República, y que uno de tales medios es cooperar a la realización de los deseos expresados por el Ilustrísimo señor Arzobispo de Bogotá en su importanfísima Carta Pastoral de 6 de abril del corriente año,

DECRETA:

Art. 1.º El Gobierno, en su propio nombre y a nombre de la Nación que representa, hace el voto que aquel Prelado propone, esto es, el de cooperar a la pronta edificación de la iglesia que en honor del Sagrado Corazón de Jesús se ha empezado a levantar en esta ciudad.

Art. 2.º Con tal fin, en un día de junio próximo se celebrará en el templo que se designe, de acuerdo con la autoridad eclesiástica y a costa del erario público, una fiesta religiosa, después de la cual se verificará una peregrinación al templo que se está edificando en esta ciudad en honor del Sagrado Corazón de Jesús. En este sitio se pronunciará, por el orador que oportunamente se designe, un discurso relativo al objeto con que se celebran las funciones de que se ha hablado, y se recogerán las cuotas con que los concurrentes quieran contribuir para que se concluya la construcción del mismo edificio.

Art. 3.º El Gobierno invitará a los actos expresados a todos los empleados públicos y a todas las personas que, como él, estén animadas del deseo de la paz y de los bienes que han de venir con ella.

Art. 4.º Por el Ministerio de Gobierno se dirigirá una circular a los Gobernadores de los Departamentos, en la que se les excite a promover en las capitales de ellos y en cuantas poblaciones sea posible, solemnidades análogas a las que han de verificarse en esta ciudad, y a recaudar fondos para la terminación del templo del Corazón de Jesús.

Art. 5.º El Ministerio de Gobierno se entenderá con el Ilustrísimo señor Arzobispo para todo lo tocante a la ejecución de este decreto.

Publíquese.

Dado en Bogotá, a 18 de mayo de 1902.

JOSE MANUEL MARROQUIN

DECRETO NUMERO 932 DE 1902

(11 DE JUNIO)

por el cual se concede un auxilio al templo del Sagrado Corazón de Jesús.

El Vicepresidente de la República, Encargado del Poder Ejecutivo,

CONSIDERANDO:

Que por Decreto número 820, de 18 de mayo del presente año, se hizo voto de cooperar a la pronta edificación del templo que en honor del Sagrado Corazón de Jesús se ha empezado a levantar en esta ciudad,

DECRETA:

Art. 1.º Auxiliase la obra de construcción del templo del Sagrado Corazón de Jesús con la suma de diez mil pesos ($ 10.000).

Art. 2.º La partida necesaria para dar cumplimiento a este decreto se considerará incluida en el Presupuesto de Gastos de la vigencia en curso, así como la que demande la celebración de la fiesta religiosa que ha de celebrarse a costa del erario público, conforme a lo dispuesto en el. artículo 2.º del decreto citado.

Comuniquese y publíquese.

Dado en Bogotá, a 11 de junio de 1902.

JOSE MANUEL MARROQUIN

32

DECRETO NUMERO 1447 DE 1902

(30 DE SEPTIEMBRE)

por el cual se dispone la presentación de un donativo a la Santidad
de León XIII, en su Jubileo Pontifical.

El Vicepresidente de la República, Encargado del
Poder Ejecutivo,

CONSIDERANDO:

Que el 20 de febrero del año entrante celebrará la
Santidad de León XIII su Jubileo Pontifical; y

Que al Gobierno corresponde interpretar, en casos
como éste, los sentimientos de veneración y gratitud del pueblo colombiano hacia el augusto Jefe de
la Iglesia,

DECRETA:

El Gobierno presentará en donativo, a la Santidad
de León XIII, con ocasión de su Jubileo Pontifical,
diez esmeraldas escogidas, a modo de primicia, entre las mejores que produzca la actual explotación
de las minas de Muzo y Coscuez.

Los Ministros de Hacienda y del Tesoro quedan
encargados de la ejecución del presente decreto, del
cual se enviará copia al Excelentísimo e Ilustrísimo
señor Delegado Apostólico.

Publíquese.

Dado en Bogotá, a 30 de septiembre de 1902.

JOSE MANUEL MARROQUIN [1]

---

1. Muchos decretos pudieran citarse relativos al fomento de las misiones.

Excelentísimo señor don José Manuel Marroquín —Bogotá.

Muy estimado amigo:

....

Reciba mis cordiales parabienes. Dura ha sido para usted la prueba, pero la firmeza desplegada por usted ha sido fecunda en buenos resultados.

He trabajado con mucho empeño en el asunto del Primado de Colombia, pues le atribuyo grande importancia para el efecto de conservar en Bogatá el centro de la jerarquía eclesiástica. Por éste y por otros aspectos considero aquello de gran conveniencia religiosa y política, sobre todo si se hace a solicitud de su Gobierno.

Al principio encontré la cosa muy difícil, porque era punto resuelto firmemente, según se me dijo, que en lo sucesivo se prescindiría en absoluto del título de Primado; empero, con maña y paciencia he conseguido que el dictamen de la Congregación respectiva no sea desfavorable, y aunque nada preciso se me ha dicho en el particular, tengo para mí que no se espera sino el restablecimiento de la paz para dictar la correspondiente providencia.

El convenio relativo a las misiones ha sido también estudiado y despachado por la Congregación de Negocios Eclesiásticos extraordinarios, y se está esperando ahora la contestación de una circular dirigida a los generales de las órdenes religiosas que deben tomar parte en las diferentes misiones. El decreto de Su Excelencia relativo al Jubileo Pontifical de Su Santidad, ha sido acogido con entusiasmo en el Vaticano.

Su muy adicto amigo,

JOSÉ MARÍA GONZÁLEZ VALENCIA» [1]

---

1. Archivo del señor Marroquín.

CAPITULO XXIII

Los últimos cuatro años.

ULTIMA TEMPORADA EN «YER-BABUENA».—MUESTRAS DE LA ACTIVIDAD DEL SEÑOR MARRO-QUÍN EN ESTA ÉPOCA. — SUS SENTIMIENTOS CRISTIANOS.—SU HORROR POR LA MALEDICENCIA. ENFERMEDAD FATAL, MUERTE Y FUNERALES.

EL 7 de agosto de 1904 empieza la última época de la vida del señor Marroquín. Tan alejado estuvo de la vida pública, que no tenemos nada que referir de esos años que pasó rodeado del profundo afecto de los suyos y del intenso cariño de numerosos amigos. Hasta él llegaba el oleaje de la tempestad que en torno de su nombre desataron pasiones enconadas, sin que esas tormentas lograran perturbar su ánimo sereno, ni hacerle desconfiar del fallo definitivo, ni arrancar de sus labios una palabra amarga para nadie!

Al salir del Palacio de San Carlos, fue a buscar a *Yerbabuena* la calma de mejores días; pero su salud quebrantada no le permitió permanecer allí por largo tiempo. Su ánimo, por otra parte, adolorido talvez por recientes desengaños, buscaba la compañía de su familia y de sus amigos [1].

Instalóse nuevamente en Bogotá, y se ocupó en escribir uno que otro artículo literario; en hacer una

---

1. Después de su etapa política, suplicio impuesto en esta tierra a todo hombre que se levanta un palmo sobre sus compatriotas, el señor Marroquín volvió al seno de su familia a saborear el dulce reposo de la vida patriarcal, como ave que ha atravesado por encima de las llamaradas de un incendio.... En el umbral del Palacio de San Carlos debe de haber un oculto conserje que, como póstumo heraldo de aquella administración, anuncia que las puertas están libres para todos, que a todos se recibe con cariño, y que la ingenuidad es su medio ambiente. (*El Huila*, G. Puyo, 1908).

nueva edición del Tratado de Ortografía castellana, y en publicar una colección de algunos de sus artículos, bajo el titulo de *Nada Nuevo.* Formó parte, como queda dicho, de la junta encargada de erigir la estatua a fray Cristóbal de Torres; volvió a sus antiguas labores de socio activo de la Sociedad de San Vicente de Paúl, y dio pasos para restaurar la Academia de la lengua.

Buscando alivio para su fatiga de alma y de cuerpo, pasó una temporada en Fusagasugá y dos en Villeta.

Si durante toda su vida había dado muestras don José Manuel de sentimientos cristianos muy hondos y sinceros, durante sus últimos años no tuvo otra preocupación que preparar «la cuenta que acaso muy en breve había de rendir ante el Dominador de los que dominan a las naciones».

Sin faltar jamás a sus deberes de cristiano, su piedad no fue nunca ostentosa. No conoció el respeto humano. Fue tolerante y benévolo para con aquellos que no pertenecían a su credo religioso y político, como lo han reconocido sus mismos adversarios y cuantos lo han juzgado desapasionadamente [1]; pero siempre que fue necesario u opor-

---

[1]. El señor Marroquín, que fue Presidente conservador de profundas convicciones y de histórica filiación, estrechaba la mano del honrado e inteligente radical y hasta la del inofensivo ateo, porque sabía hacer la verdadera selección del mérito. Terminó su agitado período presidencial sosteniéndose como digno Jefe del Estado, sin haberse manchado con crimen alguno, y supo tratar al vencido como a hermano. Nadie respetó más que él el gran principio de la opinión popular; pero asimismo cumplió en el poder supremo el programa de los hombres de carácter. (*El Comercio* de Lima, septiembre de 1908).

tuno, manifestó en público sus convicciones, aun en los documentos en que se dirigía a la Nación como supremo magistrado.

«Me ha complacido, dice el señor Marroquín en su respuesta a un memorial dirigido al Vicepresidente de la República [1], el ver que ustedes, a quienes puedo considerar como representantes de un partido que ha sido hostil a la Iglesia católica, acaten y aplaudan la manifestación que de su voluntad hace a los fieles un prelado católico. Esto me infunde la halagüeña esperanza de que, ya que no todo aquel partido, sí a lo menos muchos de sus honorables miembros, se hayan hecho cargo del deber en que todos los católicos estamos de sostener las instituciones que respetan los derechos de la Iglesia, le dan libertad y reconocen que la Religión es el primero de los elementos de orden y de bienestar general».

El señor Marroquín no manifestó solamente su fe con palabras sino con obras; con su absoluta sumisión a la Iglesia, con su respeto por todas las cosas que a ella pertenecen. Manifestóla sobre todo por la práctica de la caridad; pero no sólo de esa caridad que consiste en enseñar al que no sabe y en dar de comer al que tiene hambre, sino también en no hacer mal ni en hecho, ni en dicho, ni aun por deseo.

Nadie puede recordar haber oído de los labios de don José Manuel invectivas o quejas amargas contra los que le hicieron blanco, de palabra y por escrito, de acusaciones y de ataques más o menos

1. Imprenta nacional. 1902

desapasionados; nadie podrá encontrar jamás entre sus numerosos escritos una frase hiriente, un desahogo personal contra los que le combatieron. Por educación, por filosofía, por cristianismo, y a menos que se tratase de intereses más elevados, a todos contestó siempre con un noble silencio.

Esa conducta ha dado autoridad moral al señor Marroquín para escribir estas hermosas frases:

«Siendo el antiguo partido conservador católico ante todo, fue muy natural que los hombres que lo encabezaban y lo seguian se ajustasen en la práctica a las leyes cristianas. Hoy las cosas han cambiado. En el ejercicio de funciones públicas y en la prensa, muchos quebrantan los preceptos que más debe acatar el cristiano con tanto desenfado y con tan poco miramiento, como podrían hacerlo los más declarados enemigos de la religión de nuestros padres. Con la lengua y con la pluma se calumnia y se difama como si los mandamientos de Dios tuvieran excepciones que dieran libertad para hacerlo cuando se trata de política. Muchos se declaran católicos y talvez frecuentan los sacramentos, pero no por eso dejan de esgrimir todas las armas que tienen en su mano contra los que no opinan como ellos, y contra los que no han procedido de una manera favorable a su parcialidad y a sus intereses políticos».

---

1. Archivo del señor Marroquín. *El partido conservador.*

Así entendia don José Manuel el precepto que nos manda no hacer mal a nadie, amar al prójimo y perdonar las injurias.

———

En los primeros días de septiembre de 1908 acometió a don José Manuel un fuerte ataque de bronco-neumonía que muy pronto hizo comprender que se acercaba el fin de aquella meritoria vida. Entendiólo él así; y buscó en la religión que había defendido y practicado durante ochenta y un años, los consuelos que no pueden hallarse en otra parte. Muchas veces en el curso de su última enfermedad, que duró diez y nueve días, recibió la sagrada comunión en la misa que oía desde su lecho. Pero queriendo dar un público testimonio de su fe y cumplir con un deber de cristiano, manifestó el deseo de que se le administrasen públicamente los últimos sacramentos lleván-dolos de la iglesia parroquial, y advirtiendo que aquello debia hacerse sin aparato ni ostentación. Señalado el día, se vio que aquella piadosa ceremonia no se celebraría con la sencillez y modestia que él había practicado en vida y había deseado para su muerte. El Ilustrísimo señor Manuel José de Cayzedo, Arzobispo de Medellín, llevaba procesionalmente y en forma solemne el Santo Viático, acompañado por los Ilustrísimos Obispos de Garzón y del Socorro, el Secretario de la Delegación Apostólica, así como por un gran número de sacerdotes y una comisión del Seminario conciliar. Más de trescientas personas formaban calle de honor con cirios encendidos, dando a un mismo tiempo una prueba de piedad y de fe, y de cariño y estimación por el ilustre y querido enfermo.

El 19 de septiembre toda esperanza estaba definitivamente perdida; durante el día soportó don José Manuel dolorosas aplicaciones que probaron su paciencia y mostraron la entereza de ánimo que no le había abandonado en su larga enfermedad. A las seis de la tarde, viendo que se acercaba el fin, propúsole el Ilustrísimo señor Cayzedo, que se hallaba presente, recibir por última vez el sagrado Viático. Aceptó conmovido don José Manuel lo que se le proponía, y con señaladas muestras de respeto y de fe, vio llegar, cuando ya anochecía, al Dios a quien tánto habia adorado él toda su vida «con la fe de un niño». Poco después flaquearon más sus fuerzas y entró definitivamente en agonia.

Desde aquella hora acompañáronle, además de sus hijos y de sus numerosos deudos, no menos de cien amigos que en respetuoso silencio contemplaban aquel cuadro solemne y seguian paso a paso los progresos de la muerte.

Sentado en una silla, como si estuviera recibiendo una visita de despedida de todos los que le rodeaban, esperaba el señor Marroquín serenamente la última hora. A su lado, el Ilustrísimo señor Cayzedo, junto con los consuelos que prodiga a sus hijos nuestra madre la Iglesia, le prodigaba los que inspira una amistad fiel y sincera. Allí estaban también el señor Canónigo doctor don

Rafael Maria Carrasquilla; el señor Cura de la parroquia; el reverendo Padre Barturen, sacerdote jesuita, que había sido su confesor; y muchos otros sacerdotes amigos. Hasta las ocho de la noche, más o menos, el señor Marroquín conservó el conocimiento y trataba de responder a las preces y a las exhortaciones de los sacerdotes.

De cuando en cuando alzaba hasta sus labios el crucifijo que tenia en la mano; y fijaba en él, por algunos instantes, su ya turbia mirada; la respiración fue haciéndose cada vez más lenta; levantó la cabeza que había tenido inclinada sobre el pecho durante la agonía, y se despidió de la vida con el quejido de los moribundos, como si fuera la única protesta que había de salir de su pecho adolorido.

Así murió don José Manuel Marroquín el 19 de septiembre de 1908, a las nueve de la noche. Durante dos dias velaron el cadáver sus deudos, sus amigos, sus admiradores y gran número de los que de su mano habían recibido beneficios y habian experimentado la bondad de su alma.

Ante la majestad de la muerte callaron los rencores; hubo una tregua, un brote espontáneo y unánime en toda la República para llorar al buen cristiano, al maestro cariñoso, al escritor insigne, al Magistrado manso y justo que no tuvo hiel en en el corazón ni en los labios.

Al tercer día una inmensa muchedumbre acompañó sus restos mortales a la Catedral de Bogotá. El Excelentísimo señor Presidente de la República y los que en otro tiempo fueron sus compañeros de gobierno quisieron llevar en sus hombros el ataúd como última prueba de cariño y de estimación por el ilustre muerto.

Al servicio fúnebre, presidido por el Ilustrísimo señor Arzobispo de Bogotá, Primado de Colombia, y en el cual ofició de pontifical el Ilustrísimo señor Obispo de Tunja, asistieron el Excelentísimo señor Presidente de la República con su Ministerio; el Excelentísimo señor Delegado Apostólico con su Secretario, Monseñor Felipe Cortesi; el Cuerpo Diplomático; los Ilustrísimos señores Obispos de Garzón, el Socorro, Manizales, Ibagué, Santamarta y Pasto; el Vicario Apostólico de la Goagira; los señores Vicarios capitulares de Nueva Pamplona y Antioquia; el Venerable Capítulo Primado; el señor Gobernador del Distrito Capital; las altas Corporaciones nacionales; los empleados civiles y militares; el Clero secular y regular; la Universidad nacional; el Colegio Mayor de Nuestra Señora del Rosario; muchas corporaciones particulares, y los amigos del señor Marroquín, que llenaban las amplias naves de la Basílica, y entre éstos muchos que lloraban al caritativo benefactor de los pobres y de los desgraciados.

De allí se encaminó el cortejo fúnebre a la última morada acompañado por el Ejército, que tributó al Magistrado los honores de ordenanza.

En medio de respetuoso e imponente silencio, interrumpido sólo por el estruendo del cañón, como una voz de despedida, se depositaron los restos mortales de don José Manuel en un modesto sepulcro de familia, al lado de los de su ilustre suegro el doctor Alejandro Osorio; y allí esperan la resurrección y el fallo inmutable de un tribunal en donde sólo impera la justicia.

———

Insertamos a continuación una relación de los funerarales; y no pudiendo, por falta de espacio, reproducir los decretos de honores a la memoria del señor Marroquín que fueron dictados en todos los Departamentos de la República y por muchos Consejos Municipales y corporaciones públicas, daremos a conocer únicamente el del Gobierno Nacional.

«Al amanecer me lo anunciaron, me lo gritaron estruendosamente, fatídicamente, salvajemente, los cañoneos en toda la ciudad; después me lo relataron, me lo probaron con su elocuente mutismo, los carteles en las esquinas: ¡Don José Manuel Marroquín ha muerto!

———

El día 21, a las nueve de la mañana, hora señalada para las exequias del doctor Morroquín, el trayecto comprendido entre la casa[1] de éste y la Catedral (diez cuadras), estaba ocupado por la fuerza pública, los amigos del finado, los curiosos y más de treinta coches de lujo, colmados de coronas fúnebres.

---

1. Número 46, calle 16.

Lentamente llegó a la iglesia el carro mortuorio, entre el doloroso sonar de los tambores y de los clarines y el rezo de los eclesiásticos y de los devotos.

Del atrio a la Catedral fue conducido el ataúd en hombros de los mismos que llevaban las cintas del carro mortuorio. Alcancé a distinguir los siguientes: doctor Antonio José Cadavid, General Marceliano Vargas, General José María Restrepo, doctor Antonio Gómez Restrepo, doctor José Joaquín Guerra, doctor José Vicente Concha, doctor Esteban Jaramillo, doctor Miguel Abadía Méndez, doctor Antonio José Uribe, don Diego Rafael de Guzmán y don Jorge Vélez.

De la Catedral al cementerio (unas veinte cuadras), el cortejo fúnebre marchó a pie, a excepción del señor Presidente de la República, del Delegado Apostólico y de las señoras, que ocupaban coches de lujo.

Los funerales revistieron toda la solemnidad que a muerto tan ilustre correspondía, y fueron llevados a cabo con un detalle hermosísimo, civilizado, y sobre todo, muy raro en nuestra tierra: el no haberse pronunciado ningún discurso, ningún discurso de clisé, de frases rimbombantes y huecas, de esos que se escriben, con un mes de anticipación, para darle a un acto, de suyo tan serio y tan sagrado, todos los caracteres ridículos de un veinte de julio en una de nuestras parroquias indígenas» [1].

1. Corresponsal de *La Patria*, Medellín, octubre 5 de 1908.

⁕DECRETO NUMERO 1030 DE 1908

(20 DE SEPTIEMBRE)

por el cual se honra la memoria de un colombiano.

El Presidente de la República de Colombia,

en uso de sus facultades legales, y

CONSIDERANDO:

Que ayer falleció en esta ciudad el señor doctor don José Manuel Marroquín, ciudadano benemérito por sus dotes intelectuales, por su acendrada cultura y por las virtudes cívicas y privadas de que dio siempre alto ejemplo como hombre público y como jefe de una famlia ilustre y respetada por sus tradiciones de virtud y de patriotismo;

Que el doctor Marroquín contribuyó en grado eminente con las producciones de su ingenio a dar renombre literario a su Patria;

Que como institutor y guiado siempre por su noble amor a la juventud, dedicó a la enseñanza los mejores años de su vida, y sin limitar su tarea docente a presidir las aulas como maestro, se impuso la labor de redactar textos didácticos que han sido aceptados con general aplauso en diversos países de lengua castellana;

Que la Real Academia Española y otros cuerpos filológicos reconocieron su relevante mérito literario, tributaron homenaje a su nombre y consagraron las producciones de su pluma como ejemplares clásicos de corrección y de pensamiento;

Que en Colombia, al lado de maestros y escritores universalmente conocidos, figuró como autoridad indiscutible en materias filosóficas y morales; presidió en largas épocas, y presidía en la actualidad, la Academia Colombiana de la Lengua, correspondiente de la Española; desempeñó el rectorado del Colegio Mayor de Nuestra Señora del Rosario; regentó varias cátedras en el mismo y en otros planteles de educación; sirvió el Ministerio de Instrucción Pública y fundó la Academia Nacional de Historia, a la cual dio luégo patriótico impulso con su perseverante apoyo y con el contingente de sus vastos conocimientos;

Que contribuyó también eficazmente a la fundación y al desarrollo de la Sociedad Central de san Vicente de Paúl, la que presidió por muchos años, y en cuyo servicio empleó los especiales dones de su carácter benévolo y generoso;

Que como Jefe del Estado, en épocas de honda perturbación política y social, cuando el recrudecimiento de las pasiones conturbaba la serenidad de los espiritus, dedicó el doctor Marroquín sus esfuerzos y la lealtad de sus convicciones al restablecimiento del orden público y a la pacificación de los ánimos,

DECRETA:

Art. 1.º El Gobierno considera como motivo de duelo nacional el fallecimiento del señor doctor don José Manuel Marroquín.

Art. 2.º Se harán al cadáver del ilustre finado los honores civiles y militares correspondientes a la elevada jerarquia oficial que alcanzó durante su vida. A sus exequias, que serán costeadas con fondos nacionales, concurrirán todos los funcionarios públicos residentes en la capital, así como los colegios, escuelas, corporaciones y gremios que tengan organización oficial.

Los empleados nacionales y el ejército llevarán luto por tres días.

Art. 3.º En el salón de sesiones de la Academia Nacional de Historia se colocará el retrato del fundador doctor Marroquín, con una leyenda conmemorativa de sus trabajos históricos y de sus esfuerzos en pro de la corporación.

Art. 4.º El Gobierno someterá al Cuerpo Legislativo en sus próximas sesiones un proyecto de ley sobre honores a la memoria de este distinguido institutor y publicista.

Art. 5.º Copia auténtica del presente decreto será presentada a la familia del doctor Marroquín por una comisión que se designará al efecto.

Comuníquese y publíquese.

Dado en Bogotá, a 20 de septiembre de 1908.

R. REYES

El Ministro de Gobierno,

MARCELIANO VARGAS.

El Ministro de Guerra,

VICTOR CALDERÓN REYES.

El Ministro de Instrucción Pública,

EMILIANO ISAZA».

INDICE

CAPÍTULO V.—LABOR PEDAGÓGICA

CAPÍTULO VI.—OBRAS DIDÁCTICAS

CAPÍTULO VII.—DOÑA MATILDE OSORIO

CAPÍTULO VIII.—«EL MOSAICO»

CAPÍTULO IX.—1861-1874

CAPÍTULO X.—LA ACADEMIA

CAPÍTULO XI.—1875-1881

CAPÍTULO XII.—CARÁCTER MORAL

CAPÍTULO XIII.—JUICIOS CRÍTICOS

CAPÍTULO XIV.—RECTORADOS

CAPÍTULO XV.—« YERBABUENA »

CAPÍTULO XVI.—LAS NOVELAS

CAPÍTULO XVII.—LA CANDIDATURA

Lightning Source UK Ltd.
Milton Keynes UK
UKHW022245291118
333191UK00010B/670/P